WHAT IS A NATION
FRANCO-PRUSSIAN WAR AND
NATIONALIST IDEAS OF
ERNEST RENAN

黎英亮／著

何谓民族？
普法战争与厄内斯特·勒南的民族主义思想

社会科学文献出版社
SOCIAL SCIENCES ACADEMIC PRESS (CHINA)

目 录
Contents

绪　论　厄内斯特·勒南：思想者的平面肖像…………… / 1
　　勒南前半生 …………………………………………… 3

第一章　法国民族主义传统与勒南民族主义思想 ………… / 18
　　第一节　政治与文化：法德两国的民族主义传统 ……… 18
　　第二节　在政治民族主义传统中解读《何谓民族？》……… 47

第二章　普法战争前勒南的文化民族主义底蕴 ………… / 70
　　第一节　最不人道的一面：勒南与戈比诺的种族主义 …… 71
　　第二节　秉持中道的一面：勒南和泰纳的文化
　　　　　　民族主义 ……………………………………… 80
　　第三节　最为人道的一面：勒南与赫尔德的
　　　　　　文化民族主义 ………………………………… 88

第三章　普法战争与勒南的民族主义思想变异 ………… / 99
　　第一节　勒南、泰纳与戈比诺等人的战争经历 ……… 103
　　第二节　勒南、泰纳与戈比诺等人的战后反思 ……… 125

1

第三节　守旧的革新:"精神改革与道德改革" ………… 137

第四章　在普法战争的历史背景中重读《何谓民族?》 …… / 158
  第一节　普法战争中库朗日与蒙森的阿尔萨斯论战 …… 159
  第二节　蒙森与勒南:"擦肩而过"的论战对手 ………… 179
  第三节　普法战争中勒南与施特劳斯的
     阿尔萨斯论战 ………………………………… 187
  第四节　勒南在《何谓民族?》中对阿尔萨斯
     论战的回应 …………………………………… 209

第五章　勒南思想之后续影响:殊途难归的后继者们 ……… / 227
  第一节　勒南思想的间接继承者:戈比诺的追随者 …… 228
  第二节　勒南思想的直接继承者:勒南和
     泰纳的追随者 ………………………………… 248

结　语　厄内斯特·勒南:思想者的立体肖像 ……………… / 264

附录一　厄内斯特·勒南生平年表 ………………………… / 271

附录二　厄内斯特·勒南著作与职务年表 ………………… / 275

参考文献 …………………………………………………… / 280

索　引 ……………………………………………………… / 291

后　记 ……………………………………………………… / 294

绪　论

厄内斯特·勒南：思想者的平面肖像

"民族的存在，就是每日的公民投票。"（L'existence d'une nation est un plébiscite de tous les jours.）这是近代法国历史学家、考古学家、语言学家、宗教学家厄内斯特·勒南（Ernest Renan，1823－1892年）最脍炙人口的名言，也是勒南被后来的民族主义研究者引用最多的一句话（其中最具代表性的引用者，就包括英国历史学家霍布斯鲍姆和德国哲学家哈贝马斯）。这句话之所以能够成为西方民族主义思想史上的名言，是因为它以极为朴素的话语，概括出政治民族主义的核心价值，即对每一位公民"政治意愿"（la volonté politique）的尊重，而在法国大革命中备受推崇的"政治意愿"，正是近代法兰西民族国家得以最终成形的理论基础。由于勒南以寥寥数语浓缩了法国政治民族主义的思想精髓，因此，勒南的名言成为经典，也绝非偶然。

的确，"民族的存在，就是每日的公民投票"，这是一句简单

何谓民族？：
普法战争与厄内斯特·勒南的民族主义思想

得无以复加的断语。然而，笔者也担心人们对这句断语的理解流于简单化，笔者不免问道：这句话的字面意思与内在含义是否一致？这句话的内在含义与全文主旨是否一致？这句话的出处《何谓民族？》（*Qu'est-ce qu'une nation?* 1882 年 3 月 11 日索邦讲话）的思想主旨，与勒南其他著作的思想主旨是否一致？这句断语和这篇讲话是超越时代的至理名言，还是无关宏旨的闲言碎语？是在特定历史背景之下有感而发的应景之作，还是在敏感政治局势之下有意而为的违心之语？归根到底，要深入了解勒南的民族主义思想，不能局限于一时一地的寥寥数语，而应该追溯勒南的思想脉络，还原勒南曾经置身其中的历史场景。否则，我们最多只能看到一张"形似神不似"，甚至"形神兼不备"的思想素描，而看不到更为立体、更为逼真的思想肖像。

令人遗憾的是，由于主观意愿或者客观条件的限制，并不是每一位阅读者都愿意或者都能够深入特定的历史场景，以设身处地地了解某一位思想家深邃的或者晦涩的思想。正因如此，经常会出现这种令思想家感到尴尬的情况，某一位思想家在不经意间说出的只言片语，由于当时或后世的人们如获至宝、反复传诵，它造成的影响可以余音绕梁、三世不绝，以至于这一位思想家穷尽毕生精力而写就的鸿篇巨制，反而湮没在人们的脑海之中。有鉴于此，在本书中，笔者力求尽可能充分展现勒南民族主义思想的各个方面。在这个探寻历史、追问背景的过程中，我们可能会重新发现一个思想更为丰富的勒南，而不是一位仅留下一两句名言、逐渐淡出人们视野的思想家。

绪　论
厄内斯特·勒南：思想者的平面肖像

勒南前半生[①]

厄内斯特·勒南（Ernest Renan，1823－1892年）是以布列塔尼人（Breton）自居的法国人。要了解勒南，不能不首先了解布列塔尼（Bretagne）这个别具一格的地方。在自然地理方面，布列塔尼是从欧洲大陆向西延伸到大西洋的狭长半岛，与不列颠岛隔海相望。实际上，在法语里面，"大不列颠"（Grande-Bretagne）与"布列塔尼"（Bretagne）就是两个同根词，由此也可以推知两个地区唇齿相依、鸡犬相闻的亲缘关系；在人文地理方面，布列塔尼是种族构成相当特殊的地区，布列塔尼人由古代的凯尔特人（Celte）与来自不列颠岛的土著居民不列颠人（Breton）混合而成，这一种族构成与作为法兰西民族主体部分的"高卢－罗马－法兰克"（Gaulois-Romain-Franc）人有所不同，尽管从广义上说，高卢人和不列颠人都是凯尔特人的分支，但高卢人同时受到罗马文化（拉丁文化）和法兰克文化（日耳曼文化）的影响，其中又以罗马文化（拉丁文化）以及正统基督教文化的熏染较深，因此高卢人具有明显的拉丁化倾向，并在此基础上逐渐形成作为法国主体民族的法兰西民族。与此同时，布列塔尼半岛

[①] 关于厄内斯特·勒南的生平事迹和主要著作，勒南同时期的法国政治事件与社会事件，以及在此期间法国与海外的重大文学艺术与科学技术成果的时间对照，比较详细的记载可以参阅以下年表 RENAN E. "CHRONOLOGIE", in *Histoire des origines du christianisme.* Paris：Robert Laffont，1995：LXXVIII－CXLI。

3

上的凯尔特人则依旧保留上古时代原始宗教的神秘主义教义（比如相信万物有灵的德鲁伊德教），具有不列颠文化色彩的布列塔尼地区与具有拉丁文化色彩的法国其他地区相比，显得格格不入。总体而言，布列塔尼地区比法国其他地区更为传统、更为保守。

1823年2月23日（此外还有27日、28日的记载），在布列塔尼半岛一个偏僻的、临近海滨的古老城镇特雷吉耶（Tréguier），厄内斯特·勒南降临人世。① 先天体质孱弱的勒南出生在修道院旁边的一个贫穷人家，父亲菲力贝尔·勒南（Philibert Renan，1774－1828年）的家族世世代代都是土生土长的布列塔尼人，母亲玛德莲娜·勒南（Magdelaine Renan，本家姓氏为费吉尔，出嫁后改为夫家姓氏勒南，1783－1868年）的家族则是从法国西南部迁移到布列塔尼的加斯戈尼（Gascogne，加斯戈尼位于法国西南部边陲，民风热情奔放、风趣幽默，还带点好勇斗狠，颇有几分西班牙人气质，大仲马笔下的传奇火枪手达塔尼昂就是加斯戈尼人）人。勒南的父亲是个典型的布列塔尼天真汉，年轻时参加过法国海军的冒险行动，曾经被英国人俘虏和囚禁，待在家里的时间很少。1823年，当勒南出生时，勒南的父亲已经人到中年，性格变得郁郁寡欢、沉默寡言，不再是当年那个勇于冒险的年轻人了。1828年，当勒南的父亲在海上淹死时，勒南还是个五六岁的孩子，因此父亲留给勒南的印象非常模糊。勒南的母亲则是个爱给孩子讲故事

---

① RENAN E. "Vie de Renan", in *Pages choisies*. Paris：Librairie Hachette, 1952：3.

绪 论
厄内斯特·勒南：思想者的平面肖像

的家庭妇女，尽管勒南的母亲并非新移民，而是在布列塔尼出生、成长并接受教育的移民后代，但她还是始终保持着加斯戈尼祖先活泼愉快、风趣幽默的性格特征。[①] 正因如此，在勒南身上有着布列塔尼人和加斯戈尼人的双重性格，既有布列塔尼人神秘阴郁、悲观厌世的一面，又有加斯戈尼人开怀爽朗、乐观入世的一面。如果说勒南的青年和壮年时期（1870年以前）表现出乐天知命的世俗倾向，那么勒南的晚年时期（1871年以后）则呈现出悲天悯人的宗教情怀。

勒南有一位兄长和一位姐姐，虽然兄弟姐妹不多，但由于父亲早逝，勒南的家庭还是比较贫穷。兄长阿兰·勒南（Alain Renan，1809－1883年）比勒南年长14岁，年轻时就离开家乡，到布列塔尼半岛北部的港口城市圣马洛（Saint-Malo）谋生，后来一直从事工商业。姐姐昂丽叶特·勒南（Henriette Renan，1811－1861年）比勒南年长12岁，父亲离世、兄长离家之后，勒南是在母亲和姐姐的照顾下长大的，女性化的家庭环境导致勒南性格当中也带有多愁善感、敏感善变的女性气质。笔者后面还要提到，姐姐对勒南的影响往往具有决定意义，甚至比母亲对勒南的影响还要大。而勒南对姐姐的依恋，在亲密无间的同时，也带有难以言说的暧昧色彩，以至于勒南为了永远陪伴姐姐而下定决心终身不娶。勒南最终勉强结婚，其实也是由于姐

[①] BLANSHARD B. *Four Reasonable Men*: *Marcus Aurelius*, *John Stuart Mill*, *Ernest Renan*, *Henry Sidgwick*. Middletown, Connecticut: Wesleyan University Press, 1984: 108.

5

> **何谓民族？：**
> 普法战争与厄内斯特·勒南的民族主义思想

姐的苦心劝说。① 对于这些往事，勒南后来写道："我是在女人和神父的影响下成长的，我的优点和缺点的谜底就在这里。"轻描淡写的寥寥数语，正好概括了勒南的一生，或许因为"女人和神父的影响"，成年之后的勒南兼具女性的气质和神父的气节。

厄内斯特·勒南在家里接受母亲和姐姐的启蒙教育，然后到特雷吉耶修道院的附属宗教学校接受初等教育。19世纪30年代，布列塔尼的教育系统完全由正统天主教会把持，因此勒南早在他的童年和少年时代（1823年至1838年），就已经受到正统天主教会教育的严格训练，并由此奠定勒南前半生道德纯洁、信仰虔诚的思想基础。作为举止文雅、气质内敛的宗教学校模范生，勒南被其他同学嘲笑为书呆子，并且经常受他们捉弄，但勒南却深得老师们的喜爱和赞赏。1838年，年仅15岁的勒南被授予丰厚的奖学金，并被送到巴黎郊外夏尔多内的圣尼古拉宗教学校（Saint-Nicolas-du-Chardonnet）继续深造。② 正如法国学者米歇尔·维诺克（Michel Winock）所说："其他名人可能完全是共和式的能力居高位体制（méritocratie républicaine）的产物，而勒南则是教会式的能力居高位体制的产物……只要稍加打听和努力，

---

① BLANSHARD B. *Four Reasonable Men*：Marcus Aurelius，John Stuart Mill，Ernest Renan，Henry Sidgwick. Middletown, Connecticut：Wesleyan University Press，1984：153-154. 法国学者米歇尔·维诺克提供了完全相反的记载，维诺克认为正是勒南的姐姐极力反对勒南迎娶科尔内莉·谢弗尔小姐。详情参阅米歇尔·维诺克：《自由之声：19世纪法国公共知识界大观》，吕一民、沈衡、顾杭译，中国人民大学出版社，2006册，第443页。

② RENAN E. "Vie de Renan", in *Pages choisies*. Paris：Librairie Hachette, 1952：3.

绪 论
厄内斯特·勒南：思想者的平面肖像

对于未来的主教们的支持，从来不会缺乏。因为对于厄内斯特来说获得主教冠和权杖不成问题，特雷吉耶人毫不怀疑这一点。"①1838年9月5日，勒南离开特雷吉耶，动身前往巴黎。两天后，勒南到达巴黎，在巴黎举目无亲的勒南无法预料，自己的人生将要在这里经历巨大的转变。

在圣尼古拉宗教学校的求学生涯是孤独而苦闷的，背井离乡之苦更是令人难以忍受，勒南一度思乡成疾，幸好受到圣尼古拉宗教学校校长费利克斯·杜庞卢（Félix Dupanloup，1802－1878年）神父的特别照顾，勒南才逐渐适应巴黎的生活。杜庞卢神父曾经为法兰西第一帝国和复辟王朝的外交部长塔列朗亲王（Prince de Talleyrand，1754－1838年，出身于贵族家庭，还拥有教士身份，1806年被拿破仑一世封为贝尼文托亲王）主持临终弥撒，与这位纵横教俗两界的政治人物关系密切。而杜庞卢神父也是耶稣会创始人罗耀拉式的人物，在圣尼古拉宗教学校里面不像校长而更像将军。由于杜庞卢神父与勒南一样，也有一位在家守寡多年、独自把儿女养育成人的老母亲需要奉养，因此杜庞卢神父对勒南给予了额外的同情和帮助。不过，由于杜庞卢神父极端保守的正统天主教立场，勒南在圣尼古拉宗教学校求学的三年里，只能学习到修辞学和宗教学知识，而在宗教知识以外的世俗学问几乎毫无长进。毕竟在圣尼古拉宗教学校，就连伏尔泰、卢梭和狄德罗的名字都是被禁止

---

① 维诺克：《自由之声：19世纪法国公共知识界大观》，吕一民、沈衡、顾杭译，中国人民大学出版社，2006，第436页。

7

何谓民族？：
普法战争与厄内斯特·勒南的民族主义思想

提及的。①

　　勒南在圣尼古拉宗教学校的三年制修辞班毕业后，从 1841 年起，进入伊西（Issy，坐落于巴黎西南面的郊区市镇，在巴黎前往凡尔赛的必经之路上，当地还保留着波旁王朝开国国王亨利四世第一位妻子玛格丽特·德·瓦卢瓦的宫殿）宗教学院（圣叙尔比斯宗教学院预科部）继续攻读哲学班课程。在伊西宗教学院，勒南经受了严格的甚至是苛刻的经院哲学训练，尽管伊西宗教学院是比圣尼古拉宗教学校更有名望的高等学府，但伊西宗教学院的教学风格却比圣尼古拉宗教学校还要保守甚至死板得多，而伊西宗教学院教师对待学生的态度，也远比圣尼古拉宗教学校校长杜庞卢神父对待学生的态度更为简单粗暴。在这种恶劣的环境中，勒南只能坐在花园的长凳上刻苦自学。求知欲极其旺盛的勒南自行阅读了笛卡尔、马勒伯朗士、帕斯卡尔、洛克、莱布尼茨、康德和黑格尔等世俗思想家的著作。② 也是从那时起，勒南开始对宗教学院教师们关于科学无用、宗教至上的陈词滥调产生怀疑。"正是在那里，也就是 1842－1843 学年里，他对自己所接受的教条主义教育提出了批评，最初的怀疑由此萌生。"不过，"勒南在整个一生中都始终是一位学者和经常泡图书馆的世俗僧侣。当时，康德、黑格尔、赫尔德，所有这些他从德国哲学中能够获取思想的人，已经形成了一种虔诚从未获得的以及神秘主义

---

① BLANSHARD B. *Four Reasonable Men*: *Marcus Aurelius*, *John Stuart Mill*, *Ernest Renan*, *Henry Sidgwick*. Middletown, Connecticut: Wesleyan University Press, 1984: 110－111.

② RENAN E. "Vie de Renan", in *Pages choisies*. Paris: Librairie Hachette, 1952: 3.

绪　论
厄内斯特·勒南：思想者的平面肖像

从未实现的思想"。①

勒南从伊西宗教学院的两年制哲学班毕业后，从1843年起，又进入圣叙尔比斯（Saint-Sulpice）宗教学院（坐落于塞纳河左岸，邻近巴黎市中心）继续攻读神学班课程。在圣叙尔比斯宗教学院，勒南没有在哲学和神学道路上走得更远（勒南的思辨能力也确实不如他的语言能力），反而花费大量精力学习希伯来语和德语，学习希伯来语是为了正确解读《圣经》，学习德语则是为了接触最新的《圣经》诠释学。这为勒南后来从事语言学研究、民族学研究和宗教学研究奠定了牢固的语言基础和方法基础。②也是从那时起，勒南对新教产生了好感，因为按照新教教义，他完全可以在笃信宗教的同时独立地、自由地从事科学研究。

1845年，在接受初级教会职务的授职礼前夕，勒南对自己的前途和使命产生了强烈动摇。是接受初级教职，从而终身受到正统天主教会的约束；还是与正统天主教会告别，从事他所钟爱的科学研究？这是令勒南举棋不定的抉择。对勒南来说，是否接受初级教职，涉及不可敷衍、不可搪塞的重大问题。勒南在接受宗教学院神学教育的过程中，并不是毫无独立见解、盲目等待灌输的书呆子，他通过严谨认真的研究，发现《圣经》并非完全准确、可靠，经典之中也充斥着明显的自相矛盾之处，以及人为修饰雕琢的痕迹。如果勒南接受初级教职的话，按照正统天主教会要求，神职人员必须无条件地服从宗教信条，完全相信《圣经》

---

① 维诺克：《自由之声：19世纪法国公共知识界大观》，吕一民、沈衡、顾杭译，中国人民大学出版社，2006，第436~437页。
② RENAN E. "Vie de Renan", in *Pages choisies*. Paris：Librairie Hachette，1952：3.

9

经文正确无误。在勒南看来，这种无条件放弃独立人格的要求，是他无法接受的。因为如此一来，他就不可能作为客观中肯、立场超脱的研究者，在不受到任何教条教义约束的前提下，投身于宗教历史和宗教经典的研究了。

　　勒南之所以举棋不定，除了个人原因以外，还有家庭的原因。在勒南是否接受教职，抑或是否退出教会的问题上，勒南母亲与姐姐的意见可谓南辕北辙。"在他的思想发展中并非没有经历过真正的危机，但是，难以觉察的各个变化使他静静地与信仰分离。在这一过程中，姐姐昂丽叶特以自己的方式起了促进作用，她在她弟弟之前就已疏远了教会。在给弟弟的信中，她鼓励他从事公共教育职业。而他的母亲则有些不安……"[①] 作为勒南的母亲，自然不希望勒南在求学道路上半途而废，这位历尽变故和磨难的母亲，也希望儿子在宗教学院完成学业后，能够在教会里过上平稳安逸的教士生活。背负着母亲多年以来的殷切期盼，勒南感到左右为难。在这个关键时刻，始终在背后支持勒南的是姐姐昂丽叶特，做出最后决定的时刻终于来了。不过，值得注意的是，勒南自始至终都不是无神论者。尽管勒南后来脱离了正统天主教会，但他在信仰上始终是上帝与基督的忠实信徒，一如既往地虔诚信奉基督创立的关于道德完善与心灵完美的教义。勒南只不过是以独立自主的人格追问自己与上帝的关系，以自由思考的精神追寻自己对基督教会的理解。

[①] 维诺克：《自由之声：19世纪法国公共知识界大观》，吕一民、沈衡、顾杭译，中国人民大学出版社，2006，第437页。

绪 论
厄内斯特·勒南：思想者的平面肖像

1845年10月6日，勒南离开圣叙尔比斯宗教学院，这是具有转折意义的一天。从这天起，世界上少了一名宗教学院的普通学生，多了一名对自己的前途感到迷茫和困惑的年轻人。幸运的是，涉世未深的勒南并非孤立无助。圣尼古拉宗教学校校长杜庞卢神父对这名"不争气"的学生还是满心期待，希望勒南能够回心转意。平易近人的杜庞卢神父出于对学生的关心，甚至愿意资助勒南在退学初期的生活费用。勒南的姐姐昂丽叶特当时正在波兰一个贵族家庭担任家庭教师，为了支持勒南勇敢地在自己选择的道路上走下去，昂丽叶特还从波兰寄来1500法郎的积蓄，这在当时是一笔相当可观的款项。① 正因如此，离开宗教学院之后的勒南，并没有坠入孤苦无依的无底深渊。为了维持生计，勒南还到亨利四世高级中学（Lycée Henri Quatre）担任辅导教师，收入虽然微薄，仅能够满足日常饮食和住宿起居的需要，但这对从小家境清贫、长期在宗教学校过着清苦生活的勒南来说已经是不虞匮乏、心满意足了。而且，担任辅导教师的教学任务并不特别繁重，勒南有充足的时间学习和思考。② 无论勒南从事哪一方面世俗知识的研究，都不会再受到宗教学院教师们的干预了。

在自谋生计期间，勒南还有幸结识马塞林·贝特洛（Marcelin Berthelot，1827 – 1907年）。勒南与贝特洛后来成为终生不渝

---

① BLANSHARD B. *Four Reasonable Men*：*Marcus Aurelius*，*John Stuart Mill*，*Ernest Renan*，*Henry Sidgwick*. Middletown，Connecticut：Wesleyan University Press，1984：152 – 153.

② BLANSHARD B. *Four Reasonable Men*：*Marcus Aurelius*，*John Stuart Mill*，*Ernest Renan*，*Henry Sidgwick*. Middletown，Connecticut：Wesleyan University Press，1984：116 – 117.

11

何谓民族？：
普法战争与厄内斯特·勒南的民族主义思想

的挚友，勒南从事人文科学（历史学、考古学、人类学、语言学、宗教学）研究，贝特洛从事自然科学（化学）研究。在贝特洛鼓励下，一直以来自囿于神学窠臼的勒南极大地扩展了自己的知识视野，更重要的是，勒南进一步坚定了他对科学研究的热爱和对科学解释的追求。勒南后来撰写《科学的未来》（*L'Avenir de la Science*，定稿于 1848 年，出版于 1890 年，定稿时间与出版时间相隔超过四十年，是勒南众多著作中最为特殊的一部），与这一时期勒南与贝特洛建立的亲密友谊以及贝特洛对勒南潜移默化的影响有莫大关系。值得注意的是，勒南在《科学的未来》中，对法国大革命给予高度评价。他甚至慷慨激昂地宣布，法国的真正历史是从 1789 年开始的，而法国大革命的发生地巴黎，将会成为人类历史上的另一个耶路撒冷，一个崇拜革命原则的朝圣地。不过，由于勒南在《科学的未来》中阐述的思想仍然不够成熟，在学界前辈奥古斯丁·梯叶里（Augustin Thierry，1795 – 1856 年）的劝说下，勒南将书稿封存了四十多年。① 勒南在《科学的未来》中表达出来的观点，一方面反映了勒南早期思想中的进步主义倾向，另一方面也反映了勒南始终挥之不去的、保守主义的宗教情结。随着勒南年岁的增长和人生阅历的丰富，这种保守主义宗教情结将会越发强烈，最终导致他对进步主义的怀疑甚至放弃。

1847 年，这是特别值得纪念的年份。这一年勒南才 24 岁，

---

① BLANSHARD B. *Four Reasonable Men*：*Marcus Aurelius*，*John Stuart Mill*，*Ernest Renan*，*Henry Sidgwick*. Middletown，Connecticut：Wesleyan University Press，1984：117.

绪 论
厄内斯特·勒南：思想者的平面肖像

风华正茂的勒南完成了他第一篇具有重大影响的学术论文《历史与理论，闪米特语言通论和希伯来语言专论》（Essai historique et théorique sur les langues sémitiques en general et sur la langue hébraïque en particulier，这篇论文后来增补为学术专著《闪米特语言通史》），这篇论文为勒南赢得了沃尔内奖（le prix Volney）和1200法郎奖金（两年以后，勒南另外一部关于古代希腊语言的著作又为他赢得了2000法郎奖金）。[1] 这意味着勒南在走出宗教学院以后，经过两年多的彷徨与徘徊，终于成功步入文坛，并由此开始他长达45年（1847 – 1892年）的创作生涯。而对勒南更为重要的是，作为他在语言学研究领域的成名作，《闪米特语言通史》为他打通了日后晋身为法兰西公学（Collège de France）讲座教授以及法兰西学术院（Académie française）终身院士的道路。正因如此，勒南的科学研究才逐渐有了职务性、制度性的保障。

与当时某些名不见经传、只能苦苦哀求出版商发行自己著作的年轻作家相比，勒南无疑是非常幸运的。就在勒南刚刚涉足文坛并且崭露头角的时候，就有一位眼光独到的犹太出版商登门拜访。这位慕名而来的出版商名叫米歇尔·列维（Michel Lévy），他愿意以人们难以想象的高价购买勒南所有作品的版权，勒南对这位出版商的不期而至也感到大惑不解，但将信将疑的他还是将日后一系列作品的出版发行事务全权委托给这位出版商。时至今

---

[1] BLANSHARD B. *Four Reasonable Men: Marcus Aurelius, John Stuart Mill, Ernest Renan, Henry Sidgwick*. Middletown, Connecticut: Wesleyan University Press, 1984: 116 – 117.

> **何谓民族？：**
> 普法战争与厄内斯特·勒南的民族主义思想

日,我们能够在法国找到的《勒南全集》,就是由卡尔曼-列维(Calmann-Lévy)出版社发行的经典独家版本。① 不过,凡事福祸相倚、利弊相随。勒南时来运转,引起文坛中某些心胸狭隘的竞争对手(尤其是后来在法国文坛颇有号召力的龚古尔兄弟)的强烈嫉妒。受到出版商冷落的埃德蒙·德·龚古尔(Edmond de Goncourt,1822-1896年)尖酸地把卡尔曼-列维出版社形容为"最残忍的刽子手和最贪婪的放贷者"。② 这也预先注定了,在勒南后来追逐个人声望与成就的道路上,将会遭遇突如其来的重重波折与无比恶毒的人身攻击。

1856年,这也是特别值得纪念的年份。这一年勒南已经33岁,逐步迈向事业和家庭的黄金年代。③ 就是在这一年的12月,勒南当选为铭文学院(l'Académie des inscriptions et belleslettres)成员,以接替这一年去世的奥古斯丁·梯叶里遗留的空缺。同样是在这一年,勒南与著名画家阿利·谢弗尔(Ary Scheffer,1795-1858年)的侄女、亨利·谢弗尔(Henri Scheffer,1798-1862年)的女儿科尔内莉·谢弗尔(Cornélie Scheffer,1833-

---

① 米歇尔·列维(Lévy,"列维"就是《圣经·旧约·利未记》里面犹太人十二个支派之一的"利未")是一位独具慧眼的犹太出版商,卡尔曼-列维出版社也是由犹太商人创办和经营的出版社,但这间出版社却独家代理勒南所有著作的出版发行工作,包括某些带有反犹色彩的著作。无独有偶,在近代法国民族主义思想史上声名狼藉的民族主义思想家夏尔·莫拉斯(Charles Maurass),也是在卡尔曼-列维出版社出版他的反犹著作《天堂之路》(1895年出版)。详见杜美:《欧洲法西斯史》,学林出版社,2000,第66页。

② RENAN E. *Histoire des origines du christianisme*. Paris: Robert Laffont, 1995: CLXXXIX – CXC.

③ RENAN E. "Vie de Renan", in RENAN E. *Pages choisies*. Paris: Librairie Hachette, 1952: 4.

绪　论
厄内斯特·勒南：思想者的平面肖像

1893 年）结为连理。这是出身寒门的勒南最春风得意的幸福时光。

1860 年 5 月，由法国文艺家圣伯夫（Sainte‐Beuve，1804－1869 年）主持，法兰西第二帝国皇帝拿破仑三世钦定，勒南在第二帝国政府的支持下，作为法兰西铭文学院的代表，前往黎巴嫩地区考察古代腓尼基文明的历史。这是一次特殊的旅行，因为随行人员中包括勒南的姐姐昂丽叶特，勒南的姐姐是作为勒南的秘书和生活助理前往黎巴嫩的，而且在考察过程中为勒南完成了大量文案工作。不幸的是，1861 年 9 月，在前往加利利（Galilee）途中，勒南和姐姐同时感染疟疾并且陷入昏迷。当勒南从昏迷中苏醒过来的时候，姐姐已经与世长辞。1861 年底，尚未从疾病和悲痛中恢复过来的勒南动身回国。①

1862 年 2 月，勒南被聘为法兰西公学（Collège de France）主讲希伯来语等东方语言的讲座教授，以接替卡特尔梅尔去世后遗留的空缺（另有记载认为勒南是接替奥古斯丁·梯叶里去世后遗留的空缺）。② 可惜好景不长，接任还不到一个月的勒南，因为讲课内容触怒教权主义者，就被教育部的官僚借故停职了。雪上

---

① BLANSHARD B. *Four Reasonable Men*：Marcus Aurelius，John Stuart Mill，Ernest Renan，Henry Sidgwick. Middletown，Connecticut：Wesleyan University Press，1984：154－155.

② 维诺克：《自由之声：19 世纪法国公共知识界大观》，吕一民、沈衡、顾杭译，中国人民大学出版社，2006，第 443~444 页。另可参阅 GARRIGUE J. *La France de 1848 à 1870*. Paris：Armand Colin，2000：80. 此外还可参阅 BLANSHARD B. *Four Reasonable Men*：Marcus Aurelius，John Stuart Mill，Ernest Renan，Henry Sidgwick. Middletown，Connecticut：Wesleyan University Press，1984：156.

| 何谓民族？：
| 普法战争与厄内斯特·勒南的民族主义思想

加霜的是，1863年6月，随着勒南的著作《耶稣传》［又译《耶稣生平》《耶稣的一生》或《耶稣的故事》(Vie de Jésus)，在此书中，勒南把耶稣基督视为具有高尚品质的凡人，而不是"道成肉身"的圣子］出版，勒南在法兰西公学的日子更不好过。1864年，如坐针毡的勒南终于被第二帝国政府罢免。① 直到1870年，在战火中诞生的国防政府才为勒南恢复了教学职务和公开讲课的权利。

1870年夏天，勒南作为其好友和学术赞襄者热罗姆－拿破仑亲王（le prince Jérôme-Napoléon，1822－1891年，法兰西第二帝国皇帝拿破仑三世的堂兄弟。在某些被译成中文的勒南传记里，翻译者将 le prince Napoléon 当成拿破仑三世的儿子，实属谬误）的随从人员，② 前往挪威对开海面、位于巴伦支海与格陵兰海之间的斯匹次卑尔根（Spizberg）群岛，进行科学考察和学术旅行。正当他们在海上航行的时候，普法战争突然爆发。由于在中途停泊的地点收到帝国首相奥利维埃发出的紧急电报，他们马上起锚返航，以免落入普鲁士海军手中。返航的时候，他们还不知道等待法国的将会是怎样的悲惨命运。但当他们在法国西北部海岸登

---

① RENAN E. "Vie de Renan", in RENAN E. Pages choisies. Paris：Librairie Hachette, 1952：4. 另可参阅维诺克：《自由之声：19世纪法国公共知识界大观》，吕一民、沈衡、顾杭译，中国人民大学出版社，2006，第444～447页。在此书中，维诺克交代了皇帝与皇后对勒南进入法兰西公学的分歧，来自西班牙、笃信天主教的皇后对勒南这名"背教者"素无好感。
② 勒南与拿破仑三世关系一般，与皇后欧仁妮关系恶劣，却是热罗姆－拿破仑亲王的好友。而且，亲王虽然深受其堂兄弟拿破仑三世的喜爱，却受到皇后欧仁妮的忌惮和痛恨。LAWTON F. The Third French Republic. London：Grant Richards, 1909：136.

陆的时候，战局已经急转直下。这场突如其来的战争，以及最后出乎所有法国人意料的失败，都深深刺痛了勒南。他在战争爆发前设想的英国、法国、德国（当时德国尚未统一）三个最文明的国家结成同盟，共同对抗俄国的希望彻底破灭了。这种天崩地裂的幻灭感，竟然从根本上动摇了勒南在《科学的未来》中对法国大革命及其基本价值的信仰，而勒南头脑中同时存在的进步倾向和保守倾向，也忽然呈现出向保守主义一边倒的局面。本书所要探讨的，正是普法战争对勒南民族主义思想的突变性影响。

第一章

法国民族主义传统与勒南民族主义思想

一般来说,西方学者(尤其是英美学者)倾向于把《何谓民族?》(1882年3月11日索邦讲话)的作者厄内斯特·勒南界定为"政治民族主义者"(或"公民民族主义者"),并把《何谓民族?》视为政治民族主义宣言书。那么,什么是"政治民族主义"?为何厄内斯特·勒南的著名讲话《何谓民族?》会被后来的研究者归类为"政治民族主义"?在回答关于勒南的具体问题之前,让我们首先考察近代欧洲两套民族主义传统的分野,再来分析《何谓民族?》的原始文本,以及政治民族主义在《何谓民族?》中的具体体现。

第一节 政治与文化:法德两国的民族主义传统

在西欧近代民族主义发展史上,从启蒙运动到拿破仑时代是

第一章
法国民族主义传统与勒南民族主义思想

具有特殊意义的时间段。在这一百年间，法兰西和德意志各自演绎出风格迥异的民族主义传统。《西欧近代民族主义思潮研究》的作者李宏图教授认为："仔细考察可以发现，这时产生的民族主义在其类型上呈现出两种形态：一种是以法国为代表的民主主义的民族主义，这是一种政治意义非常强烈的民族主义，有人把它称为建设性民族主义，意为在民族国家逐步出现确立的过程中去帮助和推动它成长建立的一种表达。一种是以德意志为代表的文化民族主义，它偏重于从文化层面去表达的民族主义，这种也称之为'防卫型民族主义'，即要用文化来保卫自己的民族和国家，借助于文化上的联系与统一，促进或实现民族国家的建立。之所以会产生这两种类型，也是由于两个国家在从封建社会向资本主义社会过渡时的国情不同所决定的。某种意义上说，这两种类型的民族主义是近代民族主义的原生形态，从这里可以找寻到后来在许多国家和地区产生的民族主义的印记。"[①] 考察此后的欧洲历史，我们还可以看到，法兰西和德意志在民族主义形态上呈现的类型差异，并不局限于启蒙运动到拿破仑时代的一百年间。实际上，这种时而模糊、时而清晰的民族主义类型差异，还可以在普法战争后的法兰西第三共和国与德意志第二帝国（甚至德意志第三帝国）的对比中看到。总体而言，"政治"与"文化"分别构成近代法兰西和德意志民族主义传统的核心要素。

对"文化民族主义"同样有深入研究的钱雪梅女士则进一步

---

① 李宏图：《西欧近代民族主义思潮研究——从启蒙运动到拿破仑时代》，上海社会科学院出版社，1997，第11页。

何谓民族？：
普法战争与厄内斯特·勒南的民族主义思想

补充道：在西方学者观点的主导下，"文化民族主义被误读为亚非拉等'东方'民族国家共同体所特有的、以'固守落后'为价值取向的、'非理性'的'反现代化'思潮。""系统的文化民族主义理论诞生于 18 世纪末的德意志地区，是赫尔德对法兰西文化霸权的日耳曼式回答。赫尔德认为，以文化和历史为根基的民族是人类存在的自然单位；彼此相异的各个民族文化之间没有优劣之分，是平等的；人类社会的进步是由各个民族各自按自己方式发展所最终达成的人道社会。赫尔德思想的理论来源证明，文化民族主义不是非理性的，更不是反理性的；从其主张来看，文化民族主义与自由主义并不矛盾，同时它又不等同于保守主义。""文化民族主义并不是'东方'民族所独有的思想运动，而是人类社会共有的潜在趋向：只要有合适的环境，它就会生发。……18 世纪末德意志地区文化民族主义运动、建国前后美利坚民族的形成过程以及 20 世纪以来西欧国家强调欧洲'个性'……表明，文化民族主义也存在于'西方'国家。"[①] 笔者要强调两个要点：其一，文化民族主义的缔造者是赫尔德（Herder, 1744 – 1803 年），而赫尔德正是本书研究对象厄内斯特·勒南的思想偶像，勒南甚至把赫尔德形容为"思想者之王"（le penseur roi）[②]；其二，赫尔德的文化民族主义并没有什么种族主义内涵（文化民族主义与种族主义的混淆是 19 世纪中后期才出现的现象），反而具有提倡多元文化的民主倾向。如果说，19 世纪法兰西和德意志某

---

① 钱雪梅：《文化民族主义理论：原生形态及其与全球化的互动》，中国国家图书馆博士论文文库，2001，第 1 页。
② TRONCHON H. *Ernest Renan et l'étranger*. Paris: Les Belles-Lettres, 1928: 205.

第一章
法国民族主义传统与勒南民族主义思想

些文化民族主义思想家的立场是激进的、极端的，那么赫尔德的文化民族主义立场则是渐进的、温和的。前者讲究高低优劣，后者追求平等共存，两者具有本质差异。

一 法兰西式民族定义

如果我们要追溯法国人自己对"祖国"、"民族"等民族主义概念的定义，启蒙学者编纂的《百科全书》(*l'Encyclopédie*)是最具代表性的历史文献，尽管这可能不是最准确、最精练的定义，却是最能反映时代精神的定义，具有实物标本的意义。《百科全书》对"祖国"（patrie）这个词条解释如下："在那些没有多少逻辑思维的雄辩演说家、除了地理位置之外一无所知的地理学家和庸碌无为的词典编纂者看来，祖国（patrie）就是一个人的出生地，或许他们也有几分道理；但是，哲学家们知道祖国这个名词来自拉丁文的'pater'，它代表着父亲与他的孩子们，由此说来，它揭示了我们对家庭（famille）、对社会（société）、对自由国家（État libre）的归属感，我们是家庭、社会以及自由国家的成员，而法律则保障我们的自由和幸福。在专制统治压迫下，根本就不会有祖国。"[1]

我们如何理解这个出现在《百科全书》中的词条？首先，以哲学家自居的百科全书派，对"出生之地即祖国"这个长期以来被许多知识分子视为理所当然的观念提出质疑，个人对国家的从

---

[1] FOREST P. *Qu'est-ce qu'une Nation? Ernest Renan（Texte intégral）*, *Littérature et identité nationale de 1871 à 1914（Textes de Barrès, Daudet, R. de Gourmont, Céline）*. Paris：Pierre Bordas et fils, 1991：5.

| 何谓民族？：
普法战争与厄内斯特·勒南的民族主义思想

属关系，并非只有"生于法国则必须忠于法国"这个单方面的先天性前提。其次，个人对国家的从属关系，其实是双方面的，既有个人对国家的归属，又有国家对个人的保障，个人并非无条件服从国家。在专制统治压迫下，由于国家对个人的自由和幸福全无保障可言，这个名存实亡的"祖国"就全无合法性与合理性可言。总而言之，"专制之下无祖国"是近代法国民族主义最为突出的方面，所关注的核心问题是个人与国家的关系问题。

必须说明的是，尽管百科全书派为了推导出"祖国"（patrie）这个单词的本原意义而专门考证它的拉丁文词源，但他们强调的绝对不是这个单词包含的父权制下氏族血统的本原意义，他们强调的是国家与个人之间"相亲相爱如同父子"的引申含义。他们这样做的目的是要揭示国家与个人之间正常关系的本来面目（或者说理想状态），进而提出他们改造国家的政治主张。现代国家并非原初意义的血缘种族集团，因此切不可滥用"祖国"（patrie）的原初意义，否则民族主义就有可能蜕变为种族主义，而对民族主义进行庸俗化的理解和演绎，正是近代德意志民族主义者（以及部分近代法国民族主义者）曾经犯下的错误。

笔者认为，"专制之下无祖国"，这句在启蒙运动时期由百科全书派提出的口号，几乎包含了法国大革命的所有政治内涵。正因为"专制之下无祖国"，某些启蒙思想家（如伏尔泰）才要逃离这个不足以被称为祖国的国家，选择作为世界公民而奔走于欧洲各国之间（或许由于"世界公民"观念的影响，近代法国民族主义还带有普世主义倾向）；正因为"专制之下无祖国"，深受启蒙思想熏染的革命者才有必要与旧制度决裂，并且在大革命中重

第一章
法国民族主义传统与勒南民族主义思想

新建立没有专制统治的新祖国。

如果说，在旧制度（Ancien Régime）时期，国王是国家统一的具体体现，那么，在大革命时期，民族就取代了国王在国家体制中的角色，民族利益成为政治活动的首要原则和法理依据。顺理成章地，法国大革命时公布的《人权与公民权宣言》（*Déclaration des droits de l'homme et du citoyen*）第三条明确宣布："整个主权的本原主要是寄托于国民。"笔者认为，在很大程度上，法国大革命就是重新塑造国家认同的过程，从"王朝国家"向"民族国家"过渡的、脱胎换骨的痛苦过程。就此而言，国家政治体制问题是法国大革命的核心议题，而法国大革命也首先是由内政问题引发的政治革命。由此不难理解，为何在法国大革命中形成的近代法国民族主义，会具有如此强烈的政治性。更为关键的是，这种强烈的政治性立足于对自身的改造，而非立足于对他者的敌视。正因如此，这种具有普世性质的民族主义特别容易在欧洲传播开来，因为布道者有传播教义的使命感，而受洗者也有接受教义的可能性。不过，这种作为舶来品的普世民族主义，都需要经历本土化的改造过程，才能在当地生根发芽。

近代法国民族主义的普世性质，在雅各宾派领袖马克西米连·罗伯斯比尔（Maximilien Robespierre，1758－1794年）一段酣畅淋漓的演说中，得到了淋漓尽致的体现。罗伯斯比尔在题为"关于人权和公民权宣言"的议会发言中，提出"同国王完全闹翻"的四项条文："第一条，全世界的人们都是兄弟，而各国人民应当按照自己的力量互相帮助，就像同一国家的公民一样；第二条，压迫一个民族的人，就是宣布自己是一切民

何谓民族？：
普法战争与厄内斯特·勒南的民族主义思想

族的公敌；第三条，为了阻止自由获得胜利和取消人权而同某一民族进行战争的人们，不应当作为寻常的敌人，而应当作为杀人凶犯和叛乱强盗而受到一切人的惩办；第四条，国王、贵族、暴君，不管他们是怎样的，都是起来暴动的奴隶，他们反对作为大地的主权者的人类，并且反对作为宇宙的立法者的自然界。"① 在罗伯斯比尔提出的四项条文中，人们看到的是"自由、平等、博爱"的共和政体三原则，以及将这三项原则推广到全世界的良好意愿。就此而言，近代法国民族主义的确具有某种内在美德。

不过，同样值得注意的是，具有普世性质的民族主义不等于没有民族立场的民族主义（逻辑上和事实上，也不可能存在没有民族立场的民族主义）。正如一位国民公会议员于1793年所做的自白：我热爱所有人，尤其热爱自由人；但在世上所有人之中，我更热爱法兰西人；在世上所有事物之中，我更热爱自己的祖国。② 实际上，每当普世原则与民族原则发生冲突时，一套似是而非的"法兰西民族优先论"就会迅速浮上水面，为法兰西民族打开方便之门。而且，随着法国大革命在雅各宾专政颠覆后的戏剧性终结，随着拿破仑的对外军事扩张，近代法国民族主义中的理想成分日益消退，而现实成分却与日俱增（鼓吹法国至上的

---

① 罗伯斯比尔：《革命法制和审判》，赵涵舆译，王之相、王增润、立知校，商务印书馆，1965，第135~136页。
② JOHNSON D. "The Making of the French Nation", in TEICH M, PORTER R. *The National Question in Europe in Historical Context*. Cambridge：Cambridge University Press，1993：49.

第一章
法国民族主义传统与勒南民族主义思想

"沙文主义"就是这一时期的产物)。及至后来,更是一切以法兰西民族的立场和利益为转移,近代法国民族主义的普世原则彻底沦为漂亮而空洞的口号。

1846年,共和主义历史学家茹尔·米什莱(Jules Michelet, 1798－1874年)在其著作《人民》(Le peuple)中,就为"法兰西民族优先论"提供了看似理直气壮、义正词严,实则强词夺理的解释。米什莱写道:法兰西民族"拥有两种我在任何其他民族中都看不到的伟大力量。它既忠于原则,又富于传奇;它既具有最慷慨和最仁慈的观念,同时又具有最悠久的传统"。"这种传统使法兰西的历史成为全人类的历史。普世主义的道德理想存在于各种形式的法兰西历史中……法兰西的守护圣人,不管是谁,都属于所有民族,被全人类接纳、祝福、哀悼。"世上各民族都有各自的传说,但都只是"特定的传说",而"法兰西的民族传说是一束无止境、不间断的光芒,是一道名副其实的银河,全世界的目光总是注视着它"。在米什莱笔下,法兰西民族俨然已成为宗教崇拜物,而他也毫不忌讳地大胆断言:法兰西就是"一种宗教","世上各民族的独一真神通过法兰西之口传达其旨意"。[1] 既然法兰西就是"一种宗教",又岂有独守故土而不对外传教之理?

可以认为,米什莱以滴水不漏、天衣无缝的笔法(尽管内在逻辑错漏百出、破绽丛生)把对法兰西的爱与对全人类的爱结合

---

[1] WINOCK M. *Nationalism, Anti-Semitism, and Fascism in France*. Stanford, California: Stanford University Press, 1998: 7-8.

何谓民族？：
普法战争与厄内斯特·勒南的民族主义思想

在一起了。正如泽夫·斯特恩赫尔（Zeev Sternhell）的评价："对于爱国主义与人道主义的潜在冲突，米什莱解决问题的办法是把法国等同于世界。他相信，法国不仅注定是'人类航船的领航员'，而且是全人类的化身。因此，如果一个人保卫法国而反对某个其他国家，他就不只是在保卫法国，而且是在保卫全人类。米什莱坚信，法国的天职是'解放世界'和'把自由的种子带给每个民族'，当一个人在保卫法国时，他保卫的不是他的国家，而是善与真的原则。"①

与米什莱类似，1867年，维克多·雨果（Victor Hugo，1802－1885年）也写道："法国就是如此令人惊叹不已，法国是命中注定要灭亡的，但法国的灭亡如同众神的黄昏，只不过是凤凰涅槃。今日的法国将会变成明日的欧洲。某些民族的末日，如同巨人海格立斯（Hercule）羽化成仙和耶稣基督（Jésus-Christ）回归天国。人们会说，在某个时代，总有某个民族在星海之中光芒闪耀，而其他没有那么伟大的民族，则围绕在这个伟大民族的周围。同样，雅典、罗马、巴黎就是这星空中先后出现的巨大昴星团（Pléiades）。这套法则是放之四海而皆准的。希腊历经轮回而成为基督教世界，而法国历经轮回也将成为人文主义世界。法国大革命必将带来各民族的进化。为何如此？因为法兰西具有美德；因为法兰西从不自私自利；因为法兰西从不只为一己私利而奋斗；因为法兰西代表了人类所有美好的愿望；因为

---

① STERNHELL Z. "The Political Culture of Nationalism", in TOMBS R. *Nationhood and Nationalism in France*. Haper Collins Academic, 1991：30－31.

第一章
法国民族主义传统与勒南民族主义思想

人世间其他各民族都只不过是姐妹,而法兰西则是她们的母亲。作为一位慷慨的母亲,法兰西在这个时代的所有社会现象中都留下自己的印记,当其他民族遭逢不幸的时候,法兰西为他们指明出路。"①

就法兰西民族而言,民族主义具有"自我反省、自我改造"的内部指向性。我们可以看到,即使在论述法兰西民族与外部世界的关系时,法国民族主义思想家也是以法国自身的政治理念、政治诉求为出发点。究其原因,首先在于法兰西民族是"先有国家、后有民族"的政治民族,这个民族是在"王朝国家"的完整框架内逐步整合而成的,这个民族早就拥有了明确的外部界线,因此可以专注于内部问题的解决。就此而言,在法兰西民族形成过程中,"王朝国家"功不可没(尽管启蒙思想家总是不遗余力地对王政和王权进行猛烈抨击)。正如李宏图教授所概括的:"18世纪法国兴起了声势浩大的启蒙运动,启蒙思想家通过揭橥理性,运用自然法理论在一切方面猛烈抨击、批判封建的'王朝国家'。……在这种批判当中,他们详细地阐述了人民主权原则、国家利益原则等方面的内容,从而赋予了'祖国'以崭新的政治意义,为近代民族国家的出现奠定了思想理论基础。到启蒙运动的直接产儿法国大革命时,便彻底埋葬了王朝国家,建立了近代民族国家。因此,18世纪法国启蒙思想家表达的这些思想理论成为近代民族主义的典型表达,并构成为近代民族主义的一种思想

---

① FOREST P. Qu'est-ce qu'une Nation? Ernest Renan (Texte intégral), Littérature et identité nationale de 1871 à 1914 (Textes de Barrès, Daudet, R. de Gourmont, Céline). Paris: Pierre Bordas et fils, 1991: 7.

模式。"① 尽管人们对"王朝国家"的历史作用毁誉参半,但无可否认的是,正是政治统一的"王朝国家",为政治民族的诞生构筑了坚固平台,而这个诞生在"王朝国家"废墟上的政治民族,又衍生出政治民族主义传统。

二 德意志式民族定义

在德意志的历史背景中,所谓"民族"并未被视为由自由意志凝聚而成的政治意愿共同体,而是被视为在特定文化土壤上生长而成的自然有机共同体,从而排除了个人自由和个人意志的因素,同时也回避了近代民族国家应当赋予人民的政治权利。正如李宏图教授所概括的:"当18世纪法国启蒙思想家在反封建反专制的启蒙运动中形成了近代民族主义的崭新政治含义时,在德意志,面对德意志分裂割据以及封建专制残暴统治的现实,软弱的德意志资产阶级未能勇敢地掀起波澜壮阔的启蒙运动,从政治意义上入手来寻求德意志的统一与强大。相反,他们却把思想的触角始终停留在文化层面,把德意志民族视为一个自然的文化有机体,沉浸于对德意志民族古老文化传统的追忆,期望以此来抵御外来文化的入侵,弘扬德意志的民族精神,从精神文化上统一处于分裂割据状态的德意志。这种在文化层面上表达的对外来文化入侵的愤恨,对德意志民族的歌颂与赞扬,以及对德意志统一的期望构成了一种文化民族主义,这是一种有别于法国启蒙思想家

---

① 李宏图:《西欧近代民族主义思潮研究——从启蒙运动到拿破仑时代》,上海社会科学院出版社,1997,第65~66页。

第一章
法国民族主义传统与勒南民族主义思想

表达的近代民族主义的另一类型。"① 例如,德意志文化民族主义的缔造者赫尔德就认为民族是"自然有机共同体",而非法国启蒙思想家理解的"政治意愿共同体"。"在德意志社会特定的文化背景下,赫尔德认为民族共同体应该是有机的、自然的,它的基础是精神的和文化的。这种观点不仅一直贯穿于他的整个民族主义理论,而且也是他文化民族主义理论的出发点。赫尔德在他的很多著作中,一再表达民族是自然生长而成的一种有机体,不是人为的一种创造。"②

就德意志民族而言,民族主义具有某种"戒备他者、防范他者"的外部指向性。我们可以看到,每当论述德意志民族与外部世界的关系时,德意志的民族主义思想家总是对外来的种族、外来的影响充满戒惧之心。究其原因,首先在于德意志民族是"先有民族、后有国家"的文化民族,由于这个民族没有"王朝国家"的完整框架,也就没有明确的外部界线,因此只能通过周边的对立物来界定自己。就此而言,缺乏"王朝国家"庇荫的德意志民族,就像没有坚硬外壳的软体动物。由于政治统一的"王朝国家"的缺位,德意志文化精英只能乞灵于对遥远过去的残存的共同文化记忆,这种共同文化记忆塑造了文化民族,而这个文化民族又衍生出文化民族主义传统。

---

① 李宏图:《西欧近代民族主义思潮研究——从启蒙运动到拿破仑时代》,上海社会科学院出版社,1997,第112页。
② 李宏图:《西欧近代民族主义思潮研究——从启蒙运动到拿破仑时代》,上海社会科学院出版社,1997,第124页。关于赫尔德的"民族主义理论",也可参阅 LEOUSSI A S. "*Herder's Theory of the Nation*", in *Encyclopaedia of Nationalism*. London: Transaction Publishers, 2001: 121。

29

何谓民族？：
普法战争与厄内斯特·勒南的民族主义思想

对于法兰西和德意志各自的民族主义传统，路易·杜蒙（Louis Dumont）在《论个人主义》（*Essais sur l'individualisme*）中写道："如果我们考察这两套占据主流的民族主义意识形态，我们会发现如下特点。在法国方面，我生而为人，这是自然本质；而我生而为法国人，则只是机缘巧合。正如启蒙运动时期的哲学家们普遍认为的那样，民族这样的概念并不具有本体论地位。就此而言，在个人与人类种族之间，并没有太多空白地带，民族最多只是关于人类本身的、缺乏确切根据的经验主义概念，只不过凭借这个概念，有助于我们了解现实生活的面貌而已……""在德国方面，我从德国某些伟大思想家的层面，来解读他们的意识形态，在民族主义问题上，我看不到有任何理由，认为这些的伟大人物的想法与普通民众有何不同。按照他们的逻辑，我首先在本质上是德国人，而我之所以生而为人，纯粹因为我是德国人：人本身被直截了当地视为社会存在物。人对社会的从属关系被普遍视为正常的、必不可少的。对个人自由解放的渴望，远远没有对融入体制和统一思想的渴望来得强烈。"[①] 由此可见，在法国民族主义传统中，"个人作为人类的本质"优先于"个人作为民族成员的属性"；而在德意志民族主义传统中，"个人作为民族成员的属性"优先于"个人作为人类的本质"。无论在哪种模式中，两者之间都存在"孰为目的，孰为手段"的关系问题。

然而，路易·杜蒙也冷静而客观地看到，在这两套民族主

---

① FOREST P. Qu'est-ce qu'une Nation? Ernest Renan (*Texte intégral*), *Littérature et identité nationale de 1871 à 1914* (*Textes de Barrès, Daudet, R. de Gourmont, Céline*). Paris: Pierre Bordas et fils, 1991: 9.

第一章
法国民族主义传统与勒南民族主义思想

义意识形态之间并没有不可逾越的鸿沟,他写道:"人们将会看到,在古代,由于族裔中心主义或者社会中心主义在发挥作用,人们总是抬高'我们的群体'(nous)而贬低'别人的群体'(autres)。今时今日,我们也还能处处感受到这种思想观念的影响,只是方式方法有所不同:在德国人而言,他们自认为优越于他人,并且尝试把这种观念灌输到每个德国人的头脑中;在法国人而言,则只是假设他们的普世主义文化是优越的,与此同时,他们却异想天开地自命为全人类的导师。"① 由此可见,无论在哪种模式中,民族优越感都是始终存在的。相比之下,法兰西式民族优越感隐藏在普世主义表象下,更加容易引起人们误解。

三 汉斯·科恩的"民族主义类型学"及其反例

20世纪中叶,被称为"民族主义研究双父"(the twin founding fathers,英国学者霍布斯鲍姆对这种华而不实的称号不以为然,还把他们二人的观点称为"老生常谈"的"过时言论")的美国学者卡尔顿·海斯(Carleton Hayes)和汉斯·科恩(Hans Kohn)也继承了法兰西和德意志民族主义传统并驾齐驱的"双轨并行模式",其中汉斯·科恩更是将这种二元对立的片面观点推向极致,形成后来的民族主义研究者普遍采纳的主流理论,俗称"科恩类型学"(Hans Kohn's typology)。科恩的主要观点反映在

---

① FOREST P. *Qu'est-ce qu'une Nation? Ernest Renan* (*Texte intégral*), *Littérature et identité nationale de 1871 à 1914* (*Textes de Barrès, Daudet, R. de Gourmont, Céline*). Paris: Pierre Bordas et fils, 1991: 9.

| 何谓民族？：
| 普法战争与厄内斯特·勒南的民族主义思想

1944 年的《民族主义的观念》（The Idea of Nationalism）和 1967 年的《民族国家的序幕》（Prelude to Nation-States）中，大致可以概括如下：民族主义有两种类型，一种是民主的、理性的、以国家和公民身份为基础的、以法兰西民族为典型的公民民族主义（英语 the civic nationalism，法语 le nationalisme civil）；另一种是反民主的、非理性的、以文化为基础的、以德意志民族为典型的族裔民族主义（英语 the ethnic nationalism，法语 le nationalisme ethnique）。以莱茵河为界，莱茵河以西的民族主义是"美好的"公民民族主义，莱茵河以东的民族主义是"肮脏的、污秽的"族裔民族主义。[①] 英国学者安东尼·史密斯（Anthony D. Smith）指出：《民族主义的观念》写于纳粹和战争的阴影下，"科恩寻求发现产生于西方的、较为温和的民族主义形式和产生于莱茵河以东、更为恶性的民族主义之间的区别。科恩认为，西方的民族主义形式是在共同法和共有领土范围内的公民理性联合，而东方的各种民族主义形式则是建立在对共同文化和族群本原的信仰基础之上。后者导向认为民族是一个有机的、无缝的和超越个体成员的整体，并将个体成员从其出生开始就打上去不掉的民族烙印。从社会学视角看，通过两者不同的阶级形式可以发现这种对照的来源。在西方，强大并有信心的资产阶级能够建立拥有市民精神

[①] LEOUSSI A S. "Ethnic and Civic Nationalism（Hans Kohn's Typology）", in Encyclopaedia of Nationalism. London：Transaction Publishers, 2001：60. 关于"科恩类型学"，另可参阅此书词条 p. 62，"ethnic and territorial nationalism"。此外还可参阅安东尼·史密斯：《民族主义：理论、意识形态、历史》，叶江译，上海世纪出版集团，2006，第 40～43 页。

第一章
法国民族主义传统与勒南民族主义思想

的大众公民民族;而在东方,缺少这样的资产阶级,有的则是帝国的专制者和半封建地主的统治,这既给民族的有机观念,也给无节制的、权威的和常常是神秘的民族主义形式提供了丰饶的生长土壤"。"在民族产生于'自愿'的观念中,个体具有某种自由的选择范围;尽管在'民族的世界'和民族的国家中各个体必须从属于某个民族,但在原则上,他们能选择自己所希望从属的民族。在'有机的'民族观念中,这样的选择是不可能的。个体生来就从属于某个民族,并且不论他们移民于何方,他们依然是自己所出生的那个民族的内在一部分。"①

笔者认为,汉斯·科恩的观点有以偏概全的嫌疑,因为要在近代法国民族主义思想史上寻找族裔民族主义的例子,并不是多么困难的事情。比如法国大革命爆发前,立宪派关键人物西耶斯(Sieyès,1748-1836年)的族裔民族主义言论。1789年,西耶斯在政治小册子《第三等级是什么?》(*Qu'est-ce que le tiers état?*)中写道:"第三等级不应当害怕追溯往昔。他们将回溯到征服以前的年代;而且,既然他们今天已相当强大,不会再被征服,他们的反抗无疑将更为有效。第三等级为何不把那些继续狂妄地自诩为征服者种族的后裔承继了先人权利的所有家族,一律送回法兰克人居住的森林中去?"他进而写道:"经过这番清洗的民族必将感到自慰,因为他们自信这个民族此后仅由高卢人和罗马人的后裔组成。事实上,如果人们非要以出身来区别人,那么难道我

---

① 史密斯:《民族主义:理论、意识形态、历史》,叶江译,上海世纪出版集团,2006,第41页。

们不能向可怜的同胞们揭示,出身于高卢人和罗马人至少不逊于出身于西冈布尔人、威尔士人(Welsche,请注意,此处所指的威尔士人并非居住在不列颠岛西部的 Wales,而是指居住在高卢与日耳曼交界地区的古代部族,但笔者更倾向于译为维尔什人——引者注)以及其他来自古代德意志的丛林池沼的野蛮人吗?人们将说道,不错,不过征服打乱了所有关系,征服者已变成了世袭贵族。好吧!现在需要再改变贵族的来源,第三等级这回要成为征服者,重新变成贵族了。"[1] 西耶斯的小册子掀起回归高卢人起源的热潮。某公爵夫人(其言论与其身份似乎不甚相称)致信巴黎当局:"我们最终摆脱了枷锁……但我们还背负着法兰西人这个声名狼藉的称号,你们对此还能忍受多久?当他们拒不接受手足情谊时,我们还以他们的称号称呼自己,这表现出过分的奴性。我们真是他们那不纯血统的后代吗?公民们,上帝也不允许!我们是纯种高卢人的后代。"[2]

又如法国大革命结束后,被拿破仑称为"法兰西第一掷弹兵"(le premier grenadier de France)的拉图尔·多弗涅(La Tour d'Auvergne,1743 – 1800 年)的族裔民族主义言论。1796 年,多弗涅在《高卢起源》(*Origines Gauloises*)中宣称:"我们的祖先凯尔特人"曾经拥有从西班牙到瑞典、从布列塔尼到莫斯科的庞

---

[1] 西耶斯:《论特权 第三等级是什么?》,冯棠译,张芝联校,商务印书馆,1990,第 24~25 页。
[2] POLIAKOV L. *The Aryan Myth*. London: Sussex University Press and Heinemann Educational Books,1974:28. 另可参阅 GILDEA R. "Province and Nation", in CROOK M. *Revolutionary France*. Oxford: Oxford University Press, 2002: 169.

第一章
法国民族主义传统与勒南民族主义思想

大帝国,他们就是希腊人眼中的斯基太人(Scythe,又译西徐亚人,居住在欧洲东南部以及黑海北岸的古代游牧民族,西方学者普遍认为他们是马镫的发明者——引者注)或凯尔特-斯基太人,罗马人眼中的高卢人,他们的语言和习俗保存在布列塔尼的凯尔特人中。他甚至试图证明高卢口语是人类最初的语言。1807年,凯尔特学会(l'Académie celtique)成立,该学会渲染出一个神话,即绝大部分欧洲人都是凯尔特人的后代,而拿破仑帝国使他们再次像"一个大家庭那样,置于同一个联邦政府治理之下"。[1]

再如复辟王朝时期(1814-1830年),保王派思想家蒙洛西埃伯爵(Comte de Montlosier)和自由派思想家阿梅岱·梯叶里(Amédée Thierry,奥古斯丁·梯叶里的胞弟)的族裔民族主义言论。1814年,蒙洛西埃伯爵在《论法国君主制》中宣称:法国人源自三个民族,高卢人、罗马人、法兰克人,只有法兰克人具备"伟大、荣誉、慷慨的光彩,这种光彩很早就成为法兰西的特性"。按照他的说法,只有法兰克人保持了自由人身份,发明了封建制度和贵族议会,现在革命结束了,君主统治必不可少,只有源自法兰克人的贵族才能保证立宪君主制不至于沦为专制。1828年,阿梅岱·梯叶里则在《高卢史》中褒扬高卢人,贬抑法兰克人;褒扬凯尔特种族,贬抑日耳曼种族。他笔下的高卢英雄

---

[1] POLIAKOV L. *The Aryan Myth*. London: Sussex University Press and Heinemann Educational Books, 1974: 29. 另可参阅 GILDEA R. "Province and Nation", in CROOK M. *Revolutionary France*. Oxford: Oxford University Press, 2002: 169。

何谓民族？：
普法战争与厄内斯特·勒南的民族主义思想

韦辛杰托里克斯（Vercingétorix，约公元前72－约公元前46年）被描绘成伟大的民族领袖。①

最后，在七月王朝（1830－1848年）、第二共和国（1848－1851年）和第二帝国（1852－1870年）时期，类似的族裔民族主义言论依然不绝于耳。奥古斯丁·梯叶里（Augustin Thierry，1795－1856年）的学生亨利·马丁（Henri Martin，1810－1883年）在《法国史》（1838－1853年陆续出版）中，试图平息启蒙运动和法国大革命以来的种族纷争，进而普及一套"种族融合"的观念。马丁宣称法国人"在出身和特性方面是高卢人的儿子；在教养方面是罗马人的儿子；当古代文明活力消退时，是日耳曼蛮族的混合使其猛然苏醒"。他进而宣称"高卢的土地是上帝为一个民族准备的，这个民族注定要把欧洲人凝聚到一起，并开创现代文明"。但坚定的共和派政治家马丁·纳多（Martin Nadaud）却以高卢人与法兰克人的斗争来论证共和派与保王派的冲突。在其自传开篇，纳多断言自己出身于"伟大而强健的高卢种族，这个种族曾经因为罗马人和法兰克人的双重征服而受到强迫奴役"。他宣称高卢人民遭受了"长期而残酷的统治"，在罗马人征服高卢18个世纪以后，高卢人还是会因为歌颂"我们侠义的高卢人的祖国"而被投进巴士底狱。他进而宣称，当贵族身为法兰克人和君主主义者时，"高卢人总是想要一个共和国"，在19世纪，

---

① GILDEA R. "Province and Nation", in CROOK M. *Revolutionary France*. Oxford: Oxford University Press, 2002: 170. 另可参阅 WEBER E. "Gauls versus Franks: conflict and nationalism", in TOMBS R. *Nationhood and Nationalism in France*. Haper Collins Academic, 1991: 9－10。

第一章
法国民族主义传统与勒南民族主义思想

他们终于得偿所愿。①

应该承认,上述族裔民族主义言论,主要是国内政治斗争的工具,而非对外侵略扩张的依据;而且族裔民族主义在近代法国民族主义中是否占据主流,还可以继续商榷。但我们同样应该承认,上述族裔民族主义言论,足以证明壁垒森严、泾渭分明的"科恩类型学"在真实的历史中并不存在。

笔者认为,"科恩类型学"的缺陷,不仅在于把人们对法兰西和德意志民族主义的传统看法推向极致,而且在于把原本虽然片面、但不带倾向性的二元对立模式,变成带有明显倾向性的正邪对立模式。所谓"莱茵河两岸",小而化之就是法国和德国,大而化之就是西欧和东欧,甚至可以超越欧洲范围,泛指西方和东方,这样就把美国和苏联也涵盖其中了;所谓"美好的"公民民族主义和"肮脏的、污秽的"族裔民族主义,更是背离了客观叙述原则,沾染了浓厚的道德判断色彩和意识形态色彩。考虑到汉斯·科恩的观点是在第二次世界大战期间提出、在美苏冷战时期重申,他的观点带有亲西方倾向倒也不足为奇。但正因如此,"科恩类型学"的学术价值恐怕就要大打折扣,因为"科恩类型学"可能只是应景之作,而不是纯粹的学术观点。

尽管如此,笔者认为"科恩类型学"仍有可取之处,它提供了"理想类型"(les types idéals),足以作为其他研究者观察近代民族主义现象的参照系。借助于这一高度概括的参照系,存在于

---

① GILDEA R. "Province and Nation", in CROOK M. *Revolutionary France*. Oxford: Oxford University Press, 2002: 170 – 171.

法兰西和德意志民族主义传统中的某些细微差别就能够被凸显出来，只是我们不得不反复提醒自己，我们在使用理论工具的时候，不要反过来成为理论工具的奴隶。如果我们撤除"科恩类型学"中的道德判断色彩和意识形态色彩，那么还是应该承认，"科恩类型学"的确为其他研究者描述了近代民族主义的某些历史事实。因为即使是对"科恩类型学"持怀疑和批判态度的英国学者埃里克·霍布斯鲍姆（Eric Hobsbawm），在其主编的历史文集《传统的发明》（*The Invention of Tradition*）中，也曾经专门论述过存在于法兰西和德意志民族传统中的某些显著差别，其结论与汉斯·科恩的观点颇有异曲同工之处，从而在一定程度上印证了"科恩类型学"的局部合理性。

四 霍布斯鲍姆以"科恩类型学"比较法德两国

霍布斯鲍姆在《传统的发明》最终章节"大规模生产传统：1870—1914年的欧洲"（Production de masse des traditions et traditions productrices de masses：Europe，1870—1914）中，专门比较普法战争结束后，战火中诞生的法兰西第三共和国（la Troisième République française，1870—1940年）与德意志第二帝国（le Deuxième Empire allemand，1871—1918年）在发明与确立各自官方历史传统时做出的不同选择。值得注意的是，本书的研究对象厄内斯特·勒南，正是在法兰西第三共和国时期提出其对民族定义的思考，而法兰西第三共和国当局对自身历史传统的阐述方式，能够非常具体形象地反映出近代法国民族主义是如何被保留

第一章
法国民族主义传统与勒南民族主义思想

与传承下来的。① 霍布斯鲍姆在书中写道："将法国与德国的创新进行比较是有益的。两者都强调新政权的奠基行为——处于尚不明确和最少争论时期的法国大革命（攻占巴士底狱）与普法战争。除这一历史参照点外，法兰西共和国避免作历史性的回溯，而德意志帝国则非常显著地沉浸其中。由于大革命已经确立了法兰西民族和爱国主义的业绩、特性和界限，因此共和国可以将自己的行为限定在通过利用一些明显的象征，如玛利亚娜、三色旗、《马赛曲》等，并辅之以一种详细阐述（对它的较为贫穷的公民们）自由、平等、博爱的显而易见但有时又有些理论性益处的意识形态解释，从而使自己的公民回想起这些。由于 1871 年以前的'德意志民族'并没有政治定义或是统一，而且它与新帝国（它排除了德意志民族中的很大一部分）的关系也是含糊、象征或意识形态的，因此认同不得不是更复杂和更不明确的，不过霍亨索伦王朝、军队和国家的地位则是例外。由此参照物是多样的，从神话到民间文化（德国橡树、皇帝腓特烈一世）到利用它的敌人来界定民族的简略的漫画模式。像很多被解放的'民族'一样，'德国'更容易通过它反对的东西来界定，而不是通过任何其他方式来界定。"②

霍布斯鲍姆为我们指出了奇特的历史现象：尽管法兰西第三

---

① 关于勒南、泰纳与戴鲁莱德、罗什福尔等"右翼"民族主义者与带有"左翼"色彩的第三共和国之间若即若离的关系，参阅 LEJEUNE D. *La France des débuts de la IIIe République*, *1870 – 1896*. Paris：Armand Colin，2005：139。

② 霍布斯鲍姆、兰格：《传统的发明》，顾杭、庞冠群译，译林出版社，2004，第 356 ~ 357 页。

> **何谓民族？：**
> 普法战争与厄内斯特·勒南的民族主义思想

共和国在政治体制与政治文化方面，都以第一共和国与第二共和国的合法继承者自居，而且三个共和国也确实有传承关系，但第三共和国当局继承与确立的官方历史传统，却具有高度抽象性与概括性，只是一些含有历史寓意的政治符号（"蓝白红三色旗"）与政治口号（"自由、平等、博爱"）；尽管作为新兴民族国家的德意志第二帝国，与作为罗马帝国翻版的第一帝国（所谓"神圣罗马帝国"，在启蒙思想家伏尔泰看来"既非神圣，亦非罗马，更非帝国"的古怪国家）在政治体制、政治文化乃至王朝血统等各方面，都几乎没有事实上的联系。但第二帝国当局发明与确立的官方历史传统，却似乎要穷尽所有历史参照物，来为这个没有多少历史根据的新兴帝国寻找合法性。这的确是耐人寻味、相映成趣的历史现象。

那么，为何法兰西第三共和国"避免作历史性的回溯"？霍布斯鲍姆对此解释道："第三共和国官方'发明'传统的其他一些特点也可顺带说一下。除了在对地方历史名人的纪念活动或地方政治宣言中以外，它已远离历史。毫无疑问，这部分是由于1789年以前的历史（可能除了'我们的祖先高卢人'）使人想起教会与君主制；部分是由于1789年以来的历史是一种分裂而不是统一力量：每一种或是阶段的共和主义在革命的先贤祠中都有它自己的英雄与坏人，就像法国大革命史学史所显现的那样。党派差异在罗伯斯比尔、米拉波或丹东的雕像上表现出来。因此与美国和拉美国家不同，法兰西共和国避开了对奠基之父的崇拜。它更喜欢一般性的象征物，而且在直至1914年以后的很长一段时间里都不在邮票上使用与民族历史相关的主题，尽管绝大多数

第一章
法国民族主义传统与勒南民族主义思想

欧洲国家（除了英国和斯堪的纳维亚国家）从19世纪90年代中期以后就发现了这些主题的魅力所在。象征物是很少的：三色旗（在市长绶带上得以民主化和普遍化，并在所有世俗婚礼或其他仪式上出现）、共和国的字母缩写（RF）、格言（自由、平等、博爱）、《马赛曲》，以及共和国与自由本身的象征玛利亚娜，她似乎是在第二帝国末年形成的。我们还应指出，第三共和国对于第一共和国时期极具特色的发明的仪式，如'自由树'、理性女神和特殊节日，并没有表现出任何官方渴望。除了7月14日以外，没有任何官方的国家纪念日、公民的正式动员、列队行进（不像20世纪的人民政权，也不像美国），而只是将制服、游行、乐队、旗帜这些已被接受的国家权力的华丽象征'共和化'。"①

霍布斯鲍姆认为，法兰西第三共和国之所以"避免做历史性的回溯"，其原因就在于历史本身。1789年以前的历史不必回溯，因为在大革命爆发前延续千年的君主政体，与大革命爆发后建立起来的共和政体（1792年9月22日），并无传承关系。实际上，1789年爆发的法国大革命，本身就是与传统毅然决裂的标志。1789年以来的历史同样不必回溯，因为在法国大革命步步升级、层层递进的过程中，不仅在君主派与共和派之间，而且在共和派与共和派之间，有过太多自相残杀、血流成河的痛苦回忆。而这些派系林立的政治势力，即使到了法国大革命结束数十年后的法兰西第三共和国时期，也还有各自的政治遗产继承者。正因如

---

① 霍布斯鲍姆、兰格：《传统的发明》，顾杭、庞冠群译，译林出版社，2004，第349~350页。

此，在第三共和国当局看来，与其在"历史性的回溯"中重新勾起左中右各个政治派别之间（甚至只是温和共和派与激进共和派这两个中间派别之间）的矛盾与对立，还不如强调某些具有高度抽象性与概括性的、不带有明显党派色彩的共和主义原则，起码可以团结激进的、具有雅各宾传统的左翼党派（尽管居于左翼的社会主义者对共和派并无好感，但至少他们不反对共和政体），共同反对保守的、固守旧制度传统的右翼党派（尽管居于右翼的君主主义者在谁是王室正统的问题上内讧不断，但他们始终是共和政体的真正威胁）。

笔者认为，霍布斯鲍姆的观点还有值得补充与完善之处。法兰西第三共和国之所以"避免作历史性的回溯"，原因不仅在于历史本身，也不只是回避政治派别之间历史积怨的问题。应该看到，法国大革命提出的共和主义原则（也就是法兰西第三共和国秉持的共和主义原则）本身就具有高度抽象性与概括性。如前所述，国家政治体制问题是法国大革命的核心议题，而法国大革命也首先是由内政问题引发的政治革命。在法国大革命中形成的近代法国民族主义，也由此而具有强烈的政治性，这种强烈的政治性立足于对自身的改造，而非立足于对他者的敌视。对继承法国大革命政治遗产的法兰西第三共和国来说，既然立足于对自己国家、自己民族的政治改造，就不必不厌其烦地追溯王朝世系，王朝血统之争也就顺理成章地让位于治国理念之争；既然并非立足于对其他国家、其他民族的戒备和敌视，就不必利用敌人来界定自己，而这正是德意志第二帝国"非常显著地沉浸其中"的。总而言之，人们简明扼要地概括为"自由、平等、博爱"的共和主

第一章
法国民族主义传统与勒南民族主义思想

义原则,本身就是法兰西第三共和国的立国基础(对之前和之后历次法兰西共和国而言都是如此),共和国更需要理念,不需要王统。

那么,为何德意志第二帝国"非常显著地沉浸"在"历史性的回溯"中?霍布斯鲍姆对此的解释是,"德意志第二帝国则提供了一个饶有趣味的对照,尤其是因为法兰西共和国发明传统中的一些一般性主题在它那里也能发现。它的主要政治问题是两方面的:怎样为从未有过的俾斯麦式的统一(普鲁士领导的小德意志)提供历史合法性;如何对待支持另一种统一方式的为数众多的民主派选民(大德意志支持者、反普鲁士特殊论者、天主教徒,特别是社会民主党)。"[1] 不过,由于"俾斯麦似乎对象征主义并不很关心",因此"德意志帝国中的传统发明首先是和威廉二世时代相连的。它的目标主要有两方面:建立第二帝国与第一帝国之间的连续性,或更广泛地将新帝国确立为是德意志人民的世俗民族愿望的实现;强调在 1871 年新帝国建立过程中将普鲁士与德意志其他部分联系在一起的那些特殊历史经历。两者反过来都要求将普鲁士和德意志历史合并,而那些爱国的帝国历史学家(尤其是特赖奇克)已然致力于此项事业。完成这些目标的困难首先在于,德意志民族的神圣罗马帝国历史难以与任何 19 世纪民族主义模式相调和;其次是神圣罗马帝国历史并不表明 1871 年的结果是历史必然的或甚至是可能的。它只有通过两种方式来

---

[1] 霍布斯鲍姆、兰格:《传统的发明》,顾杭、庞冠群译,译林出版社,2004,第 350 页。

> **何谓民族？：**
> 普法战争与厄内斯特·勒南的民族主义思想

与现代民族主义联系在一起：一个是世俗的民族敌人的观念，通过反对这一敌人，德意志人民确定了自己的认同，并努力实现国家统一；另一个是征服或文化、政治和军事霸权的观念，并分散于众多其他国家中，其中主要是中东欧的德意志民族就能宣称有权统一成一个更大的德意志国家。第二种观念并不是'小德意志'的俾斯麦帝国所愿意强调的，尽管普鲁士本身，就像这一名字所暗含的，很大程度上是通过向斯拉夫、波罗的海这样的神圣罗马帝国以外地区的扩张在历史上逐渐建立的"。[1]

霍布斯鲍姆认为，德意志第二帝国之所以"非常显著地沉浸"在"历史性的回溯"中，其原因就在于要为新帝国提供合法性。德意志第二帝国当局倾向于在第二帝国与第一帝国之间建立某种连续性，无奈"德意志民族的神圣罗马帝国历史难以与任何19世纪民族主义模式相调和"，"神圣罗马帝国历史并不表明1871年的结果是历史必然的，或甚至是可能的"。实际上，"神圣罗马帝国"是作为"罗马帝国"这个普世帝国的后继者而存在，它不像"法兰西王国"那样，能够让人联想到日后的法兰西民族和法兰西民族国家。套用霍布斯鲍姆发明的"民族主义原型"这个术语，以及霍布斯鲍姆在《民族与民族主义》中提出的"先有民族主义，后有民族"的论证逻辑，如果说法兰西王国为法兰西这片土地提供了恰如其分的"民族主义原型"，进而催生了近代法兰西民族和法兰西民族国家，那么神圣罗马帝国却未能也无

---

[1] 霍布斯鲍姆、兰格：《传统的发明》，顾杭、庞冠群译，译林出版社，2004，第351~152页。

第一章
法国民族主义传统与勒南民族主义思想

法为德意志这片土地提供任何可资利用和借鉴的"民族主义原型"。这是因为"神圣罗马帝国"这个国号本身就和德意志民族没有联系。或者说，采用这个似是而非的国号，本身就表明立国者企图摆脱神圣罗马帝国与德意志民族之间的特殊联系。实际上，"神圣罗马帝国"这个苟延残喘的中世纪怪物，不仅从未成为霍布斯鲍姆笔下的"民族主义原型"，而且反而成为德意志民族建立近代民族国家的最大障碍。

尽管"历史性的回溯"是为新帝国提供合法性的最后一根救命稻草，但最让德意志第二帝国当局头痛的，正是德意志国家与德意志民族纷繁复杂的历史。相比之下，法兰西国家与法兰西民族的历史基本上是线性的，卡佩王朝（987－1328年）、瓦卢瓦王朝（1328－1589年）、波旁王朝（1589－1792年、1814－1830年）、奥尔良王朝（1830－1848年）均可被泛称为卡佩家族的王朝世系，因为这四个先后相继的王朝在血缘上的确是有迹可循的，可谓国脉如缕而延绵不绝；而德意志国家与德意志民族的历史却经常是非线性的，神圣罗马帝国（962－1806年）的王朝世系是多中心的，没有一个统治过德意志的家族能够大言不惭地宣称自己是神圣罗马帝国正统。在神圣罗马帝国历史上，甚至因为诸侯争端而出现过长达二十年的"大空位时期"（1254－1273年），这种混乱状况在中世纪法国根本无法想象。即使在德意志作为民族国家统一前夕，奥地利哈布斯堡王朝（以维也纳为中心，"大德意志统一方案"主导力量）和普鲁士霍亨索伦王朝（以柏林为中心，"小德意志统一方案"主导力量）还在争夺团结全体或部分德意志民族、建立统一德意志国家的领导权。正因为

何谓民族？：
普法战争与厄内斯特·勒南的民族主义思想

德意志民族的国家认同如此混乱，如同无壳蜗牛一般的德意志民族才不得不通过族裔、语言、文化等非政治性的原始标准来界定自己，甚至不得不通过敌人来界定自己。对于谋求独立自主的近代民族来说，竟然要通过他者来自我界定，实在相当可悲。

笔者认为，霍布斯鲍姆的观点还有值得补充与完善之处。德意志第二帝国之所以"非常显著地沉浸"在"历史性的回溯"中，原因不仅在于国家认同的混乱，也不只是"大德意志统一方案"与"小德意志统一方案"孰是孰非的问题。应该看到，德意志第二帝国与法兰西第三共和国相比，不具有任何原创政治价值体系（尽管法兰西第三共和国也只是继承法兰西第一共和国的"自由、平等、博爱"理念，但这套薪火相传的政治价值体系，依然是近代法兰西民族原创的）。归根到底，这个貌似新颖的德意志第二帝国，只不过是霍亨索伦王朝统治下的普鲁士王国的放大版而已。站在德意志第二帝国当局的角度，他们自然希望新帝国的国民把第二帝国视为第一帝国的继承者。作为一个君主国，德意志第二帝国的合法性来源于其王朝世系的正统性，尽管这种王朝世系的正统性经常要靠歪曲历史、捏造事实来维系（这倒是为霍亨索伦王朝的御用历史学家提供了大展拳脚的用武之地）。君主国建基于王统，共和国建基于理念，这就是德意志第二帝国与法兰西第三共和国的一个根本差别。

总体而言，法兰西第三共和国试图在历史断裂性中寻找合法性，这种从旧制度历经大革命洗礼而到共和国的历史断裂性确实是存在的。不仅如此，即使法兰西第三共和国要在历史连续性中寻找合法性，也是绰绰有余的。因为法兰西共和国完全能够以法

第一章
法国民族主义传统与勒南民族主义思想

兰西王国的批判继承者自居,只不过温和共和派与激进共和派都没有遵循这套论证逻辑而已。与此同时,德意志第二帝国试图从历史连续性中寻找合法性,但这种从神圣罗马帝国过渡到德意志帝国的所谓历史连续性,却是如此虚无缥缈、如此苍白无力。

第二节 在政治民族主义传统中解读《何谓民族?》

与法国启蒙思想家一样,勒南对民族定义的论述,也遵循启蒙思想家的论证逻辑,以"王朝国家"为论证起点。但与启蒙思想家有所不同,在《何谓民族?》中,我们还能看到勒南对种族主义和文化民族主义的批判(人种学批判和语言学批判)。之所以有此不同,是因为在启蒙思想家生活的18世纪,已在德意志崭露头角的文化民族主义还没有成长为可与政治民族主义分庭抗礼的思想体系;而一直存在于欧洲各国的种族主义,还没有借着"科学"名义到处招摇撞骗乃至荼毒生灵。正因如此,尽管勒南没有在《何谓民族?》中阐发多少原创的政治民族主义,但他却在19世纪中后期这个种族意识甚嚣尘上的特殊年代,捍卫启蒙思想家的宝贵遗产,捍卫法国政治民族主义的思想传统。

一 问题的提出:王朝原则与民族原则之关系

在《何谓民族?》开篇,勒南首先向读者交代欧洲各民族分立分治的历史根源。勒南写道:"自从罗马帝国覆灭以来,或者说,自从查理曼帝国分裂以来,西欧就被划分为各个民族。有某些民族,在某些时期,曾经谋求凌驾其他民族之上的霸权,但从未获得持久成功。"在欧洲大陆,也出现过西班牙的查理五世、法国的路易十四和拿破仑一世那样具有雄才大略的霸主,但这些壮志未酬的英明君主都未能实现欧洲大陆统一。因此,在可以预见的将来,指望某个强大民族以武力统一欧洲,已经变得可望而不可即。勒南断言:"要建立新罗马帝国或者新查理曼帝国,都已经再无可能。欧洲如此四分五裂,以至于任何建立普遍统治的尝试都会引起联合反对,从而迅速地把野心勃勃的民族驱逐回它的自然疆界。久而久之,便形成了均势。"欧洲大陆民族国家林立、统一遥遥无期的现状,便是古代西方帝国分裂以后,各原始民族、各封建王朝势均力敌的结果。"此后,法兰西、德意志、英格兰、意大利和西班牙,通过屡次妥协和多次冒险,充分发展为我们今天所见的欣欣向荣的民族实体。"①

勒南认为,这些在日耳曼蛮族入侵后、在罗马帝国废墟(以及分裂的查理曼帝国废墟)上崛起的民族实体,都具有共同特征,就是"国内居民的融合"。勒南分析道:"有两重因素造就了西方国家的现状。第一重因素是日耳曼人在与希腊人和拉丁人发生紧密接触时接受了基督教。当征服者与被征服者共享同一种宗教的时候,或者说,当征服者接受了被征服者的宗教的时候,土耳其那种根据宗教来区分人群的制度就不可能出现;第二重因素是征服者忘记了他们的语言。克洛维、阿拉里克、贡德波、阿尔比努和洛朗的孙子已经说罗曼语了。这重因素本身是另一个重要

---

① RENAN E. "Qu'est-ce qu'une nation?", in *Discours et conférences*, Paris: Calmann-Lévy Éditeurs, 1887: 279 – 282. 另可参阅 RENAN E. *Qu'est-ce qu'une nation?*. Marseille: Le Mot et Le Reste, 2007: 18 – 20。

第一章
法国民族主义传统与勒南民族主义思想

因素的结果,即法兰克人、勃艮第人、哥特人、伦巴第人和诺曼人出征时都只带了非常少的本种族妇女。几代人以后,尽管首领仍然只跟日耳曼妇女结婚,但他们的情妇和乳娘是拉丁人。由于整个部落都与拉丁妇女通婚,这就意味着在法兰克人和哥特人定居罗马领土以后,法兰克语和哥特语都只有非常短暂的寿命。"[1] 勒南对日耳曼人与希腊人和拉丁人的民族融合做了初步描述,实际上为文章主体部分的人种学批判和语言学批判做了铺垫。

正因为在这些民族实体里面,外来居民与本地居民实现了整体融合,各民族实体的种族成分已经变得相当模糊。"民族的本质就是人们有许多共同点,但也忘记了许多其他东西。"以法国为例,"没有一个法国公民知道自己是勃艮第人、阿兰人、泰法利人或者西哥特人……在法国,恐怕没有十个家族能够提供其法兰克起源的证据。由于数以千计的隐性杂交案例,这些证据在本质上仍然会有缺陷,这足以扰乱所有谱系学家的陈述"。在法兰西这片种族界线渐趋模糊的土地上,法兰西"王朝国家"的开疆拓土,取代了法兰克人对高卢-罗马人的野蛮征服。"统一总是通过残酷手段来达成,法国南北统一就是持续将近一个世纪的灭绝和恐怖的结果。我敢说,法国国王是世俗统一者的楷模,他创造了有史以来最完美的民族统一。"[2] 法国之所以能够成为欧洲历

---

[1] RENAN E. "Qu'est-ce qu'une nation?", in *Discours et conférences*, Paris: Calmann-Lévy Éditeurs, 1887: 282-283. 另可参阅 RENAN E. *Qu'est-ce qu'une nation?*. Marseille: Le Mot et Le Reste, 2007: 20-21.

[2] RENAN E. "Qu'est-ce qu'une nation?", in *Discours et conférences*, Paris: Calmann-Lévy Éditeurs, 1887: 283-285. 另可参阅 RENAN E. *Qu'est-ce qu'une nation?*. Marseille: Le Mot et Le Reste, 2007: 21-22.

> **何谓民族？：**
> 普法战争与厄内斯特·勒南的民族主义思想

史上最早成长起来的两个近代民族国家之一（另一个是英国），法兰西"王朝国家"功不可没。

勒南对"王朝国家"在现代民族起源问题上的历史作用，还进行了补充说明。勒南写道："一个民族首先是一个王朝，这个王朝代表着一次古老的征服，这次征服首先被民众接受，后来被民众遗忘。……各行省的结合是由王朝决定的，通过王朝的战争、联姻、条约，最后便形成统合各行省的王朝。诚然，大部分现代民族是由某个有封建起源的家族创建的，这个家族订立附带领土的婚约，并在某种程度上成为中央集权的核心。1789 年的法国边界，既不是天然的，也不是必然的。根据《凡尔登条约》，卡佩王朝只拥有狭长的领土，这个王朝后来获得的大片领土都是这个王朝的私产。在兼并频繁的年代，既没有自然疆界，也没有自然疆界的观念；既没有民族权利，也没有行省意愿。"① 在法国以外，勒南还列举欧洲各国的例子，英格兰、苏格兰、爱尔兰之所以能够成为联合王国，荷兰之所以能够脱离西班牙支配而取得独立，都离不开英格兰历代国王与荷兰奥伦治王室的王朝行动。在特定时代背景里，"民族与王朝"的联盟是不可或缺的，而意大利之所以迟迟未能实现民族统一，主要原因就在于在 19 世纪以前，没有一个王室家族能够担当起团结整个意大利民族的历史重任。

当然，王朝原则也不是绝对的（任何原则都不是绝对的），

---

① RENAN E. "Qu'est-ce qu'une nation?", in *Discours et conférences*, Paris: Calmann-Lévy Éditeurs, 1887: 288 - 289. 另可参阅 RENAN E. *Qu'est-ce qu'une nation?*. Marseille: Le Mot et Le Reste, 2007: 23 - 24。

第一章
法国民族主义传统与勒南民族主义思想

勒南就列举了瑞士和美国的反例,以说明现代民族起源问题的复杂性,以及"王朝原则"与"民族原则"的差异性。勒南写道:"瑞士和美国是由陆续加入的人群聚集而成的,并没有王朝基础。就法国而言,我不打算讨论这个问题,因为我们将不得不探寻未来的奥秘。我们只讨论以下问题:伟大的法国王权曾经与民族利益密切相关,那么,王权衰微以后,为何民族能够继续存在?"对于这个问题,勒南也提供了初步解答。勒南答道:"18 世纪改变了一切。在经历了好几个世纪的堕落以后,人们开始回归古典精神,开始尊重自己,开始关注自己的权利,'祖国'观念和'公民'观念重新获得其意义。"[1] 换言之,正是启蒙思想家为"祖国"和"民族"赋予全新含义,启蒙运动以后,人们终于认识到"王朝原则"与"民族原则"是有所差异的,是可以分离的。

正因为认识到现代民族起源问题的复杂性,勒南并没有把"王朝国家"视为建设现代民族国家的唯一前提。勒南写道:"现代民族是由一系列趋于同一方向的现象共同造就的历史结果。有时统一由一个王朝来完成,正如法国;有时统一由各个行省的直接意愿来完成,正如荷兰、瑞士和比利时;由于迟迟未能克服封建制度反复无常的特性,有时统一由共识来完成,正如德意志和意大利。""由此必须承认,民族能够脱离王朝原则而继续存在,即使是那些由王朝构建的民族,也能够与王朝分离,民族并不会

---

[1] RENAN E. "Qu'est-ce qu'une nation?", in *Discours et conférences*, Paris: Calmann-Lévy Éditeurs, 1887: 289–290. 另可参阅 RENAN E. *Qu'est-ce qu'une nation?*. Marseille: Le Mot et Le Reste, 2007: 24。

因此而不复存在。只考虑君主权利的古老原则不能再维持下去了，除了王朝权利，还有民族权利。"① 由此可见，"王朝原则"与"民族原则"，"王朝权利"与"民族权利"，都是可以分离的。而且，现代民族国家的建构过程可以有多种模式、多种可能性，"王朝国家"模式是法国的典型模式，但并非唯一模式。我们不能认为，每个"王朝国家"都能够孕育出一个现代民族国家；我们同样不能认为，某个成长中的民族，未经过"王朝国家"阶段，就不能建设为一个现代民族国家。

正因为现代民族起源问题如此复杂，现代民族建构模式如此多元，勒南不禁提出"何谓民族"的疑问。勒南问道："那么什么是一个民族？为何荷兰是一个民族，而汉诺威或者帕尔马大公国却不是？为何当创建法兰西民族的原则已然消失，法兰西依然是一个民族？瑞士有三种语言、两种宗教、三四个种族，怎么还是一个民族，而托斯卡纳如此一致，却不是一个民族？为何奥地利是一个国家而不是一个民族？民族原则与种族原则有何不同？"②

二 现代民族定义的排除法：什么不是民族？

笔者认为，勒南之所以被众多英美学者视为政治民族主义

---

① RENAN E. "Qu'est-ce qu'une nation?", in *Discours et conférences*, Paris：Calmann-Lévy Éditeurs, 1887：286 – 290. 另可参阅 RENAN E. *Qu'est-ce qu'une nation?*. Marseille：Le Mot et Le Reste, 2007：22 – 25。

② RENAN E. "Qu'est-ce qu'une nation?", in *Discours et conférences*, Paris：Calmann-Lévy Éditeurs, 1887：287 – 288. 另可参阅 RENAN E. *Qu'est-ce qu'une nation?*. Marseille：Le Mot et Le Reste, 2007：23。

第一章
法国民族主义传统与勒南民族主义思想

者,《何谓民族?》之所以被视为政治民族主义宣言书,是与勒南在《何谓民族?》中表现出来的坚定的(甚至近乎"彻底的",对于其"彻底性",笔者有所保留,笔者在后面的章节里会有更加详尽的说明)的政治民族主义立场密不可分的。政治民族主义的首要特征就在于对公民"政治意愿"的高度重视(甚至是具有高度排他性的重视),由于"政治意愿"是判定民族属性的唯一"主观标准",勒南要捍卫政治民族主义思想传统,就必须排除任何"客观标准"对"政治意愿"的干扰。正因如此,勒南对判定民族属性的"人种学标准"、"语言学标准"、"宗教学标准"、"经济学标准"和"地理学标准"等客观标准逐一展开猛烈批判。

(一)人种学批判

在"人种学批判"开篇,勒南指出:许多人认为,"由封建制度、王室联姻和外交会议造成的人为划分已经过时了,仍然稳固而永恒的是人们的种族,正是种族构成了一种权利,一种合法性"。实际上,勒南的主要论敌就是德国历史学家和人类学家,他们是"人种学标准"的鼓吹者。根据他们的理论,"德意志大家庭有权寻回流散各地的具有德意志精神的成员,即使这些成员没有重新结合的要求。德意志精神对某个特定行省的权利,高于行省居民本身对这个行省的权利"。勒南对"人种学标准"不以为然,他认为所谓"种族权利"是"类似于国王神圣权利的原始权利,族裔原则取代了民族原则。这是非常巨大的错误,如果这一标准成为主流,将会毁灭欧洲文明。民族原则具有正当性与合法性,而种族原始权利原则具有狭隘性,

53

> **何谓民族？：**
> 普法战争与厄内斯特·勒南的民族主义思想

并对人类的真正进步充满威胁"。① 勒南首先向读者说明，"民族原则"与"种族原则"水火不容，前者具有正当性与合法性，后者具有狭隘性与危险性，而他的论敌企图混淆两者的差别和界限。

要驳倒德国学者鼓吹的"人种学标准"，纯粹道德批判是远远不够的，必须以事实证明"人种学标准"的荒谬性，勒南写道："人种学因素与现代民族构成没有任何关系。法兰西民族由凯尔特、伊比利亚和日耳曼等人种构成；德意志民族由日耳曼、凯尔特和斯拉夫等人种构成。意大利是最让人种学为难的国家：它包括高卢、伊达拉里亚、皮拉斯基、希腊等人种，更不要说其他许多在此杂交而难以辨认的人种成分了。总体而言，不列颠群岛是凯尔特血统与日耳曼血统混合的例证，其血统比例特别难以辨认。"勒南对法兰西、德意志、意大利、不列颠等欧洲主要民族族裔成分的分析，让"人种学标准"在欧洲大陆几乎找不到立足之地。勒南乘胜追击，专门针对德意志民族的族裔成分进行分析，他写道："实际上，根本就不存在血统单一的种族，而把政治建基于人种学分析之上简直是痴人说梦。最伟大的国家——英格兰、法兰西、意大利——正是血统最混杂的国家。德意志是例外吗？有血统单一的日耳曼国家吗？简直是幻想！整个德意志南部是高卢人种的，整个易北河东岸是斯拉夫人种的。他们声称真正血统单一的部分，果真是

---

① RENAN E. "Qu'est-ce qu'une nation?", in *Discours et conférences*, Paris: Calmann-Lévy Éditeurs, 1887: 290 – 291. 另可参阅 RENAN E. *Qu'est-ce qu'une nation?*. Marseille: Le Mot et Le Reste, 2007: 25。

第一章
法国民族主义传统与勒南民族主义思想

血统单一吗?"① 上述引文是《何谓民族?》中最具说服力的文字,勒南仅以寥寥数语,就令德国学者极力鼓吹的"人种学标准"土崩瓦解,"人种学因素与现代民族构成没有任何关系"和"根本就不存在血统单一的种族",已经成为民族主义研究史上的经典结论。

在对"人种学标准"进行事实批判并初战告捷后,勒南又上升到理论高度,对"人种学标准"进行理论批判。他指出,"种族"这个术语之所以具有如此大的争议性,是因为历史学家和人类学家赋予"种族"这个术语两种完全不同的含义,而德国学者在滥用"人种学标准"的时候,就混淆了这两层含义。对人类学家来说,"人类的动物学起源优先于文化、文明和语言起源,他们认为原始的雅利安、闪米特和突雷尼群体在生理学上并不属于同一个物种"。对历史学家来说,"语言学上和历史学上所说的日耳曼种族,的确是人类物种里面一个非常清晰的大家庭。然而,这是人类学意义上的大家庭吗?当然不是。日耳曼特性出现在历史舞台上,仅比耶稣基督早几个世纪。……在此以前,日耳曼人与斯拉夫人同样混杂在斯基太人难以辨认的群体中,并没有独立的日耳曼特性。……正如我们历史学家理解的,种族是某种可以被建构和解构的东西"。在勒南看来,日耳曼种族形成的历史,证明"种族是某种可以被建构和解构的东西"。正因如此,以"人种学标准"来判定民族属性就不足为凭了。勒南写道:"对研究人类历史的学者来说,种族研究是极为重要的。但种族研究在

---

① RENAN E. "Qu'est-ce qu'une nation?", in *Discours et conférences*, Paris: Calmann-Lévy Éditeurs, 1887: 293 - 294. 另可参阅 RENAN E. *Qu'est-ce qu'une nation?*. Marseille: Le Mot et Le Reste, 2007: 26 - 27。

政治上是无用的。本能的道德感要求我们，在绘制欧洲地图时不要考虑种族因素，欧洲第一批民族在本质上就是混血的。"①

在《何谓民族？》开篇，勒南曾经提出"民族原则与种族原则有何不同"的疑问，经过周密论证，勒南斩钉截铁地回答道："原本最为重要的种族事实，从此永远丧失其重要性。"

（二）语言学批判

与"人种学批判"几乎同等重要的，是勒南的"语言学批判"。勒南指出："语言要求统一，但不强求统一。美国和英国说同一种语言，美洲的西班牙语地区与西班牙也说同一种语言，但它们都未能构成单一民族。相反，瑞士不同地区有三四种语言，但由于上述地区的一致认同，瑞士却是组织完备的民族。人类有某种比语言更优越的东西：意愿。尽管语言多样，但瑞士人团结一致的意愿比语言相似性重要得多，而语言相似性却经常要通过迫害才能达到。"② 勒南同时指出，与瑞士的例子类似，法国也从不通过强制手段追求语言统一。③ 但这并不妨碍法国公民以不同语

---

① RENAN E. "Qu'est-ce qu'une nation?", in *Discours et conférences*, Paris: Calmann-Lévy Éditeurs, 1887: 294 – 297. 另可参阅 RENAN E. *Qu'est-ce qu'une nation?*. Marseille: Le Mot et Le Reste, 2007: 27 – 28。
② RENAN E. "Qu'est-ce qu'une nation?", in *Discours et conférences*, Paris: Calmann-Lévy Éditeurs, 1887: 298 – 299. 另可参阅 RENAN E. *Qu'est-ce qu'une nation?*. Marseille: Le Mot et Le Reste, 2007: 29。
③ 关于法国的领土统一和语言统一问题，英国学者雷格·奥克斯（Leigh Oakes）并不认同勒南的描述。奥克斯认为，无论是近代法国领土国家的形成，还是近代法国官方语言的确立，其实都充满血腥和暴力，所谓"每日公民投票"在历史和现实中都不存在。笔者对奥克斯的观点深表赞同。OAKES L. *Language and National Identity, Comparing France and Sweden*. Amsterdam, Philadelphia: John Benjamins Publishing Company, 2001: 96.

第一章
法国民族主义传统与勒南民族主义思想

言拥有共同感觉、共同思想、共同爱好。在"人种学批判"中,勒南已经提到以人种学处理国际政治问题可能引发的弊端,如果以比较语言学来处理国际政治,弊端也不会少到哪里去。

勒南指出:人们赋予语言以政治重要性,那是因为人们把语言视为种族标志,但与"人种学标准"相似,"语言学标准"在概念上的混淆同样是荒谬的。"普鲁士人现在只说德语,但在几个世纪以前说斯拉夫语;威尔士人说英语;高卢人和西班牙人说阿尔巴朗格的原始方言;埃及人说阿拉伯语;此外还有数不胜数的例子。"即使追溯上述人群的起源,语言相似性也未必伴随着种族相似性。以雅利安部落或闪米特部落为例,在这些原始部落里,奴隶与他们的主人说同一种语言。由此可见,比较语言学归纳的印欧语、闪米特语和其他语言的划分,与人类学的划分并不一致。有见及此,勒南强调:"语言是历史事物,语言只在很小程度上说明其使用者的血统,在任何情况下,语言都不应束缚人类决定其归属于哪一个大家庭的自由,而这个大家庭正是其生死相随的。"①

在"语言学批判"结尾,勒南提醒读者:"就像过分关注种族那样,单独考虑语言也有其危险和弊端。"当人们把"语言学标准"推向极端的时候,就会陷入自我封闭的误区。

(三)宗教学批判、经济学批判、地理学批判

在最为关键的"人种学批判"和"语言学批判"后,勒南又

---

① RENAN E. "Qu'est-ce qu'une nation?", in *Discours et conférences*, Paris: Calmann-Lévy Éditeurs, 1887: 299 – 230. 另可参阅 RENAN E. *Qu'est-ce qu'une nation?*. Marseille: Le Mot et Le Reste, 2007: 29 – 30。

何谓民族？：
普法战争与厄内斯特·勒南的民族主义思想

用较为简短的篇幅，对"宗教学标准"、"经济学标准"和"地理学标准"展开批判。

勒南首先指出：宗教也未能为创建现代民族实体提供坚实基础。勒南写道："在我们的时代，宗教问题变得非常清楚。民众的信仰不再是不可改变的了。每个人都按照其爱好、能力和意愿来皈依或侍奉其信仰。再也没有国教，一个人可以在身为法国人、英国人或德国人的同时信仰天主教、新教或犹太教，又或者不进行任何崇拜。宗教已经变成私人事务，一种关于个人道德感的事务。天主教民族与新教民族的划分已经不复存在。"[1] 勒南认为，宗教对个人而言仍然非常重要，但它已经与人群之间的鸿沟完全无关。实际上，在19世纪中后期的西欧，作为"私人事务"（la chose individuelle）的宗教信仰，已经逐渐淡出民族国家之间世俗化的政治界线。

勒南又指出：利益共同体确实是人与人之间强有力的纽带，与此同时，经济利益并不足以创建民族。勒南写道："利益共同体只足以缔结商约。民族共同体内部有一种感觉，民族共同体存在于同一具躯体、同一个心灵中。关税同盟不是祖国。"[2] 现代经济活动是灵活多变的、缺乏恒常性的，而现代民族却是具有恒常性的实体，两者没有严格意义上的对应关系。尽管普鲁士王

---

[1] RENAN E. "Qu'est-ce qu'une nation?", in *Discours et conférences*, Paris: Calmann-Lévy Éditeurs, 1887: 303. 另可参阅 RENAN E. *Qu'est-ce qu'une nation?*. Marseille: Le Mot et Le Reste, 2007: 31-32。

[2] RENAN E. "Qu'est-ce qu'une nation?", in *Discours et conférence*, Paris: Calmann-Lévy Éditeurs, 1887: 303. 另可参阅 RENAN E. *Qu'est-ce qu'une nation?*. Marseille: Le Mot et Le Reste, 2007: 32。

第一章
法国民族主义传统与勒南民族主义思想

国统一德意志民族的事业是以"关税同盟"(Zollverein)为起点的,但"关税同盟"只是民族统一的手段,而非统一的民族本身。

勒南最后指出:地理,即所谓自然疆界,虽然在民族划分中扮演重要角色,但也并不是决定性的。勒南写道:"地理是历史上其中一个关键事实。河流引导种族,山脉阻碍种族。前者有利于历史上的迁徙,而后者限制迁徙。"然而,勒南并不认同所谓"自然疆界"(la frontière naturelle),尽管"自然疆界"是法国历代统治者孜孜以求的、具有重大战略意义的防卫界线。勒南认为,没有比"自然疆界"的教条更武断、更致命的了,运用这种教条,人们可以为所有暴力辩护。勒南问道:这些山脉或者河流真的构成所谓的自然疆界吗?毫无疑问,并非所有山脉河流都是国与国的边界。于是人们便无法解释,为何某一些山脉河流是边界,而另一些山脉河流却不是边界。勒南写道:"如果历史是预先注定的,那么卢瓦尔河、塞纳河、马斯河、易北河或者奥德河本来都有可能成为莱茵河那样的自然疆界。这条自然疆界曾经多次导致违反基本正义的入侵,而基本正义就是人的意愿。这里面有所谓战略考虑。没有什么东西是绝对的,人们都清楚建立势力范围有其必要性,但势力范围也不能漫无边际。否则,整个世界都在谋求各自的军事权益,这意味着战争将永无休止。"勒南概括道:"土地和种族同样不足以构成民族。土地提供基础,提供冲突和劳作的领域,人提供灵魂。人本身就完全构成了我们称为民族的神圣事物。所有物质因素都是不充分的。民族是一条源于历史复杂性的精神法则,是一处精神家园,而不是一个由地形地貌决定的群体。"①

三 现代民族定义的选择项：什么是民族？

在向读者解释为何"人种学标准"和"语言学标准"等客观标准都不足以作为判定民族属性的根据后，勒南终于开始阐述他对"何谓民族"的理解。勒南写道："民族是一个灵魂，是一条精神法则。两种事物，严格来说只是一种，构成了这个灵魂，构成了这条精神法则。一种存在于过去，一种存在于现在。一种是共有记忆的丰富遗产；一种是实际的认同，即共同生活的渴望，以及继续珍视共受遗产的意愿。"② "一个灵魂、两种事物"，这就是勒南对"何谓民族"的基本理解。所谓"一个灵魂"，是指"民族"在本质上是"一条精神法则"，民族并不存在于触手可及的客观事物之中，也不能以客观标准来判断，民族只存在于每一名民族成员心中。所谓"两种事物"，是指"过去的记忆"和"现在的认同"，两者是紧密联系在一起的。

就"过去的记忆"而言，勒南写道："人类群体不是临时拼凑而成的。民族就像我们每个人一样，是过去长期、艰辛的牺牲和奉献的结果。在所有崇拜中，对祖先的崇拜是最正当的，正是我们的祖先造就了今天的我们。伟大人物的英勇事迹，正是构建

---

① RENAN E. "Qu'est-ce qu'une nation?", in *Discours et conférence*, Paris: Calmann-Lévy Éditeurs, 1887: 304 - 305. 另可参阅 RENAN E. *Qu'est-ce qu'une nation?*. Marseille: Le Mot et Le Reste, 2007: 32 - 33。

② RENAN E. "Qu'est-ce qu'une nation?", in *Discours et conférence*, Paris: Calmann-Lévy Éditeurs, 1887: 306. 另可参阅 RENAN E. *Qu'est-ce qu'une nation?*. Marseille: Le Mot et Le Reste, 2007: 33。

第一章
法国民族主义传统与勒南民族主义思想

民族观念的社会资本。为了过去的共同光荣和现在的共同意志,为了过去共同创造的伟业并且继续创造这样的伟业,正是成为民族的本质条件。"值得注意的是,勒南看重的"共同记忆",是指人与人之间的共同经历,而非共同族裔、共同语言,或者其他共同客观条件。勒南写道:"共享过去光荣和遗憾的遗产,共创未来的事业。同甘共苦比关税协定和战略疆界更有价值,这就是我们对民族的理解,即使种族多元和语言多元也无所谓。刚才我说'共同受苦',实际上,共担痛苦比共享快乐更有利于团结一致。就民族记忆而言,苦难比胜利更有效,因为苦难托付给我们需要共同努力去承担的责任。"① 勒南再次排除族裔、语言、经济、地理等客观因素,在他心目中,不分族裔,不分语言,只要人们共同奋斗过,就可以享有"共同记忆"(过去的记忆),就具备了构建现代民族的第一个必要条件。

就"现在的认同"而言,勒南写道:"民族是伟大团结的表达,民族由过去和将来共同牺牲的情感凝聚而成。它虚构了过去的传说,然而,它也是现实的缩影:那就是同意,对继续共同生活的明确意愿。民族的存在,就是每日的公民投票,正如个人的存在就是不断地确证生命那样。"值得注意的是,"民族的存在,就是每日的公民投票",这是勒南在《何谓民族?》中提出的最具代表性同时也最具争议性的观点,也是最纯粹的政治民族主义观点。说到此处,勒南似乎别有所指(法德两国之间的阿尔萨斯问

---

① RENAN E. "Qu'est-ce qu'une nation?", in *Discours et conférence*, Paris: Calmann-Lévy Éditeurs, 1887: 306 – 307. 另可参阅 RENAN E. *Qu'est-ce qu'une nation?*. Marseille: Le Mot et Le Reste, 2007: 33 – 34。

题，笔者在后面的章节中会有所交代)。① 勒南写道："无论是一个民族还是一个国王，都没有权利对一个行省说：'你们属于我，因此我占有你们。'对我们来说，一个行省其实就是一个行省的居民，谁有被咨询的权利？那就是行省的居民。"勒南断言："归根到底，民族的愿望是唯一正当的标准，也是人们必须回归的标准。"②"民族的意愿"（现在的认同）成为构建现代民族的第二个必要条件。

面对人们可能就"主观标准"提出的质疑，勒南早有准备，他答道："我们已经把形而上学和神学的抽象理论从政治中驱逐出去。此后还剩下什么？还剩下人，以及人的愿望、人的需要。你们会说，如果把民族这样古老的有机体建基于经常模糊不清的人类意志上，长此以往，必然导致民族分裂。的确，就此而言，不应过分强调任何原则。这条真理只有在总体上、在非常概括的意义上才有效。人类意志会改变，但世界上有什么不会改变？民族也不是什么永恒的东西。一个欧洲邦联很可能取代它们。然而，欧洲邦联不是我们生活的这个世纪的法则。民族的存在是自由的保证，如果世界上只有一部法律、一个主人，自由就会丧失。"③ 由此可见，勒南

---

① 关于《何谓民族？》与阿尔萨斯问题的关系，详情参阅 OAKES L. *Language and National Identity, Comparing France and Sweden*. Amsterdam, Philadelphia: John Benjamins Publishing Company, 2001: 12 - 13。

② RENAN E. "Qu'est-ce qu'une nation?", in *Discours et conférence*, Paris: Calmann-Lévy Éditeurs, 1887: 307 - 308. 另可参阅 RENAN E. *Qu'est-ce qu'une nation?*. Marseille: Le Mot et Le Reste, 2007: 34 - 35。

③ RENAN E. "Qu'est-ce qu'une nation?", in *Discours et conférence*, Paris: Calmann-Lévy Éditeurs, 1887: 308 - 309. 另可参阅 RENAN E. *Qu'est-ce qu'une nation?*. Marseille: Le Mot et Le Reste, 2007: 35。

第一章
法国民族主义传统与勒南民族主义思想

对"民族"的认识具有深厚历史感。在勒南看来,"民族也不是什么永恒的东西",如果借用勒南自己的话语来表述,民族同样是"某种可以被建构和解构的东西"。笔者认为,勒南之所以关注"民族"问题,并不是因为现代民族实体本身具有至高无上的、神圣不可侵犯的终极价值,只是因为"民族的存在是自由的保证",民族只具有作为人类工具的价值。归根到底,勒南真正重视的,并非作为人类群体的"民族",而是作为民族成员的"人"。

勒南总结道:"总而言之,人类并非其所属种族的奴隶,亦非其所用语言的奴隶,更非其所奉宗教的奴隶,既不是河流流向的奴隶,也不是山脉走向的奴隶。一个具有健全心智和温暖心灵的、伟大的人类集合体,创造了一种道德良心,这种道德良心就被称为民族。"① 所谓"民族",就是一种"道德良心"(具体体现为自由公民的"政治意愿"),这就是勒南对"何谓民族"的最终回答。

勒南在《何谓民族?》中对"民族"所做的带有政治民族主义色彩的定义,在英语学术界,乃至在莱茵河对岸的德语学术界,都被视为法国政治民族主义传统的最佳例证,从而产生某种类似"标签"或"符号"的指示作用。例如,英国学者霍布斯鲍姆在《民族与民族主义》(*Nations and Nationalism since 1780*)中,就把勒南的名言"民族源自每日民族自决的结果"

---

① RENAN E. "Qu'est-ce qu'une nation?", in *Discours et conférence*, Paris: Calmann-Lévy Éditeurs, 1887: 309-310. 另可参阅 RENAN E. *Qu'est-ce qu'une nation?*. Marseille: Le Mot et Le Reste, 2007: 35-36。

(L'existence d'une nation est un plébiscite de tous les jours，笔者把这句话直译为"民族的存在，就是每日的公民投票")视为集体认同的表现，并把勒南这句名言作为判定民族属性的"主观标准"，与语言、族群特性、共居地、共享的历史经验及文化传统等用于判定民族属性的"客观标准"分庭抗礼。①

其他英国学者，也对勒南及其《何谓民族?》给予相当程度的关注。英国学者雅典娜·利奥斯（Athena S. Leoussi）就对勒南评价道："他对民族的界定，至今仍被广泛讨论。"② 英国学者斯图亚特·伍尔夫（Stuart Woolf）把勒南视为"理性主义学者"（a rationalist scholar），并认为："作为索邦大学的教授，勒南关于'何谓民族'的演讲，为法国大革命以来用意愿界定民族的定义做了辩护。勒南雄辩地反驳了用血统和土地界定民族的主张，当时这一主张在德国比在法国得到更为广泛的认同。"③ 英国学者雷蒙德·皮尔森（Raymond Pearson）把勒南视为"关注民族主义的思想先驱"（a pioneer thinker about nationalism），并认为"1882年，勒南发表题为《何谓民族?》的演讲，获得普遍认同，由此开创了对民族主义的学术研究（以及学术争论）"。④ 英国学者文森特·佩科拉（Vincent P. Pecora）进一步指出："勒南仅强调文

---

① 埃里克·霍布斯鲍姆:《民族与民族主义》，李金梅译，上海人民出版社，2000，第 5~8 页.
② LEOUSSI A S. "Renan, Ernest", in *Nationaeism and Classicism*. London: MacMillan Press Ltd, 1996: 267.
③ WOOLF S. *Nationalism in Europe*, 1815 *to the Present*. London: Routledge, 1996: 48.
④ PEARSON R. *European Nationalism*: *1789-1920*. London: Longman, 1994: 267.

第一章
法国民族主义传统与勒南民族主义思想

化记忆和意愿,有助于奠定关于民族国家的现代学术讨论。"① 在佩科拉看来,"文化记忆"和"意愿"是勒南民族定义的一体两面。

此外,用英语写作的土耳其学者乌木特·奥兹奇里米里(Umut Özkirimli)也在其专著《民族主义理论》(*Theories of Nationalism*)中认为,"在勒南、米什莱和冯·特赖奇克这三位民族主义历史学家中,勒南对民族问题进行了当时最复杂的分析,并对此后几个世代的民族主义思想产生了根本上的巨大冲击"。勒南对民族作为"一个灵魂,一条精神原则"(而非作为人种集团、语言集团、宗教集团等客观实体)的强调,"将我们带到 20 世纪,因为勒南对民族问题的分析,正好反映民族主义作为政治运动和政治意识形态的日益增加的重要性"。②

最后,还有一位别出心裁、独抒新见的英国学者安东尼·史密斯。史密斯在其近著《民族主义:理论、意识形态、历史》(*Nationalism: Theory, Ideology, History*)中,也关注到 1882 年勒南与德国学者海因里希·冯·特赖奇克(Heinrich von Treitschke,而非 1870 – 1871 年的论战对手大卫·施特劳斯)的理论交锋。史密斯认为,"自愿论"和"有机论"是两个具有最悠久历史和最重要地位的民族主义类型,勒南以"何谓民族"为题发表的演讲,正是上述两种类型民族主义意识形态争论的最权威引

---

① PECORA V. *Nations and Identities: Classic Readings*. London: Blackwell Publishers, 2001: 162.
② OZKIRIMLI U. *Theories of Nationalism, A Critical Introduction*. London: MacMillan Press Ltd., 2000: 23, 32, 35 – 36.

>何谓民族?：
普法战争与厄内斯特·勒南的民族主义思想

证。值得注意的是，史密斯对于勒南的名言"民族的存在，就是每日的公民投票"，有着与其他英美学者完全不同的理解。史密斯认为，尽管"这段著名的话语常常被单独抽出来加以引用，用以证明与德国浪漫主义意识形态的有机论和决定论所不同的自由主义和自愿论的民族性理念"，然而"可以肯定，勒南避开了决定论和有机论的类比，但却没有主张民族性的自愿论原则或强调个人选择他或她的民族的权利。更正确一点地说，他寻求表述的是对民族的历史和行为政治的理解，这种理解给予'祖先的崇拜'和'英雄的过去'以相当的重视。用个人来类比民族不会导致支持自由主义的结论，该理论强调个人选择或群体认同的环境分析。勒南的话语应该是用来确认过去、历史和记忆（以及忘却）与持续的政治意志一样，在建构民族中起着作用"。由此可见，史密斯并不认为勒南的名言与公民的"政治意愿"有何关系。而且，史密斯还提供了德国民族主义传统的特例。史密斯指出："尽管马克斯·韦伯是一个德国民族主义者，但是却得出了与上述观点相同的结论。他也强调历史记忆和政治意志的作用。""韦伯对民族和民族主义的总体立场虽然并未被完全清晰地表述过，但是在某一点上与勒南的观点很相近，即他也强调政治行为和制度与历史记忆同时产生作用。"[1] 应该承认，安东尼·史密斯的最新观点为我们提供了难得的视角，以及对《何谓民族?》、对法兰西和德意志民族主义传统的弥足珍贵的独特见解。

---

[1] 安东尼·史密斯：《民族主义：理论、意识形态、历史》，叶江译，上海世纪出版集团，2006，第37~39页。

第一章
法国民族主义传统与勒南民族主义思想

德语学术界对勒南的看法与英语学术界略有差异。德国学者于尔根·哈贝马斯（Jürgen Habermas）就认为，勒南的民族定义是在"反对民族主义的语境"中产生的，这是相当令人意外的观点。哈贝马斯在1990年定稿、1991年出版的《公民身份和民族认同》中写道："从18世纪中期以来，'民族'的这两种意义——血缘共同体和'国民'——发生了交叉。在西耶斯（Emmanuel Sieyes）那里，在法国革命那里，'民族'成了国家主权的来源。每个民族现在都应得到政治自主权利。取代血缘结合体的，是民主的意志共同体（Willensgemeinschaft）。""因此，随着法国革命，'民族'的意义从一种前政治整体变成对一个民主共同体之公民的政治认同来说具有构成性意义的特征。在19世纪末，授予性的民族认同与获得性的以民主方式构成的公民身份之间的这种有条件关系，甚至还可以颠转过来。所以厄内斯特·勒南的名言'一个民族的存在……就在于每天的民众投票'，已经是放在反对民族主义的语境中说的了。……因为他把'民族'理解为公民的民族，而不是血缘共同体。公民民族的认同并不在于种族—文化的共同性，而在于公民积极地运用其民主的参与权利和交往权利的实践。这里，公民身份的共和主义成分，与对一个前政治性的通过血缘、共同传统和共同语言而整合的共同体的归属性，完全分离开来了。"[①]

哈贝马斯的"反对民族主义的语境"是颇为耐人寻味的说

---

① 尔根·哈贝马斯：《在事实与规范之间：关于法律和民主法治国的商谈理论》，童世骏译，生活·读书·新知三联书店，2003，第657~658页。

何谓民族？：
普法战争与厄内斯特·勒南的民族主义思想

法。笔者不禁提出疑问：为何勒南把"民族"理解为公民的民族，而不是血缘共同体，就成了所谓"反对民族主义"？难道在哈贝马斯心目中，"血缘共同体"与"民族共同体"已经具有被预设为前提条件的全等关系吗？正如哈贝马斯自己概括的，"公民民族的认同并不在于种族－文化的共同性，而在于公民积极地运用其民主的参与权利和交往权利的实践"，难道这种"公民民族的认同"是"反对民族主义"的吗？如果正如笔者推断的那样，哈贝马斯把"血缘共同体"视为"民族主义"甚至"民族"本身的基础，进而否定勒南的名言同样具有民族主义含义。那么，哈贝马斯这番富有争议性的言论，恰好可以作为汉斯·科恩及其"民族主义类型学"的生动注脚。而且，在"近现代民族首先是公民民族"已经成为政治人物和知识分子共识的年代，哈贝马斯的这番言论真的有点"不合时宜"（勒南自嘲语）的味道。不过，哈贝马斯对勒南的简单理解，恰好证明勒南在后来的研究者（尤其是法国以外的研究者）心目中留下的单一印象。

对于这种单一印象形成的原因，法国学者罗兰·布列顿（Roland Breton）的总结很有参考价值。在《何谓民族？》点评本序言中，布列顿列举了勒南在《何谓民族？》中说过的、被后来的研究者引用得最多的五句话（引用频率不分先后）。[1]

1."实际上，根本就不存在血统单纯的种族。"（La vérité est Qu'il n'y a pas de race pure.）

2."地理因素和种族因素同样不足以构成一个民族。"（Ce

---

[1] RENAN E. Qu'est-ce qu'une nation?. Marseille：Le Mot et Le Reste，2007：14.

第一章
法国民族主义传统与勒南民族主义思想

n'est pas la terre plus que la race qui fait une nation.)

3."一个民族就是一个灵魂,一条精神上的原则。"(Une nation est une âme, un principe spirituel.)

4."一个民族的存在,就是每日的公民投票。"(L'existence d'une nation est un plébiscite de tous les jours.)

5."一个具有健全心智和温暖心灵的、伟大的人类集合体,创造了一种道德良心,这种道德良心就被称为一个民族。"(Une grande agrégation d'hommes, saine d'esprit et chaude de cœur, crée une conscience morale qui s'appelle une nation.)

罗兰·布列顿认为,这五句话构成理解《何谓民族?》的简单公式。笔者则认为,后来的研究者对勒南这五句名言的反复引用,正好说明人们对勒南的单一印象是如何形成的。笔者并不是说,勒南这五句名言是言不由衷的违心之语。它们代表了勒南民族主义思想中不可掩盖、不可抹杀的重要方面,但后来的研究者对勒南这五句名言(尤其是那个"每日公民投票"的比喻,绝大多数引用者通常只引用这一句话,而对《何谓民族?》其他内容置之不理)的每次引用,都会加深人们对勒南作为"政治民族主义者"的印象,从而冲淡人们对勒南民族主义思想其他方面的关注和了解。久而久之,在人们心目中,勒南难免会成为面貌单一、思想单调的"政治民族主义者"。正因如此,笔者在后面的章节中,有必要对勒南民族主义思想的其他方面进行介绍、分析和说明。

第二章

普法战争前勒南的文化民族主义底蕴

　　一般来说，西方学者（尤其是英美学者）倾向于把《何谓民族？》的作者厄内斯特·勒南界定为"政治民族主义者"（或者"公民民族主义者"）。但其实早在普法战争前，勒南就曾多次流露过他的"文化民族主义"甚至种族主义观点。可以说，文化民族主义是勒南在普法战争前的思想底蕴。而且，即使在普法战争后，勒南这种思想底蕴也没有出现太大动摇。我们在勒南的著作中可以看到，勒南在普法战争前后的文化民族主义经常出现前后呼应。但长期以来，文化民族主义是勒南民族主义思想中受到忽略的方面。这种认识上的偏颇不利于我们全面地、充分地了解勒南充满内在矛盾的思想状况。同时也应该看到，勒南的文化民族主义并非铁板一块，而是多方面、多层次的，某些方面具有消极意义，某些方面却具有积极意义，其开明的人道主义（以及某种初步的多元文化主义）立场甚至与《何谓民族？》一脉相承。在

第二章
普法战争前勒南的文化民族主义底蕴

这一章里，笔者试图利用相关材料，对勒南的思想底蕴进行层次分析，进而寻找勒南的文化民族主义中与《何谓民族？》和政治民族主义共通的方面。

第一节　最不人道的一面：勒南与戈比诺的种族主义

在勒南的民族主义思想中，经常夹杂种族主义（尤其是雅利安主义）因素，勒南与"近代种族主义观念之父"阿尔杜尔·德·戈比诺（Arthur de Gobineau，1816 – 1882 年）伯爵颇有渊源，勒南与戈比诺始终保持亦师亦友的良好关系。勒南的种族主义思想，在很大程度上受到戈比诺的影响，表现出严重的雅利安主义和反闪族主义倾向；勒南的政治思想，也在一定程度上受到戈比诺的影响，表现出明显的保守主义和精英主义倾向。戈比诺在《论人类种族不平等》（*Essai sur l'inégalité des races humaines*）中，提出人类三大种族的分野：在政治、文化、道德等方面具有全面优越性的高等种族"雅利安种族"（英语 Aryan，法语 Aryen，相当于白人当中的印欧种族，但不包括闪米特种族），以及屈居雅利安种族之下的两大劣等种族"尼格罗种族"（英语 Negro，法语 Nègre，相当于黑种人、非洲人）和"蒙古利亚种族"（英语 Mongolian，法语 Mongol，相当于黄种人、亚洲人）。戈比诺在此书中就"雅利安精英主义"（Aryan elitism）写道："地球上所有伟大、高贵、丰硕的人类创造物，还有科学、艺术和文明，都来自这同一个起源，都孕育于这同一个因子，都归因于这同一个思想，都归属于这同一个家族，这个家族的不同成员统治着这个地球上所有文明国家。"① 而且，雅利安种族的优越性，还可以在某些更加显而易见的迹象中表现出来。根据戈比诺的说法，"欧洲人或是'白种人'代表的优越性……可以从他们的'美丽、肢体的恰当比例、脸部线条的匀称'得到证明"。法国学者塔吉耶夫对戈比诺的观点评论道："身体外表的美被看作为受宠的符号：最优秀的人类，那些被认为最能适应文明的人，必然是最美的。力量、智慧和美丽可以说全被'白种人'垄断了。"②

那么，勒南对"雅利安精英主义"的看法又是如何？法国学者米歇尔·莫尔（Michel Mohrt）指出，"我们在勒南作品中读到的某些观点，很可能来自戈比诺"。③ 但勒南与戈比诺种族主义思想的关系问题，则始终富有争议性，一切得从勒南致函戈比诺说起。

1856年6月26日，勒南致函戈比诺，他在信中写道：

> 我已经拜读过您的大作（即《论人类种族不平等》，1853年至1855年出版——引者注）的第三卷和第四卷，一如我拜读前面两卷时那么兴趣盎然。④ 您写了一部意义非凡

---

① LEOUSSI A S. "Gobinean, Arthurde", in *Encyclopaedia of Nationalism*. London：Transaction Publishers, 2001：117. 关于"雅利安精英主义"，另可参阅此书词条 p. 11，"aryanism"，257，"race"，258，"racism"。
② 皮埃尔-安德烈·塔吉耶夫：《种族主义源流》，高凌瀚译，生活·读书·新知三联书店，2005，第14页。
③ MOHRT M. *1870 Les intellectuels devant la défaite*. Fontenay-le-Comte：Le Capucin, 2004：122.
④ 关于勒南对《论人类种族的不平等》前两卷的总体评价，可参阅勒南致戈比诺另一封信 RENAN E. *Correspondance*, *1846 - 1871*. Paris：Calmann-Lévy Éditeurs, 1926：82-84. 在这封写于1854年的信里，勒南对戈比诺的种族主义观点有所保留，但并未提出强烈反对意见，勒南自己甚至认为两人的分歧"微不足道"。

第二章
普法战争前勒南的文化民族主义底蕴

的著作,书中充满生机活力与原创精神。但在法国,与其说您写这本书是为了让人们理解您,还不如说是为了让人们误解您。法国人的头脑几乎不会从人种学的角度来思考问题:法兰西民族几乎不相信种族理论,因为在他心目中,种族事实已经变得模糊不清了。①

在人类历史的起源时期,种族事实的确无比重要;但它的重要性却是在不断消退之中,有时候,比如在法国,它的重要性甚至完全消失。真的存在严格意义上的种族衰退吗?诚然,就人类组织的稳定以及人类特性的起源而言,我自己也承认,某个特定的贵族阶层在人类社会诸多要素中发挥了至关重要的作用。然而,贵族阶层发挥的作用也会有所抵偿(或者说有所回报)!毫无疑问,如果贵族血统与平民血统彼此混合以至于完全消失,就会出现某种堕落的平等状态,就像某些东方国家那样,比如人们常常说到中国。然而事实上,即使只有非常少量的贵族血统注入到如同汪洋大海的平民血统之中,也足以让平民血统有所改善,至少能够在历史进程中发挥某些作用。同样以法兰西为例,即使整个民族下降到平民百姓的水平,起码能够在世界上扮演绅士的角色。那些完全低劣的种族不说也罢,如果把它们的血统混入到那些伟大种族之中,只能是对人类物种的毒害,我是把它们排除在外的。我希望将来能够实现人类的融合,涓涓细流汇成

---

① 转引自 BOISSEL J. *Gobineau*, *biographie*, *mythes et réalité*. Paris: Berg International, 1993: 328。这封信的全文可参阅 RENAN E. *Correspondance*, *1846 – 1871*. Paris: Calmann-Lévy Éditeurs, 1926: 119 – 122。

滚滚洪流，来自不同起源的痕迹消失得无影无踪。①

　　这种状态之下的人类文明自然是会有所下降，的确不可能像贵族时代那样崇尚高贵、那样尊重荣誉。但这是绝对意义上的下降吗？正是在这个问题上，我还是有所犹豫。然而，由于您如此雄辩有力、高屋建瓴、逻辑严密地表达了您的观点，我还是毫不犹豫地向您致以崇高的敬意！您在著作的结尾表现的生机和活力令人叹为观止：我今后将会援引您的论述。②

　　关于这封模棱两可的书信，不同研究者有不同解读方式。法国学者米歇尔·维诺克指出："勒南关注于闪米特人与雅利安人的汇合：前者将最崇高的宗教思想—神教带给了后者，而后者则将科学与哲学思想传给前者。现代文明源于两大种族的相遇与混合。这些认识使得勒南与《论人类种族不平等》的作者戈比诺产生了分歧……勒南自己设想未来会出现一种'同质的人类'……没有任何预言能比这使戈比诺更为痛苦了，他是一个坚定地憎恶人种混合的人，自然把这种融合看作是一种绝对堕落。"③ 从米歇尔·维诺克的论述可以看出，尽管勒南与戈比诺同样承认闪米特

---

① 转引自 BOISSEL J. *Gobineau, biographie, mythes et réalité*. Paris：Berg International，1993：328 - 329。这封信的全文可参阅 RENAN E. *Correspondance*，*1846—1871*. Paris：Calmann-Lévy Éditeurs，1926：119 - 122。

② 转引自 BOISSEL J. *Gobineau, biographie, mythes et réalité*. Paris：Berg International，1993：329。这封信的全文可参阅 RENAN E. *Correspondance*，*1846—1871*. Paris：Calmann-Lévy Éditeurs，1926：119 - 122。

③ 米歇尔·维诺克：《自由之声：19 世纪法国公共知识界大观》，吕一民、沈衡、顾杭译，中国人民大学出版社，2006，第 442~443 页。

第二章
普法战争前勒南的文化民族主义底蕴

人与雅利安人的分野,但两人对"人种混合"的事实与前景,分别给予悬殊的评价和采取迥异的态度。就此而言,勒南的确不是戈比诺的信徒,因为他几乎是在瓦解戈比诺的种族主义理论。但同样值得注意的是,两人的分歧主要在于"人种混合"的结果,而非"人种差别"的前提,就人类起源而言,他们都承认人种之间高低优劣的差别。就此而言,勒南即使不是戈比诺的信徒,至少也是戈比诺的同情者和同路人。

另一位法国学者劳迪斯·勒塔(Laudyce Rétat)则认为,勒南与戈比诺的种族理论相去甚远,勒南完全不认同以生物特性界定种族的伪科学理论,并且认为种族是历史的而非自然的创造物。[①] 不过,笔者对勒塔的观点持保留态度,因为无论是勒南还是伊波利特·泰纳(Hippolyte Taine,1828 – 1893 年)都不具有对种族主义(尤其是让戈比诺引以为豪的雅利安主义)的免疫力。笔者将要指出,勒南和泰纳一直是雅利安主义者,他们对雅利安主义做出表述的时间,并不比戈比诺晚近多少,只不过他们的立场和观点更加隐晦、更加温和而已。

其实早在 1848 年,勒南就已经断定人类种族不平等,他在致德意志图宾根学派圣经学者大卫·施特劳斯(David Strauss,1808 – 1874 年)的信中写道:"我们确实拒绝个人平等和种族平等,并把诸如此类的平等视为事实上的根本错误","人类较高级的部分必须支配较低级的部分","不可挽回的人类衰退是有可能

---

① RETAT L. "Renan et la symbolique des races", in MOUSSA S. *L'idée de 《race》 dans les sciences humaines et la littérature* (*XVIIIe – XIXe siècles*). Paris: L'Harmattan, 2003: 321 – 322.

出现的，缺乏关于种族不平等的健康观念能导致全面的退化"。及至 1855 年，勒南又在《闪米特语言通史与比较体系》中提出，在种族层级中，位处顶端的是白人种族；在白人种族中，独具优势的是雅利安种族，他们注定要成为世界的主人。① 勒南认为，在精神上，犹太人终究是与雅利安人相反的类型：犹太人注重物质、墨守成规，雅利安人注重精神、擅长创造，雅利安人是"光明之子"。② 值得注意的是，勒南关于"人类种族不平等"的雅利安主义言论，几乎与"近代种族主义观念之父"戈比诺的思想如出一辙。

  勒南的种族主义思想，既表现为独具优越感的雅利安主义，也表现为传统的反闪族主义（通常就是反犹主义）。勒南的反闪族思想，在 1863 年出版的传记文学《耶稣传》（*Vie de Jésus*）中也有所反映。在此书中，勒南对犹太人兼带褒贬地评价道："一个民族的伟大成就往往是由少数人完成的。犹太民族尽管有明显的缺陷——冷酷、自私、贪婪、残忍、褊狭、狡猾、诡诈——却依然是历史上最壮美而热烈的利他主义运动的推行者。反对派往往给一个国家带来光荣。一个民族最伟大的人物常常是被它处死的人。苏格拉底是雅典人的光荣，雅典人却不能容忍与他同生共处。斯宾诺莎是近代最伟大的犹太人，犹太教会却以可耻的罪名将他开除。耶稣是以色列人的光荣，以色列人却将他钉死在十字

---

① STERNHELL Z. "The Political Culture of Nationalism", in TOMBS R. *Nationhood and Nationalism in France*. Haper Collins Academic, 1991：32.

② BURROW J W. *The Crisis of Reason European Thought, 1848 – 1914*. New Haven：Yale University Press, 2000：106.

第二章
普法战争前勒南的文化民族主义底蕴

架上。"① 在勒南看来，犹太民族的光荣，只在于它产生了伟大的耶稣；而犹太民族的罪恶，则在于它处死了伟大的耶稣。勒南对犹太民族的观感和印象，与中世纪以来正统天主教会的反犹立场基本吻合。

在以下这段引文中，我们同样可以见到种族主义和教权主义的影子。勒南写道："将耶稣置于死地的既不是提庇留，也不是彼拉多，而是守旧的犹太教派，是摩西律法。按我们现代的观念，从父到子不存在道德缺陷的传承，每个人只对他的行为向人文的或神圣的正义负责。所以，每个至今还因耶稣之死忍受苦难的犹太人都有抱怨的权利……然而民族也如个人一样，有其应负的责任；倘若某一罪行堪称民族的罪行，那便是耶稣之死。这死是'合法的'，因为它导源于一种法律，这法律是民族的真正灵魂。就其晚近且被人接受了的形式而言，摩西律法是向一切改变既定宗教崇拜之企图宣判死刑的。……这律法是令人痛恨的，但它是残忍的古代律法，为废除它而献出己身的英雄不得不最先忍受它的处罚。"由于"法律是民族的真正灵魂"，那么，"犹太法律的残忍"也意味着"犹太民族的罪行"。在勒南看来，即使后来的基督教徒迫害犹太教徒，其责任也首先应该由摩西律法来承担。勒南写道："基督教一直缺乏容忍精神，而这却不是它的本质特征。在某种意义上这是犹太教的特点，正是犹太教首次确立了宗教的绝对理论，定出如下原则：任何改革者都应不加审判地

---

① 厄内斯特·勒南：《耶稣的一生》，梁工译，商务印书馆，1999，第94页。另可参阅勒南：《耶稣的故事》，朱旭文译，江苏人民出版社，1997。以及雷白韦（1940年版）和雷崧生（1969年版）的早期版本。

何谓民族？：
普法战争与厄内斯特·勒南的民族主义思想

被石头打死，即使他能以神迹证实其学说。……因此，摩西五经是世上宗教恐怖的第一法典。犹太教提供了一个装备以刀剑的不可改变之教条的典范。"① 在上述引文中，我们几乎看不到勒南作为"反教权主义者"的进步立场。此时此刻，浮现在我们脑海中的只是正统天主教教士的形象。如果联想到 20 世纪的种族主义历史，我们甚至还能隐约看到"法西斯主义先知"② 的嘴脸。

那么，为何同样身为雅利安主义者和反闪族主义者的勒南，能够以若无其事的旁观者态度，断言戈比诺的著作在法国不会受到欢迎？法国学者狄奥菲勒·西马尔（Théophile Simar）对这种耐人寻味的现象概括道："谚语有云：没有人能够在自己的国度里成为先知。戈比诺在他的国度里也是如此。种族冲突的学说既不能吸引科学界关注，又不能吸引受过教育的法国民众注意。究其原因，一方面是由于戈比诺的学说公然违背法国大革命奠定的平等原则；另一方面则是由于戈比诺的学说似乎是为日耳曼民族的企图辩护。法国人难以容忍自己的民族被戈比诺界定为二流种族，或者被武断地界定为'没落种族'（les races décadentes）。此外，法国人接受的传统教育，告诫他们远离这种辞藻华丽而内容贫乏的神秘主义。法国人的思维方式深受天主教和古典精神熏染，他们养成的思维原则与新教徒或者清教徒的思维方法彼此难

---

① 勒南：《耶稣的一生》，梁工译，商务印书馆，1999，第 280~281 页。另可参阅勒南：《耶稣的故事》，朱旭文译，江苏人民出版社，1997。以及雷白韦（1940 年版）和雷崧生（1969 年版）的早期版本。

② STERNHELL Z. "The Political Culture of Nationalism", in TOMBS R. *Nationhood and Nationalism in France*. Haper Collins Academic, 1991：36.

第二章
普法战争前勒南的文化民族主义底蕴

以相容。同理，不要指望在法国能找到服膺种族主义极端教义的信徒，只有极少数人是例外，比如瓦谢尔·德·拉普热和勒庞。""然而，严格意义上的人类学却是地道的源自法国的科学，其代表人物有布罗卡、托皮纳尔、德·卡特尔法热等。然而，这些人类学家很少冒险涉足种族主义领域，只有极少数人是例外。""因此，法国学者通常避免采用带有种族色彩或者民族色彩的通用研究方法，也就是人们在民族'天赋'（génies）名义之下发展起来的关于群体性格的时髦理论。他们宁愿采用关于环境的经典解释，这套解释直接来自孟德斯鸠和百科全书派。如果孕育出某种群体性格的物理环境或者社会环境不变，那么群体习性也就不变；如果环境改变了，那么受其影响的个人或者群体的习性也会相应改变。其实这套环境决定论也是相当简单化的，归根到底就是建立在拉马克主义及其衍生物的基础上。如果仔细考究环境决定论的话，人们就能更好地理解进化论提出的假设，而且会发现进化论并不比环境决定论更加违反常理。"[1]

西马尔的概括，为我们提供了提供了三个基本事实：其一，戈比诺之所以招致他人误解，根本原因并不在于种族主义理论（雅利安主义）本身，而在于戈比诺偏袒德意志（日耳曼种族）、鄙视法兰西（凯尔特种族）的个人立场。实际上，法国民族主义思想家完全可以对戈比诺的种族主义理论进行本土化改造，只要把雅利安种族的涵盖范围适度放宽就可以了；其二，戈比诺在法

---

[1] SIMAR T. *Étude critique sur la formation de la doctrine des races, au XVIIIe siècle et son expansion au XIXe siècle*. Genève：Slatkine Reprints，2003：246 – 247.

国同样有其追随者，勒庞、拉普热、卡特尔法热都是其中的代表人物，有趣的是，这几位极具争议的人物都拥有贵族姓氏和贵族血统，而勒南和泰纳却都出身于平民家庭。正因如此，尽管勒南和泰纳都提倡精英主义，但他们却对纯粹的血统贵族制度有所保留；其三，法国学者倾向于以"环境"解释民族"天赋"，这种解释模式并不违反孟德斯鸠和百科全书派开创的启蒙思想。笔者要补充的是，勒南和泰纳（尤其是泰纳）都是"环境决定论"的代表人物，而除了孟德斯鸠以外，"环境决定论"的另一位开创者正是文化民族主义的缔造者、德意志思想家赫尔德，而他也是勒南的思想偶像。

第二节　秉持中道的一面：勒南和泰纳的文化民族主义

与"近代种族主义观念之父"戈比诺开创的、赤裸裸的种族主义有所不同，勒南（以及泰纳）创造了更加符合法国国情、更加符合法国国民心态的文化民族主义。这种另起炉灶的文化民族主义，不像戈比诺的种族主义那样具有鼓吹暴力的攻击性和煽动性，但其蛊惑人心的感染力和说服力则有过之而无不及。

关于勒南的文化民族主义理论，法国学者西马尔概括道："人们经常把伊波利特·泰纳和厄内斯特·勒南相提并论。勒南这位温和的怀疑论者，对种族问题的兴趣也是摇摆不定。但确定无疑的是，勒南不接受纯粹的人类学概念和唯物质概念。勒南认为，种族因素是一种起源性的因素，但在凝聚民众、形成民族的

第二章
普法战争前勒南的文化民族主义底蕴

历史演进过程中,种族因素已经逐渐丧失其重要性。"[1] 勒南之所以不接受纯粹生物性的人类学概念,是因为人类文明史并不是动物自然史的简单分支,勒南并不赞成把人类种族降低到动物种族的层次。而且,勒南认为单凭生理因素并不足以构成种族,心理因素有时比生理因素更为重要。勒南指出,人类心智的多样性、自然环境的多样性以及两者的交互影响,造就了种族多样性。在种族问题上,勒南宁愿相信"心理决定论"和"环境决定论"。值得注意的是,在"心理"和"环境"这两个决定性因素中,"环境"是客观的、既定的外部因素,"心理"则是主观的、能动的内部因素。纯粹就人类内在的"心理"因素而言,"精神"和"语言"是"心理"活动中相互作用、相互决定的两个方面。勒南指出:"精神决定语言,而语言反过来又决定精神的形式和界限。"[2] 例如,在《语言的起源》(De l'origine du langage)中,勒南提出:"决定闪米特种族和印欧种族分野的,并不是生理学因素,而是语言学因素。"[3] 由于语言也能够说明一个种族的精神状况,勒南由此引出了"从语言判断文化,从文化判断种族"的论证逻辑。

应该看到,勒南这套从语言入手的论证逻辑,同样可以通向

---

[1] SIMAR T. *Étude critique sur la formation de la doctrine des races, au XVIIIe siècle et son expansion au XIXe siècle*. Genève: Slatkine Reprints, 2003: 250.

[2] GALAND R M. *L'âme celtique de Renan*. Paris: Presses Universitaires de France, 1959: 81–82.

[3] RETAT L. "Renan et la symbolique des races", in MOUSSA S. *L'idée de《race》dans les sciences humaines et la littérature (XVIIIe – XIXe siècles)*. Paris: L'Harmattan, 2003: 322–323.

何谓民族？：
普法战争与厄内斯特·勒南的民族主义思想

雅利安主义。西方学者马丁·贝尔纳尔（Martin Bernal）指出：与绝大多数同时代的杰出思想家一样，勒南同样相信世界历史就是希腊人与希伯来人之间、雅利安人与闪米特人之间的根本对立。① 实际上，在勒南的比较研究著作中，《闪米特语言通史与比较体系》(*Histoire générale et système comparé des langues sémitiques*, 1855 年出版) 和《以色列民族史》(*Histoire du peuple d'Israël*, 1888 年出版) 都具有明显的文化民族主义（甚至种族主义）倾向。在普法战争前写成的《闪米特语言通史与比较体系》中，我们可以找到如下文字："闪米特种族几乎完全是以消极特征来辨认的。闪米特种族没有神话，没有史诗，没有科学，没有哲学，没有小说，没有造型艺术，没有公民生活；在每一方面都完全缺乏复杂性和精致性，或者缺乏情感体验，只剩下单一性。"② 在普法战争后写成的《以色列民族史》中，我们同样可以找到类似文字："特别是语言提供了显著对比。雅利安语言和闪米特语言在本质上是不同的，尽管两者还有某些联系。雅利安语言在每一方面都更优越，尤其在动词变化方面更是如此。在这一神奇工具……的胚芽中，已经包含了所有后来历经印度思想、希腊思想、日耳曼思想发展起来的形而上学。相反，闪米特语言从一开始就在动词方面犯下了一个首要错误。闪米特种族犯下的最大错

---

① LEOUSSI A S. *Nationalism and Classicism: The Classical Body as National Symbol in Nineteenth-Century England and France*. London: MacMillan Press Ltd, 1998: 16.

② KELLEY S. *Racializing Jesus: Race, Ideology and the Formation of Modern Biblical Scholarship*. London: Routledge, 2002: 86.

第二章
普法战争前勒南的文化民族主义底蕴

误(因为这是无可挽回的错误)就是在处理动词的时候,采用了一套如此琐碎的机械组合,以至于在表达时态和语气方面总是既有所欠缺又过于烦琐。时至今日,阿拉伯人还是不得不徒劳地在语言错误中挣扎,而这些错误是他们的祖先在一万至一万五千年以前造成的。""因此,雅利安语言几乎全部根基在萌芽时期就已具有神圣性,而闪米特语言的根基是干枯的、无机的,完全不足以孕育神话……企图从闪米特语言最本质的词汇中,得到与之般配的神学,完全是浪费时间……在闪米特语言中,对自然的意象几乎还是流于表面,这妨碍了抽象的演绎推理,也妨碍了人们为交谈提供精确背景。闪米特语言不可能像雅利安语言那样表达神话和史诗的想象,这是显而易见的……这是因为,在闪米特语言中,不仅其语言表达是彻底一神论的,就连思想脉络本身也是一神论的。"[1] 类似的反闪族言论反复出现在勒南的著作中(甚至包括在《耶稣传》中),实在不胜枚举。总体而言,勒南的观点可以概括为:由于雅利安语言比闪米特语言优越,因此雅利安文化比闪米特文化优越;由于雅利安文化比闪米特文化优越,因此雅利安种族比闪米特种族优越。勒南认定:"与印欧种族相比,闪米特种族永远代表着人性中比较低劣的成分。"[2] 这种"从语言判断文化,从文化判断种族"的论证逻辑,是勒南与戈比诺根本相异之处,但他们的结论却完全一致。

---

[1] KELLEY S. *Racializing Jesus: Race, Ideology and the Formation of Modern Biblical Scholarship.* London: Routledge, 2002: 86–87.

[2] WINOCK M. *Nationalism, Anti-Semitisim, and Fascism in France.* Stanford, California: Stanford University Press, 1998: 93.

何谓民族？：
普法战争与厄内斯特·勒南的民族主义思想

　　同样应该看到，勒南对于各民族心理特性的论述，其实也隐含"民族天赋"（génies nationaux）或者"种族天赋"（génies raciaux）的诡辩。勒南援引德意志学者在种族问题上的结论，认定闪米特种族和雅利安种族分别有偏向主观和偏向客观的特点。由于闪米特种族总是不自觉地陷入简单化思维，他们始终缺乏分析问题的头脑、求取知识的兴趣、发现细节的敏感，而雅利安种族在这些方面具有卓越的天赋。令人大惑不解的是，勒南又把雅利安种族和闪米特种族都视为"高贵种族"（races nobles），甚至就是同一个优秀的"高贵种族"（race noble），他们"从未经历过野蛮状态"，他们与生俱来的特质注定他们都会有圆满的未来。总而言之，这两个白人种族都是备受上帝眷顾的选民。他们统治的地方，总能出现繁荣和进步，而他们未统治的地方，必定陷入野蛮、堕落、衰败的绝境。在非白人种族中，似乎只有中国人能够达到可与欧洲媲美的强势地位。然而，黄种人终究在器物、应用技术、机械工艺等各个方面落后于白人种族。而且，只有伟大的高贵种族，即雅利安人和闪米特人为这个世界贡献了一套哲学思想和一套唯灵论的宗教思想。[①] 由此可见，尽管勒南的种族学说基础与戈比诺有所不同，但他在种族问题上的历史观念却与戈比诺毫无二致。

　　勒南与其他雅利安主义者的不同之处就在于，他在某些论述中把雅利安种族和闪米特种族这两个白人种族都视为"高贵种

---

① SIMAR T. *Étude critique sur la formation de la doctrine des races, au XVIIIe siècle et son expansion au XIXe siècle.* Genève: Slatkine Reprints, 2003: 250–252.

第二章
普法战争前勒南的文化民族主义底蕴

族"。诚然,在勒南眼中,雅利安种族与闪米特种族的确还有高低之分、优劣之别,但在更为宽泛的种族等级体系中,有色人种的地位比闪米特种族更为不堪。如果说勒南对两个白人种族连篇累牍地比长较短,正好说明他在某种程度上对闪米特种族另眼相看,那么勒南对"等而下之"的有色人种(例如中国人)根本就不屑于浪费笔墨。① 笔者认为,在勒南的种族主义观念中,种族层级的复杂性与层次性,是相当值得考究的命题。笔者在后面的章节中还要提到,勒南的"人道主义"立场同样有双重标准,在很大程度上,这种双重标准是勒南以及许多 19 世纪民族主义思想家的共性。

关于勒南的思想盟友泰纳的文化民族主义理论,西马尔概括道:"在伊波利特·泰纳的三段式论述中,环境因素是第一位的,种族因素只不过是第二位的。"物理环境和地理环境施加的影响,决定种族的存在方式以及种族在生物学上的稳定性,而时代背景则是环境与种族的耦合点。泰纳的理论可以简单概括如下:物理环境决定种族的稳定特性,而环境因素和种族因素又衍生出第三个因素,也就是历史时代的因素。因此,每个民族的行为方式都不可能逾越种族与环境赋予的界限。换言之,每个民族的行为方式都要服从于它本身的民族天赋。

泰纳在《英国文学史》(*Histoire de la littérature anglaise*,

---

① 在普法战争后,勒南对中国人的看法更是表现出居高临下的殖民主义色彩。详情参阅 RENAN E. *La réforme intellectuelle et morale*. Paris:Calmann- Lévy Éditeurs:92 – 93。另可参阅 RENAN E. *La Réforme intellectuelle et morale et autres écrits*. Paris:Albatros/Valmonde,1982:67。

何谓民族？：
普法战争与厄内斯特·勒南的民族主义思想

1863年出版）的序言中，第一次完整表述他的理论体系，泰纳指出，人们直到最近才认识到种族差异与时代差异。人们只知道单数的人，而不知道复数的人。人们没有看到人类心灵无穷的多元性和神奇的复杂性；人们没有看到一个民族和一个时代具有的独特道德结构，如同一个种类的植物或者一个种类的动物具有的独特生理结构。今天，历史学就像动物学一样，终于发展出自己的解剖学。有机的自然界孕育了多种多样的动物和植物。同理，人类作为自然史的分支，也适用于动物学或者植物学的多样性。因此，世界上存在好几个人类物种或者人类种族。[1] 泰纳写道："人是天然地存在多样性的，正如牛和马存在多样性一样。一些勇敢而聪明，一些胆小而缺乏创见；一些能从事高级的思想和创造，一些只限于基本的观念和发明；一些特别倾向于从事某些工作并更加富于某些本能，正如人们看到狗的种族——一些更适合奔跑，一些更适合战斗，一些更适合狩猎，还有一些更适合保护房子和羊群。"[2] 笔者认为，泰纳这段话的错误在于，把人类文明史等同于自然史。或者说，把具有伦理道德的人类降低到与飞禽走兽无异的动物层面。然而，在达尔文主义得到巨大发展、社会达尔文主义也甚嚣尘上的19世纪，这种庸俗类比实在是比比皆是、不胜枚举。

值得注意的是，勒南并非唯一一位"从语言判断文化，从文

---

[1] SIMAR T. *Étude critique sur la formation de la doctrine des races*，*au XVIIIe siècle et son expansion au XIXe siècle*. Genève：Slatkine Reprints，2003：248-249.

[2] STERNHELL Z. "The Political Culture of Nationalism"，in TOMBS R. *Nationhood and Nationalism in France*，London：Haper Collins Academic，1991：33.

第二章
普法战争前勒南的文化民族主义底蕴

化判断种族"的法国学者。与勒南一样，泰纳也从语言文化角度对雅利安种族与闪米特种族进行比较研究，由此断定前者是高等种族而后者是低等种族。他在《英国文学史》中写道："在雅利安种族里，语言成为色彩斑斓的史诗，当中每个词语都如同生动的人物；诗歌和宗教华丽高尚而丰富多姿；形而上学博大精妙而不必关注其功利价值；尽管难免会出现背离与失误，但整个精神是以美好与庄严而令人迷恋的，通过其高贵与和谐，它构成一种理想模式，这种模式能凝聚对全人类的热爱和热情。"与此相反，"在闪米特种族里，形而上学是缺失的；宗教只能构思出一个毁灭一切的孤独的神王；科学无法产生；精神过于僵化与封闭，以至于不能在脑海中重现自然界的精巧架构；诗歌只能产生一连串强烈而堂皇的感叹；语言不能表达推理与修辞的交织；人们只剩下奔放的热情、放肆的激情以及盲信而狭隘的行动"。[1] 泰纳这段繁杂琐碎的陈词滥调如同出自勒南手笔，因为他们都是以语言文化为出发点，对闪米特种族做出负面评价。

综上所述，尽管勒南和泰纳的文化民族主义预设了某种"从语言判断文化，从文化判断种族"的论证逻辑，从而避免了赤裸裸的种族主义前提，但是只要后世的人们承认种族之间具有"种族天赋"的差异，并且认为这种差异具有争长较短、高下立见、不可逆转的可比性（而不只是平等的尺有所短、寸有所长），那么，人们最终还是会在不知不觉中回归戈比诺的种族主义主张。

---

[1] STERNHELL Z. "The Political Culture of Nationalism", in TOMBS R. *Nationhood and Nationalism in France*, London: Haper Collins Academic, 1991: 33-34.

第三节　最为人道的一面：勒南与赫尔德的文化民族主义

如果说，戈比诺的种族主义给勒南带来消极影响（尽管勒南对戈比诺的学说并非全盘接受），而勒南和泰纳共同提倡的、带有种族色彩的文化民族主义也有一点不合时宜，那么，赫尔德（Herder，1744－1803年）的文化民族主义给勒南带来的则主要是积极影响。可以说，与民族利益相比，赫尔德更关注人类的幸福、人类的命运，他的文化民族主义传递的是宽容的、人道的、开明的精神。这种文化民族主义的积极因素，同样在勒南的《何谓民族？》中有所体现。

实际上，当勒南还是神学院学生的时候，就已经受到赫尔德人文主义思想的影响。当时作为天主教神学院学生的勒南，已经萌发某种为正统天主教会所不容的、类似于政教分离的宗教宽容思想，这也决定了勒南后来不得不离开圣叙尔比斯宗教学院，到世俗社会去寻找另外一片思想者的家园。勒南曾在书信中多次提及以赫尔德为代表的德意志思想家。1845年2月，勒南写信给姐姐昂丽叶特，写道："我总是惊讶地发现，我的思想总是与德意志哲学家和德意志文学家的观点完全和谐一致。"1870年9月，勒南写信给后来反目成仇的德意志友人、图宾根学派的《圣经》研究者大卫·施特劳斯（David Strauss，他与勒南各自写了一本闻名遐迩的《耶稣传》，并因为学术上的共同点而

第二章
普法战争前勒南的文化民族主义底蕴

成为友人,但在普法战争爆发后,两人反目成仇)①,信中写道:"1843年左右,我还在圣叙尔比斯神学院当学生,从那时起,我就开始阅读歌德以及赫尔德的著作,并通过他们来认识德意志,我相信我自己进入了一座神圣的殿堂……"② 总体而言,勒南认为自己从康德的思想中得到关于道德的教诲,从黑格尔的思想中得到关于科学的教诲,从赫尔德的思想中得到关于历史哲学的教诲。③

法国学者亨利·特朗松(Henri Tronchon)指出,在所有第一流的德意志思想家当中,赫尔德对勒南产生了最为深远的影响,以至于在勒南所有著作中都隐约可见赫尔德的影子。赫尔德就像年长的朋友(勒南出生时赫尔德已去世二十年——引者注),在希伯来语研究、文学批评、宗教思想、哲学思想等方面为勒南做出垂范。在勒南眼中,有两位始终代表着时代的道德良心,并因此跨越时代的德意志思想家:一位是歌德,他被勒南视为德意志文学史上最伟大的人物;另一位就是赫尔德,他被勒南视为唯一一位能与歌德相提并论的伟大人物,而勒南也对赫尔德表现出某种"感性大于理性"的崇拜。1845年暑假,正是勒南离开圣叙尔比斯宗教学校前夕(尽管勒南此时还没有预见,自己将在这一年

---

① 勒南和施特劳斯的《耶稣传》均已被译成中文,勒南的版本是言简意赅的单卷本,而施特劳斯的版本是细节详尽的多卷本。
② TRONCHON H. *Ernest Renan et l'étranger*. Paris:Les Belles-Lettres,1928:205. 另可参阅 GOBINEAU A. *Ce qui est arrivé à la France en 1870*. Paris:Éditions Klincksieck,1970:6。
③ GOBINEAU A. *Ce qui est arrivé à la France en 1870*. Paris:Éditions Klincksieck,1970:6.

> **何谓民族？：**
> 普法战争与厄内斯特·勒南的民族主义思想

秋天永远告别自己作为神学院学生的蒙昧岁月），他头脑中的德意志哲学思想，似乎已经侵蚀了他的天主教信仰。勒南在特雷吉耶的家中写道："再也不会有比他们（赫尔德与歌德）更加优秀的基督徒了。正是他们，至今还让我感到沉迷其中而不能自拔。他们如此完美地把诗歌、典故与哲学结合在一起。在我眼中，他们才是真正的思想家。赫尔德与歌德是把这种完美结合推向登峰造极的人，尽管有时他们的想法不是那么符合正统道德观念……"①

赫尔德对勒南的深刻影响，同样体现在民族主义思想方面。如果说勒南对戈比诺只是毕恭毕敬，那么勒南对赫尔德则是顶礼膜拜。勒南之所以没有成为像戈比诺那样的极端种族主义者，也得归功于赫尔德具有人道主义底蕴的文化民族主义对勒南的影响。对勒南来说，赫尔德比戈比诺更加符合他温文尔雅的个人性格与思想取向；而戈比诺与赫尔德最明显的分歧，在于前者在民族政治领域提倡赤裸裸的种族主义，而后者认为各"民族有机体"的"性格"是由环境造就的，这与启蒙思想家孟德斯鸠的"地理环境决定论"是共通的。事实上，赫尔德也的确借鉴了孟德斯鸠的学说，并以此考察自然条件对民族有机体所起的作用。②

---

① TRONCHON H. *Ernest Renan et l'étranger*. Paris: Les Belles-Lettres, 1928: 206.
② 李宏图：《西欧近代民族主义思潮研究——从启蒙运动到拿破仑时代》，上海社会科学院出版社，1997，第127页。关于赫尔德的"民族主义理论"也可参阅 LEOUSSI A S. "Herder's Theory of the Nation", in *Encyclopaedia of Nationalism*. London: Transaction Publishers, 2001: 121。

第二章
普法战争前勒南的文化民族主义底蕴

根据赫尔德的见解,特殊地说来,两人起初因地理与气候上的特质而分别起来,后来各有其特殊的历史传统——一种适当的语言、文学、教育、习尚、风俗;因此它们便各成为一个完备的民族,具有一种"民间性格",一种"民族魂"和一种真实的文化后,个人便以他们民族的"性格"为特征;这种性格是具有永久性的,所以在他们迁居他国数代之后,它还没有消灭。赫尔德说:"正如矿水由其流过的土里获得它的组织要素、工作力量和气味一样,民族的旧性格是由其特殊的家庭情状、气候、生活方法、教育、古时的动作和业务而来。祖先的习尚根深而蒂固,成为种族的内在模型……他们居住得越偏僻,不,他们越常受压迫,他们的性格便越固定。"……他继续说道,经过各种变迁之后,许多民族已经由它们的原处分散开去,依新环境与一大串外界新事变的需要,养成了新的风俗习惯,但它们总受原来的"民间性格"限制。①

与赫尔德的"地理、气候、历史"三段论类似,在19世纪的法国,也有一位民族主义思想家提出"环境(物理环境和地理环境)、种族、历史(时机)"三段论,② 但提出这套三段论的思想家是泰纳,而不是勒南,毕竟勒南对"环境决定论"的解释远远不如泰纳那么详尽。不过,泰纳对"环境决定论"的滥用,以

---

① 卡尔顿·海斯:《现代民族主义演进史》,帕米尔等译,华东师范大学出版社,2005,第23~24页。
② 张广智:《西方史学史》(第二版),复旦大学出版社,2005,第245页。

> **何谓民族？：**
> 普法战争与厄内斯特·勒南的民族主义思想

及他从"环境决定论"中引出的种族主义结论，与赫尔德关于各民族平等的论述完全背道而驰。正因如此，无论是勒南，还是泰纳，他们在赫尔德的"环境决定论"中所得不多。总体而言，勒南与赫尔德最为相似之处，不在于"环境决定论"，而在于"民族大花园"与"民族大合奏"的比喻。

被后人称为"民族主义研究双父"之一的美国学者卡尔顿·海斯对赫尔德的文化民族主义（尤其是"民族大花园"的思想）做出如下概括："如果这些民族都住在其原来的地方，那么这个地球也许可以当作一个花园，在一个地方是一株民族植物，另一地方另有一株，各依其适当的形式和天性而繁盛着；在这角落里有一种民族动物，在另一角落里有另一种，各依其本能与性格而发展着。""民族性格既然是自然而合理的东西，所以赫尔德要大家都珍重它，努力求其完全的实现。""赫尔德特别把他的原理应用于日耳曼民族。他主张一切民族都需要自尊心，尤其是当时的日耳曼民族。""赫尔德为日耳曼人要求这些东西，同时也诚恳地希望其他一切民族可以达到同样的目的。他的眼光和世界一样广阔，他希望他的理论可以普遍地应用起来。人类是他一切努力与教训的目标。他不断地把世界看作一个花园里头有分别设置的花坛，各依其特殊的样式发出美丽之色和芬芳之气，各个都应当用慈爱去照顾种植，全部集合起来，便成为多色彩、多气味的完美人类的花球。他讨论理想民族，把他的构图扩大起来，他意识到理想民族的遗产的尊严，敬重其过去的传统，努力使过去的希望实现，尊重其他民族的类似及不同的活动，向着人类的最高目的而前进奋斗——这个目的便是各民族循着不同途径奋斗着的共同

第二章
普法战争前勒南的文化民族主义底蕴

目的。"①

在赫尔德的文化民族主义中,最值得我们缅怀的是他充满人道主义博爱精神的断言:"无论人的形式如何多样,在整个地球上只有同一种人类。"笔者认为,赫尔德的断言其实是在承认人类多样性的同时,坚持人类各种族平等,捍卫人类作为共同体(而非作为彼此割裂的、自私自利的小集团)的基本价值。法国学者塔吉耶夫对赫尔德的观点评论道:"这种普遍意义的建议……旨在最终拒绝占先的种族中心论的公认学说。种族中心论是要任意将'他人'非人化,将他人野蛮化、非文明化或低等化。……而对于一些极端普遍论者来说,这是一个要将文化多样性和人种多样性搁置的决定。……这个学说也同在赫尔德著作中介绍的多元的相对的学说相互竞争……"② 换言之,无论是强调普遍性(民族平等)的层面,还是强调特殊性(文化多元)的层面,赫尔德都没有步入其他民族主义者经常步入的误区,即通过贬低"他者"来抬举"自身",这种偏狭的民族主义心态为赫尔德所不取。相比之下,勒南经常流露的"雅利安精英主义"就显

---

① 海斯:《现代民族主义演进史》,帕米尔等译,华东师范大学出版社,2005,第23~25页。关于赫尔德的文化民族主义思想,另可参阅德拉诺瓦:《民族与民族主义》,郑文彬、洪晖译,舒蓉、陈彦校,生活·读书·新知三联书店,2005,第166~172页。在此书中,德拉诺瓦为我们揭示了赫尔德对法国启蒙思想"既采纳和借鉴,又反对和排斥"的矛盾心态。由此不难理解,为何赫尔德的文化民族主义与继承了启蒙思想传统的法国政治民族主义呈现迥异的面貌,但又具有某种启蒙思想的印记。由此同样不难理解,为何赫尔德的文化民族主义在勒南的政治民族主义代表作《何谓民族?》中,同样能够找到思想上的共鸣。

② 塔吉耶夫:《种族主义源流》,高凌瀚译,生活·读书·新知三联书店,2005,第41~42页。

得过于狭隘了。正如西方学者肖恩·凯利（Shawn Kelly）的评价，勒南等人使用种族分类概念时，比赫尔德和黑格尔等人更加随心所欲（或者说更加有欠慎重），勒南等人更加喜欢为各个种族设定身份、排定座次、品评优劣、分配角色。[1] 相比之下，赫尔德不屑于为彼此千差万别的种族排序，因为种族之间的差别有时候并没有可比性，也不能用来说明种族的高低优劣。正因如此，笔者认为赫尔德是比勒南更为开明、更为人道的文化民族主义思想家。

由上述引文和分析可知，赫尔德的文化民族主义具有通情达理、追求平等与博爱的人道主义立场。在赫尔德的文化民族主义学说里，各民族之间并没有高低优劣的悬殊差别，也没有自命为放之四海而皆准的评判高低优劣的尺度（比如居高临下、盛气凌人的雅利安主义）。赫尔德认为："任何个人、国家、人民、民族的历史都彼此不同，所以在他们看来，真理、美丽和杰出也各不相同。如果人们不去寻找自身的方式，如果盲目地把另一个民族视为模式，那么这个民族就会枯萎而死。""一个民族的幸福不能强制地施于其他民族，每个民族的自由花朵必须由他们自己亲手来采摘，每个民族必须从他们自己的愿望、欢欣和热爱中成长幸福。"[2] 正因为赫尔德没有各民族高低优劣的成见，赫尔德的文化民族主义学说并不是以某种文化的优越性为出发点，而是以某种

---

[1] KELLEY S. *Racializing Jesus*: *Race*, *Ideology and the Formation of Modern Biblical Scholarship*. London: Routledge, 2002: 82.

[2] 李宏图：《西欧近代民族主义思潮研究——从启蒙运动到拿破仑时代》，上海社会科学院出版社，1997，第131页。

第二章
普法战争前勒南的文化民族主义底蕴

文化的自适性和亲近性为出发点。赫尔德认为:"一个不尊重自己的民族如何能得到其他民族的尊敬。自我防卫是所有人类与民族得到尊敬的根本。""已丧失了爱国精神的人也就丧失了他自己和关于他自己的整个世界。""每个人热爱他的国家,他的生活方式、语言和妻儿并不一定是因为他们是世界上最好的,而是因为他们绝对是他自己的,他热爱自己和他们,并为他们而辛勤工作。"[1] 由此可见,在赫尔德的文化民族主义里,并没有"从语言判断文化,从文化判断种族"的文化优越论(正是在这方面,以赫尔德为思想偶像的勒南,始终没有完全学到赫尔德的文化民族主义精髓)。在赫尔德的"民族大花园"里,每个民族都享有自由、平等的权利,而各民族的生存发展,并不是为了某个民族的一己私利,而是为了人类社会的共同目的。正因如此,海斯对赫尔德评价道:"赫尔德是帝国主义的大敌人。"[2]

普法战争期间,勒南也运用比喻来表达自己的观点,而他的辩论对手,则是另一位德意志学者、勒南的学界同人兼多年好友大卫·施特劳斯。勒南在一封公开信中对施特劳斯批评道:"如果整个世界都变成您想象的样子,那么这个世界可能会变得有点单调乏味、令人生厌,就连你们日耳曼民族的妇女,也会对你们的大男子主义感到苦恼。我们这个世界就是上帝亲自编排的音乐剧,剧中各个声部都服从于共同的目的,就是让这出音乐剧更加

---

[1] 李宏图:《西欧近代民族主义思潮研究——从启蒙运动到拿破仑时代》,上海社会科学院出版社,1997,第135页。
[2] 海斯:《现代民族主义演进史》,帕米尔等译,华东师范大学出版社,2005,第25页。

> **何谓民族?:**
> 普法战争与厄内斯特·勒南的民族主义思想

富丽堂皇,同时更加富于变化。"① 勒南的"民族大合奏"与赫尔德的"民族大花园"颇有异曲同工之妙。与之呼应,在《何谓民族?》最后几个段落中,我们同样可以看到勒南的类似表达,勒南写道:"民族的存在是自由的保证,如果世上只有一部法律、一个主人,自由就会丧失。""通过各民族多种多样甚至有时相互冲突的使命,各民族都服从于人类文明的共同事业;每个民族都是伟大的人类音乐会的一个声部,简而言之,人类是我们曾经有过的最高理想实体。"勒南与赫尔德的相似之处不仅在于"民族大花园"与"民族大合奏"的比喻,而且在于"人类共同的最高目的"和"人类文明的共同事业"。在勒南与赫尔德看来,民族是美好事物,但民族之所以美好,是因为民族为人们提供了追求个人幸福快乐、追求人类文明进步的手段。换言之,民族本身并不是目的,民族并不是反人类的事物,也不应该沦为某一些人类群体反对另一些人类群体的手段。正是在《何谓民族?》这部以政治民族主义为主旨(尤其是自由公民"政治意愿")的杰作中,我们可以看到,勒南与赫尔德这两位民族主义思想家的文化民族主义实现了融会贯通,而政治民族主义与文化民族主义也并非水火不容。

那么,勒南与赫尔德的主要思想差异是什么?更加具体地说,勒南在《何谓民族?》中表达的政治民族主义理念,与赫尔德文化民族主义理念的主要思想差异是什么?这些问题同样可以

---

① FOREST P. *Qu'est-ce qu'une Nation? Ernest Renan* (*Texte intégral*), *Littérature et identité nationale de 1871 à 1914* (*Textes de Barrès, Daudet, R. de Gourmont, Céline*). Paris: Pierre Bordas et fils, 1991: 27.

第二章
普法战争前勒南的文化民族主义底蕴

在法兰西和德意志的民族主义传统中得到解答。笔者认为,《何谓民族?》是法国政治民族主义传统的环节,它的思想主旨与启蒙思想是一脉相承的。"法国启蒙思想家都是从政治意义上去理解民族共同体,并赋予民族共同体以一种政治意义,认为民族是建立在人们的自由结合之上的一种共同体。赫尔德不同意这种观点。在德意志社会特定的文化背景下,赫尔德认为民族共同体应该是有机的、自然的,它的基础是精神的和文化的。这种观点不仅一直贯穿着他的整个民族主义理论,而且也是他文化民族主义理论的出发点。赫尔德在他的很多著作中,一再表达民族是自然生长而成一种有机体,不是人为的一种创造。"① 与此相去甚远的是,尽管勒南也承认"民族是一个灵魂,是一条精神法则",但勒南同时认为"民族的存在,就是每日的公民投票"。正是在"何谓民族"的问题上,在对民族本质的认识上,勒南提供了与赫尔德的观点具有明显差异的答案。

如前所述,早在普法战争爆发前,勒南已经具有文化民族主义思想底蕴。然而,这并不意味着勒南的文化民族主义就是"反民主、非理性"的民族主义,因为笔者并不完全赞同美国学者汉斯·科恩具有浓厚道德判断色彩和意识形态色彩的"民族主义类型学"。笔者认为,勒南的文化民族主义是多方面、有变化的,既包括最不平等、最不人道、最接近戈比诺种族主义的显性表现(例如早在普法战争爆发前就已提出的"从语言判断文化,从文

---

① 李宏图:《西欧近代民族主义思潮研究——从启蒙运动到拿破仑时代》,上海社会科学院出版社,1997,第124页。

化判断种族"的论证逻辑),又包括最为平等、最为人道、最接近赫尔德文化民族主义的隐性表现(例如在普法战争期间提出的,与"民族大花园"类似的"民族大合奏"的比喻)。在后面的章节中,我们可以看到勒南文化民族主义的两个方面将会长期共存,并且在《法兰西道德与思想改造》和《何谓民族?》这两部最具有代表性的政治著作中出现尖锐对立。

第三章

普法战争与勒南的民族主义思想变异

如果我们要深入了解并尝试理解勒南和泰纳等近代法国知识分子在19世纪下半叶的民族主义思想，我们必须首先还原他们曾经置身其中的历史场景，之后才是在特定历史背景中对他们的民族主义思想进行解读。如果说，19世纪上半叶，法国民族主义思想在最大程度上受到1789年法国大革命影响（同时还受到启蒙运动影响），那么，从根本上决定19世纪下半叶法国民族主义思想面貌的就是1870年普法战争（以及在战争进程中产生的阿尔萨斯问题）。这是一场丧师失地、国破家亡的全面战争，也是一场史无前例的民族灾难，无论是军人还是平民，都不得不承受这场灭顶之灾带来的奇耻大辱。与此同时，知识分子也不可能置身事外，绝大多数法国知识分子的心灵都受到强烈震撼，而他们当中许多人的政治信念也由此发生动摇。

首先，对军人来说，普法战争爆发前，绝大多数法国士兵都

> **何谓民族？：**
> 普法战争与厄内斯特·勒南的民族主义思想

坚信法国能够在这场即将到来的战争中赢得胜利。他们并非不知道战争对个人来说意味着巨大的生命危险，但在法国士兵（尤其是笃信天主教的那部分法国士兵）当中，弥漫着类似于宗教狂热的献身精神。1870 年 8 月，法国军队表现得相当英勇，以至于这场战争几乎成为"19 世纪死亡率最高的战争"。与此对应，色当败降前，在战场上受到军法惩处的人数也少得惊人。高级军官的阵亡比例也颇能说明问题，1870 年 8 月至 9 月，法国莱茵军团（l'armée du Rhin）元帅和将军的阵亡比例将近 40%。法国学者拉奥尔·吉拉尔岱（Raoul Girardet）对此评价道："在战斗中，第二帝国军人表现出某种强烈的道德感。"[①] 由此可见，在普法战争中，法国军队并非望风而逃的乌合之众。正因如此，尽管法国军队在普法战争中遭受惨败，但军队在人们心目中的威望并未受损。正好相反，法国军队在这场惨烈战争中表现出来的军事英雄主义，成为第三共和国时期极端民族主义者在民众中鼓吹"对德复仇"的最佳素材。

其次，对平民来说，普法战争爆发后，随着法国军队节节抵抗和节节败退，民众当中普遍蔓延着恐慌情绪，尤其在首当其冲的边境城市（例如梅斯），到处流传着关于"普鲁士间谍"对法国境内进行渗透的谣言，其情形如同法国大革命期间的"农村大恐慌"。正是在这种人心惶惶的背景下，国民自卫军得以重建。色当败降后，民众的爱国热情和战斗激情一度更加高涨。然而，

---

① BECKER J-J, AUDOIN-ROUZEAU S. *La France, la nation, la guerre：1850 – 1920*. Paris：SEDES, 1995：71 – 74.

第三章
普法战争与勒南的民族主义思想变异

随着战局进一步恶化，各地民众的态度也发生了不同程度的分化。在凡尔登等城市，绝大多数民众主张抵抗到底，而且迫使地方政府积极抗战；在梅斯和斯特拉斯堡，尽管民意有过动摇，但民众的抵抗意志还算坚决；在苏瓦松等城市，民众普遍主张放弃抵抗、献城投降。在众多法国城市中，首都巴黎属于抵抗派阵营（后来更成为抵抗派大本营）。[1] 而且，巴黎具有其他任何法国城市都无法取代的特殊地位，名垂青史的"巴黎公社"（la Commune de Paris）起义就是在抵抗普鲁士军队入侵的背景下发生的。不过，这场由民众自发进行的起义并未得到知识分子的普遍同情，对巴黎公社起义持保留或反对态度的法国作家包括：小仲马、福楼拜、乔治·桑、埃德蒙·龚古尔、维克多·雨果、埃德加·基内、路易·勃朗、茹尔·西蒙……最后还包括勒南和泰纳。[2] 在这些"高高在上"、"像资产阶级那样生活，像半人半神那样思考"（米歇尔·维诺克语）的法国知识分子眼中，巴黎公社起义并非英勇抵抗侵略的爱国义举，而是愚蠢鲁莽的无政府主义行动。

最后，对知识分子来说，"普法战争失败给法国留下了无法磨灭的印记。它远远不止是军事失败，它被视为一种生活方式的结束、一种普世文明的崩溃。与德意志和平共存的希望被一举摧毁。那些曾经被模棱两可的国际主义与和平主义欺骗的人突然要

---

[1] BECKER J-J, AUDOIN-ROUZEAU S. *La France, la nation, la guerre: 1850 – 1920*. Paris: SEDES, 1995: 74 – 79, 109.

[2] 维诺克：《自由之声：19 世纪法国公共知识界大观》，吕一民、沈衡、顾杭译，中国人民大学出版社，2006，第 532 ~ 540 页。

何谓民族？：
普法战争与厄内斯特·勒南的民族主义思想

面对战争的残酷现实。所谓进步与博爱，似乎都是建立在流沙上的建筑物。法国人习惯于把他们的文化等同于普世文化，战败对他们的打击如同世界末日。福楼拜（Flaubert，1821－1880年）的话是这种情绪与观念的反映：'多么野蛮，多么屈辱。我从来不是"进步论者"或人道主义者！但无论怎样，我也有自己的梦想！我从未想过我会看见世界末日。但末日真的来了！我们见证了拉丁世界的末日。'"① 普法战争对法国知识分子心灵造成的创痛，与其说是对他们美好情感和道德理想的伤害，还不如说是对他们民族自尊心和文化优越感的伤害，这种深入骨髓的创痛足以让他们的民族主义情绪变得歇斯底里。

正如德国宰相奥托·冯·俾斯麦（Otto von Bismarck，1815－1898年）所说："这场战争以后，无论我们提出什么谈判条件，都不可能有持久和平，我们必须随时迎接对方下一轮进攻。法国人会把和平当成休战，当法国人感觉到自己足够强大时，无论他们孤军作战还是纠集盟友，他们都将直接对我们发起复仇。"② 从后来的历史进程来看，俾斯麦所言非虚。回顾19世纪最后三十年的法国历史，我们将会发现，法兰西第三共和国早期最严重的两次政治风波，也就是"布朗热运动"（le Mouvement de Boulanger，1887－1889年）和"德雷福斯事件"（l'Affaire de Dreyfus，1894－1899年），都是在"对德复仇"的政治气氛下发生

---

① WESSELING H L. *Soldier and Warrior, French Attitudes toward the Army and War on the Eve of the First World War*. London: Greenwood Press, 2000: 2.
② KEIGER J F V. *France and the Origins of the First World War*. London: The MacMillan Press Ltd., 1983: 5.

第三章
普法战争与勒南的民族主义思想变异

的，前者以"对德复仇"为出发点，后者以"对德复仇"为大背景。实际上，无论是戈比诺，还是勒南和泰纳，他们都是在法德两国关系持续紧张的政治气氛中进行思考的。而他们的战后反思，无一例外都以内政改革为手段、以国家复兴为目的，具有强烈的政治功利色彩，而这种政治功利背后的政治动机，几乎不言自明。尤其是勒南，在他的反思性著作《法兰西道德与思想改造》(*La Réforme intellectuelle et morale de la France*) 中，几乎总是以 1806 年耶拿战役 (la bataille d'Iéna) 和 1807 年《提尔西特和约》(*la paix de Tilsitt*)，而非 1870 年色当战役 (la bataille de Sedan) 和 1871 年《法兰克福和约》(*la paix de Francfort*) 作为论证起点，因为耶拿战役和《提尔西特和约》正是普鲁士从屈辱到崛起的历史起点，勒南希望从普鲁士曾经走过的道路中寻找法国未来的出路，其中未必没有"以其人之道还治其人之身"的想法。

第一节　勒南、泰纳与戈比诺等人的战争经历

法国学者莫里斯·朗格（Maurice Lange，1872 – 1924 年）在其著作《阿尔杜尔·德·戈比诺伯爵》(*Le Comte Arthur de Gobineau*，此书出版于 1924 年，是莫里斯·朗格的遗著) 中，如此形容 1870 年普法战争对法国人（尤其是法国知识分子）的意义："对很多法国人来说，这是一个具有双重悲剧性的时刻，他们的祖国法国与比邻的德意志被拖入一场残酷而血腥的战争；从此之后，不再有理想主义、沉思冥想、诗情画意、漫不经心的德意

何谓民族？：
普法战争与厄内斯特·勒南的民族主义思想

志，不再有歌德、席勒、赫尔德、康德、黑格尔和海涅的德意志，不再有古老民间传说中的德意志，不再有形而上学、自由思想的德意志，不再有可爱可敬的德意志，不再有受到斯塔尔夫人、邦雅曼·贡斯当、米什莱、基内、拉马丁、雨果、勒南等人青睐的德意志；这个新近出现的德国是以普鲁士为灵魂的德国，是穷兵黩武、好勇斗狠、穷凶极恶、骄傲自大的民族，这个民族在崇尚武力、仇恨法国的氛围中生长发育，受到阿恩特、兰克、特赖奇克、俾斯麦这些恶棍的教唆。而且，人们对德意志的浪漫主义热情也随之幻灭，人们曾经沉迷于法德两国建立联盟的梦想，希望在法德两国之间实现政治的一致和思想的一致，进而实现两国的共同福祉以及现代文明的更大进步，但这一切都发生了决定性的巨大转变！这是一个令人忐忑不安的'麻烦年份'，勒南致施特劳斯的书信以及其他人之间类似的书信，就是这种痛苦失望情绪的生动证明。"[1]（关于勒南致施特劳斯书信，笔者在后面的章节中会有专门论证，此处不再赘述。）

正如莫里斯·朗格所言，对很多法国人（尤其是法国知识分子）来说，普法战争是具有"双重悲剧性"的时刻。根据笔者的理解，所谓"双重悲剧性"，一方面是指法国战败，另一方面是指法国人对德意志的幻灭。可想而知，普法战争后，不再有法国知识分子青睐的德意志，不再有法德结盟的梦想。然而，另一位

---

[1] LANGE M. *Le Comte Arthur de Gobineau*. Strasbourg, Paris：Librairie Istra, 1924：176 – 177. 另可参阅 GOBINEAU A. *Ce qui est arrivé à la France en 1870*. Paris：Éditions Klincksieck, 1970：4 – 5。此书同样提到法国知识分子对德意志的幻灭感。

第三章
普法战争与勒南的民族主义思想变异

法国学者让·戈勒米埃（Jean Gaulmier）认为，与其他法国知识分子不同，对戈比诺、勒南和泰纳来说，德意志的科学技术吸引力更甚于德意志的文化艺术吸引力。[1] 按照戈勒米埃的说法，这三位民族主义思想家对普法战争的反思，首先是对德意志的羡慕，其次才是对德意志的亲近和幻灭。正因如此，戈比诺、勒南和泰纳对普法战争的反思带有更少的感情色彩，更多的理性成分。笔者认为，这三位同样具有保守倾向和精英色彩的民族主义思想家并不是彼此孤立的，戈比诺是勒南的思想先行者，泰纳是勒南的思想同行者，他们三人的关系构成了相对稳定的人际网络。正因如此，勒南、泰纳以及戈比诺等几位民族主义思想家在普法战争期间的经历非常具有代表性，值得后世的思想史研究者进行比较研究。

那么，勒南、泰纳以及戈比诺等人在普法战争期间，到底目睹了什么变故，经受了什么磨难，获得了什么启示？简而言之，勒南、泰纳和戈比诺三人的经历可以分别概括为"困守巴黎""出奔外省""屯留边境"。笔者要引用法国学者米歇尔·莫尔题为《1870年，亲历战败的知识分子》（*1870 Les intellectuels devant la défaite*，此书初版于1942年，成书年份极为特殊，正值法国在第二次世界大战初期战败而被纳粹德国占领时期，所以此书颇有"前人不暇自哀，后人复哀前人"之感，笔者引用的是重印于2004年的版本）的著作。在此书中，莫尔对勒

---

[1] GOBINEAU A. *Ce qui est arrivé à la France en 1870*. Paris：Éditions Klincksieck，1970：5.

何谓民族?:
普法战争与厄内斯特·勒南的民族主义思想

南、泰纳和戈比诺的在普法战争期间的经历均有所记载,笔者准备以此为主要依据,同时结合其他材料,力求尽量还原某些历史场景。

首先是勒南的思想先行者戈比诺。与平民出身的勒南和泰纳相比,贵族出身的戈比诺在普法战争期间的经历更加具有骑士传奇色彩。1870年,正在担任外交官职务的戈比诺,在没有得到法国政府命令的情况下擅自返回法国。由于这次回国属于擅离职守,因此戈比诺并没有前往巴黎述职,而是隐居于他在瓦兹省(Oise,法国北方省份,在巴黎正北面,位于今天的皮卡第大区)特里耶市(Trye)购置的私人城堡。颇为有趣的是,戈比诺之所以选择特里耶城堡(Château de Trye)作为他的住所,并不是因为他与当地居民有什么渊源或者特别的好感(戈比诺对凯尔特种族和法兰西民族素无好感),而是因为戈比诺认为,有神秘迹象表明,此地遗留着维京人(Vikings,分布于斯堪的纳维亚半岛西部海岸地区的古代北欧民族)的历史痕迹。[①] 而且,尽管拥有贵族身份的戈比诺是法国外交官,但他在普法战争中的立场相当暧昧。身为法国人的戈比诺,对作为战争对手的德意志持同情态度,因为在德意志,依然存在原封不动、深受尊敬、生机蓬勃的贵族制度。而且,在德意志某些邦国,还保留着萨克森血统(戈比诺认为萨克森血统是雅利安血统中最高贵的一种)。德意志境内一系列小王国成为欧洲贵族最后的大本营。戈比诺

---

① REY P - L. "Gobineau ethnographe de la France", in MOUSSA S, *L'idée de 《race》 dans les sciences humaines et la littérature (XVIIIe - XIXe siècles)*, Paris: L'Harmattan, 2003: 315.

第三章
普法战争与勒南的民族主义思想变异

希望能够跨越欧洲各国领土疆界,实现欧洲所有血统精英和思想精英的团结一致。戈比诺担任外交官期间,致力于与欧洲所有显赫贵族建立私人友谊。戈比诺会说多种语言,在这种特殊外交氛围中,他寻回自己作为贵族的种族归属感和文化归属感。戈比诺以"欧洲人"(Européen)而非法国人自居。莫尔认为,戈比诺就像郁郁不得志的中世纪骑士,只是不幸生活在19世纪,生活在民族原则居于统治地位的欧洲,而贵族阶层的国际主义已被劳动阶层的国际主义所取代。但在戈比诺看来,欧洲贵族文化依然存在,而普法战争则是对贵族血统国际主义的巨大威胁。戈比诺认为,这场武装冲突是对欧洲友谊的严重伤害。[1] 尽管戈比诺满脑子"欧洲贵族"的思想,但戈比诺在普法战争期间的爱国立场和英勇表现,却颇有几分可圈可点乃至可歌可泣之处。

普法战争爆发前夕,戈比诺的确表现出封建贵族应该具备的军事素养:他在自己的领地组织防御,在特里耶市组建国民自卫军,在自己的城堡里囤积大量武器弹药和其他军事物资。尽管戈比诺主持的各项战备措施都完成得滴水不漏,但最后一切努力只能付诸东流,因为前线的法国军队一败涂地,在如同洪水般汹涌而来的普鲁士军队面前,固若金汤的城堡马上就成为汪洋大海里的孤岛。在致奥地利大使的信中,戈比诺写道:"对法国来说,一切都完了。"戈比诺只是希望普鲁士能够与法国缔结停战协定,

---

[1] MOHRT M. *1870 Les intellectuels devant la défaite*. Fontenay – le – Comte: Le Capucin, 2004: 124 – 125.

> **何谓民族?:**
> 普法战争与厄内斯特·勒南的民族主义思想

并且尽快实现和平。普法战争期间,戈比诺收容了许多从边境逃亡过来的避难者,但他并不打算把他们编练为法国军队的后备部队。在戈比诺眼中,这帮衣衫褴褛的乌合之众,只是对公共秩序的威胁,而且毫不客气地说就是一帮"通过集体发泄私愤以便从中渔利"的作奸犯科之徒。由于戈比诺与自己的同胞们产生严重的分歧和对立,他只好把军事指挥权交给特里耶市市长。此后不久,迁移到图尔的法国政府下令罢免戈比诺的外交官职务,戈比诺彻底成为无职无权的闲人。正因如此,当普鲁士军队向巴黎迅速推进时,戈比诺只能苦闷地待在自己的城堡里,每天靠写书打发日子。从那时起,戈比诺就已经开始对这场战争进行思考。当普鲁士军队进入瓦兹省的时候,戈比诺正好前往省府博韦(Beauvais)。由于戈比诺会说德语,他主动承担代表省长与敌军将领谈判的重任。与此同时,戈比诺还不遗余力地安置从边境逃亡过来的难民。在普鲁士军队占领瓦兹省期间,戈比诺代表原来的省政府,向占领军当局争回了相当可观的权利。甚至在停战协定签署之后,戈比诺经过多方奔走,还为省政府成功地追回了总额达到两百多万法郎的、被普鲁士占领军当局强行征收的税款。普法战争结束后,戈比诺参与法兰西学术院院士竞选,由于评审委员会对他的敌意,戈比诺最终在竞选中落败。最后,由于梯也尔(Thiers,1797 – 1877 年)政府重新起用戈比诺,他才得以于1872 年前往斯德哥尔摩,出任法国驻瑞典大使。[1] 笔者认为,向

---

[1] MOHRT M. *1870 Les intellectuels devant la défaite*. Fontenay – le – Comte: Le Capucin, 2004: 125 – 126, 129 – 130.

第三章
普法战争与勒南的民族主义思想变异

来亲德的戈比诺,在普法战争期间的言论与行动,并未辱没他作为法国贵族的高贵荣誉和民族气节。尽管大敌当前、兵临城下,但他却是三个人当中最从容不迫、最处变不惊,而且还率领当地民众奋起反抗的一个。

其次是勒南的思想同行者泰纳。与淡定从容、镇定自若的戈比诺相比,泰纳的战争经历颇为狼狈,他与勒南的另一位朋友贝特洛一样,逃离多灾多难的首都巴黎。1870年7月,普法战争爆发前夕,泰纳正在德意志进行学术旅行。① 泰纳正准备为德意志专门写一部著作,内容类似于他在1863年出版的《英国文学史》(*Histoire de la littérature anglaise*,其实泰纳此书早已超出"文学史"范畴)。泰纳将尝试在书中对日耳曼精神进行完整界定。可是,战争打断了泰纳的旅程,他于7月12日返回巴黎。泰纳很快就对充斥首都的战争气氛感到极度厌恶。在当时的巴黎,成群结队的无业游民竟然也在叫嚣:"挺进柏林!"高级政府官员与普通政府雇员都表现出赤裸裸的沙文主义倾向,甚至连新闻记者也表现出同样的轻佻浮躁。与勒南一样,泰纳也把法国对普鲁士宣战视为神经错乱,但他同样想象不到普法战争的结果竟然是一败涂地。与当时所有知识分子一样,泰纳对军队的情况向来不甚关注,他以为法国军队的将领们都是高

---

① BRANDES G. *Creative Spirits of the Nineteenth Century*. New York: Thomas Y. Crowell Company Publishers, 1923: 216 - 217. 此书交代了泰纳德国之行的见闻,以及布兰代斯于普法战争爆发前后的见闻。关于泰纳德国之行的详细情况,也可参阅 WARDMAN H W. *Ernest Renan*, *A Critical Biography*. London: University of London, The Athlone Press, 1964: 111。

> **何谓民族？：**
> 普法战争与厄内斯特·勒南的民族主义思想

明的军事领导人。泰纳只不过为战争爆发感到惋惜，毕竟战争是文明的倒退，是不明智的"失误"，他全然没有意识到普法战争将会是灭顶之灾。[1] 不过，法国学者米歇尔·维诺克认为：泰纳早已估计到法军在指挥方面的劣势。因此，1870年8月底，害怕巴黎被普鲁士军队围困的泰纳就已经把妻子提前安置在图尔。[2]

战争爆发后的8月9日，泰纳在给母亲的家书中提到："想必您已经知道军队那里传来的坏消息了，军队的指挥非常糟糕，就算士兵多么英勇都无济于事，我们既没有足智多谋的军事家，也没有技艺高超的领导者。"心急如焚的泰纳甚至想投笔从戎加入国民自卫军，但因为军事素质太差而被拒绝，[3] 此后他又想加入红十字会（因为泰纳会说德语，而且熟悉法德边境的风土人情，比较能够适应普法战争的战场环境），但又被拒绝。色当败降后第二天，泰纳在给母亲的家书中提到："想必您已经收到坏消息了，麦克马洪受伤并被击败了，四万法军成了战俘，皇帝也成了俘虏……和您一样，我的心都绷紧了……现在我留在这里已经无能为力，而且还身陷险境。"之后泰纳自己也逃向图尔，与在此避难的妻子会合。在逃亡路上，他给母亲寄了一张简短的便笺，写道："……此时此刻，巴黎的逃亡潮已经缓和下来；但就

---

[1] MOHRT M. *1870 Les intellectuels devant la défaite.* Fontenay-le-Comte：Le Capucin，2004：76 - 77.
[2] 维诺克：《自由之声：19世纪法国公共知识界大观》，吕一民、沈衡、顾杭译，中国人民大学出版社，2006，第552页。
[3] 海斯：《现代民族主义演进史》，帕米尔等译，华东师范大学出版社，2005，第136~137页。

第三章
普法战争与勒南的民族主义思想变异

算巴黎被光复,外地每个旅馆都还是住满了人,我这里是如此,西部和南部的城市也是如此。我曾经在一位挂毯编织工人的家里遇到一位来自枫丹白露的先生,我们闲谈的时候,他告诉我,他带着妻子、六个孩子和四个女佣,用了十八个小时逃到图尔。第一个晚上是在火车站长凳上度过的;第二个晚上是在废弃的公寓里,睡在行李箱上度过的;第三个晚上也只是睡上了简单的床铺。"①

在图尔,泰纳先是谋得政府临时雇员职务,之后又获得正式任命。心情愤懑的泰纳力求多做一点事情,他给伦敦的报刊寄发文章,谈论战争局势和停战前景;他给外国朋友写信,以维护法兰西民族的立场。在寄给美国友人约翰·杜兰德(John Durand,杜兰德曾把泰纳的著作译成英文并介绍到美国)的信中,泰纳写道:"贵国报刊对我国怀有很深敌意,而您竟然与其他人一般见识,这让我非常伤心,我们本来希望您会另有一番见解……诚然,我国政府的确成了侵略者,我国政府战备很糟糕,指挥也很糟糕,政府的轻率冒进给我们带来了可怕灾难,政府垮台也是咎由自取……我国政府犯下的愚蠢错误实在一言难尽。政府对任何事情都一无所知,不知道普鲁士士兵的数量,不知道这支庞大军队的战备状况,也不知道德意志人的民族热情。""我曾经给一位有影响力的人物写信,告诉此人我们正面对1813年那样的局面,我们的对手民族情绪高涨,此时发动战争是轻率的,当时几乎所

---

① MOHRT M. *1870 Les intellectuels devant la défaite*. Fontenay – le – Comte:Le Capucin,2004:77 – 78.

何谓民族？：
普法战争与厄内斯特·勒南的民族主义思想

有受过良好教育的人都赞同我的见解——然而我们都像纸牌一样被攥在一个赌徒手上，这个赌徒最后的底牌就是战争，结果他输了，他把我们都输光了。"写信时间是 1870 年 12 月，此时泰纳对战争前景已经不抱任何幻想。此后图尔告急，泰纳又逃到波城，在那里一直停留到停战为止。在波城，泰纳得知各省编练的用以扭转战局的后备部队已被彻底击败。泰纳感到极度绝望，他写道："我已经不愿意提及我的悲伤，我们已经为自己的权利竭尽全力。我原本希望自己能够在不久的将来重新提笔写作，但我发觉这很难很难！"泰纳沉痛地忏悔道："这段日子我心如刀割，我也不知道我们怎么会把我们的祖国弄到这个地步。"[1] 这想必也是他们一代知识分子的心声吧。

不久以后，泰纳勉为其难地恢复工作，他意识到重振法兰西民族精神依然任重道远。泰纳在给学生阿尔贝尔·索雷尔（Albert Sorel，这位索雷尔并非《论暴力》的作者、民族主义思想家乔治·索雷尔）和好友埃米尔·帕拉纳（Emile Planat）的信中，表达自己的想法。泰纳认为，法国在战争中惨败已是既成事实，既然如此，不如为将来早作打算，考虑如何重建法国，如何反省错误思想，如何传播正确思想。因为即使所有东西都在战争中失去，思想依然存在。泰纳直到去世都没有放弃自己对抽象思想能够改变现实的信心，这也许是主动的适应，但也许是无奈的逃避。与勒南一样，泰纳也制订了通过重建民族精神来重建整个法

---

[1] MOHRT M. *1870 Les intellectuels devant la défaite*. Fontenay – le – Comte：Le Capucin，2004：78 – 79.

第三章
普法战争与勒南的民族主义思想变异

国的宏大计划。泰纳要为法国赋予严谨、认真、缜密的精英文化，去掉轻佻浮躁的恶习。① 我们将会看到，在重建和改造法国的构想中，泰纳与勒南有着惊人的相似之处：他甚至贬低民主制和普选制，他甚至想去拯救贵族制度。②

法德两国缔结停战协定后，泰纳返回巴黎，即使在巴黎公社起义期间他也没有离开过。泰纳为他亲眼所见的巴黎市民的精神状态感到吃惊，他写道："人们被报纸上的言论和内心的虚荣所煽动，人们相信自己不仅能够抵挡德国人的进攻，而且相信自己能够粉碎德国人；人们已经受到蛊惑，已被他们的领导者出卖。不可能找到合乎理性的解决办法。"泰纳认为巴黎市民的做法既邪恶又愚蠢，"我们陷入普遍的无意识和非理性"。泰纳对巴黎公社起义的前景相当悲观，他认为在德国人眼皮底下发生的起义是叛乱，他认为一小撮精神错乱又野心勃勃的个人能够把几代人辛苦建立的成果毁于一旦，他对"自发的无政府主义"现象予以谴责。泰纳力图对革命群众及其领袖的心理动机做出解释，他对巴黎公社的所见所闻促使他研究法国大革命时期人们的心理状况，这一研究耗尽他后半生的绝大部分精力和心血。③

最后是勒南，如果说面对危机的时候，戈比诺的选择是"守"，泰纳的选择是"走"，那么勒南的选择就是"留"。1870

---

① MOHRT M. *1870 Les intellectuels devant la défaite*. Fontenay – le – Comte：Le Capucin，2004：79 – 80.

② 维诺克：《自由之声：19 世纪法国公共知识界大观》，吕一民、沈衡、顾杭译，中国人民大学出版社，2006，第 553 页。

③ MOHRT M. *1870 Les intellectuels devant la défaite*. Fontenay – le – Comte：Le Capucin，2004：80 – 81.

> **何谓民族?:**
> 普法战争与厄内斯特·勒南的民族主义思想

年 7 月,普法战争爆发前夕,勒南正与自己的好友和学术赞襄者热罗姆-拿破仑亲王在斯匹次卑尔根群岛进行科学考察和学术旅行,勒南与亲王是在锚泊地休息时,收到首相奥利维埃发来的紧急电报,才惊讶地得知战争爆发的消息,并且马上返航。① 由于此地位于巴伦支海与格陵兰海之间,距离法国本土非常遥远,却在普鲁士海军活动范围内,因此在战争爆发头几天,巴黎甚至有谣言说亲王与勒南都被普鲁士人俘虏了。勒南并不在意这些针对他的流言蜚语,但他认为:"这些无休止的流言蜚语势必会让亲王处于极其尴尬的境地,而亲王却是这场突如其来的战争的受害者。"因此,匆匆赶回法国本土后,"惊魂甫定"② 的勒南先后在《双世评论》(*La Revue des Deux Mondes*)和《争鸣报》(*Journal des Débats*,又译《辩论报》)③ 上发表文章以澄清事实。④ 不过事

---

① WARDMAN H W. *Ernest Renan*, *A Critical Biography*. London:University of London,The Athlone Press,1964:111 – 113. 此书交代了亲王原本的出行计划是往东而非往北(这是更为凶险的路线,当时普法两国已剑拔弩张,一旦战争爆发,滞留在德意志地区的亲王及其随员随时可能沦为人质),只是由于亲王临时改变初衷,勒南等人才没有落入更加危险的境地。

② BRANDES G. *Creative Spirits of the Nineteenth Century*. New York: Thomas Y. Crowell Company Publishers,1923:218 – 220. 此书交代了布兰代斯与勒南几次会面(由"勒南最为亲密的朋友"泰纳代为引见)的情况,尤其是普法战争爆发后,布兰代斯与匆匆赶回巴黎的勒南会面的情况。从布兰代斯的描述中可以得知勒南当时无比沮丧,情绪低落得无以复加。

③ 法国报纸通常带有各自的政治倾向,也通常拥有政治立场相对固定的约稿人。例如,共和派政治家茹尔·费里(Jules Ferry)经常为《时报》(Temps)撰稿,具有保守倾向的勒南、泰纳和梯也尔(Thiers)经常为《争鸣报》(Débats)撰稿,而《费加罗报》(Figaro)也有自己的写作班底和约稿对象。详情参阅 LAWTON F. *The Third French Republic*. London:Grant Richards,1909:234。

④ MOHRT M. *1870 Les intellectuels devant la défaite*. Fontenay – le – Comte:Le Capucin,2004:101.

第三章
普法战争与勒南的民族主义思想变异

与愿违,勒南在这些评论文章中秉持的中立立场引发更大风波,因为他在文章中把这场由法国主动挑起的战争视为神经错乱,并且断言极端民主化的法国不可能打赢这场战争。

1870 年 8 月 18 日,色当败降前几天,勒南给德意志学者大卫·施特劳斯回复了一封公开信,结果这封开诚布公、心平气和地探讨战争原因的信件,竟然被心怀不轨的施特劳斯大肆删改,并且断章取义地刊登在《奥格斯堡报》(*Gazette d'Augsbourg*)上,而信件原文却被施特劳斯藏匿起来。① 在这封公开信中,勒南站在法国知识分子的立场,寻求与对方代表的德意志知识分子达成和解。勒南并不回避自己的祖国在这场武装冲突中的责任;他希望双方能迅速停止敌对行动;他极力劝说普鲁士人,不要凭借在战场上获得的优势谋取利益,应该为法国提供真诚合作的机会。② 遗憾的是,勒南发出的请求和解的信函,在经过施特劳斯的删改后,却被德意志读者理解成发起挑衅的信号;而勒南一厢情愿的和平举动,更是被自己的同胞(尤其在法国文坛颇有号召力的龚古尔兄弟)视为勒南亲德媚外的证据。勒南陷入进退两难、腹背受敌的尴尬境地。

埃德蒙·德·龚古尔(Edmond de Goncourt, 1822 – 1896 年)在《日记》中,如此记载勒南于 8 月 23 日与文艺界同人聚餐时表达的对战争的厌恶态度,他写道:"今天晚上,在布雷班餐馆

---

① RETAT L. *Renan*, *Histoire et parole*, *Œuvres diverses*. Paris:Robert Laffont, 1984:647 – 648.

② MOHRT M. *1870 Les intellectuels devant la défaite*. Fontenay – le – Comte:Le Capucin, 2004:102.

115

里，因为被人群在奔赴前线的部队路过时发出的呼喊声所吸引，大家都靠在窗边观看。勒南很快就带着一种不屑的神情离开了，临走时抛下了这样一句话：'在这里的所有人当中，没有一个人具备美德。'"不过，龚古尔对勒南同样不屑，龚古尔写道："啊！请别对我谈这些理想主义者，这些以人道主义者自居的诡辩家；我觉得他们对普鲁士人有一种几乎掩饰不住的与爱国相悖的钦佩之情，而这些普鲁士人纯粹是野蛮人和自然科学教师的混合体。"① 由龚古尔的记载中，我们可以看到勒南在文艺界同人中遇到的普遍误解，以及他在当时当地的孤立和尴尬。

由于勒南致施特劳斯的公开信没有得到对方正面回应，勒南又转而劝说自己的同胞（勒南似乎总是做这种吃力不讨好的事情）。1870年9月15日，勒南在《双世评论》上发表《在法国与德意志之间的战争》（*La Guerre entre la France et l'Allemagne*）② 这一长篇评论文章，向法国人介绍普法战争爆发的根源。勒南认为，大战的责任应该归咎于交战双方，普鲁士的问题在于狂妄自大，法国的问题则是个人权力过度膨胀。唯有一种力量能够实现

---

① 维诺克：《自由之声：19世纪法国公共知识界大观》，吕一民、沈衡、顾杭译，中国人民大学出版社，2006，第548页。关于勒南与龚古尔的主和与主战之争，也可参阅 WARDMAN H W. *Ernest Renan, A Critical Biography*. London: University of London, The Athlone Press, 1964: 115 – 116. 此书交代了双方的主要观点，勒南在当晚的辩论中处于下风（只因为勒南是少数派），但泰纳、贝特洛和勒梅特尔（Lemaître）都坚定地站在勒南一边，勒梅特尔甚至认为龚古尔兄弟将知识分子之间的辩论变成愚蠢的街头骂战。

② 全文可参阅 RENAN E. "La guerre entre la France et l'Allemagne", in *La réforme intellectuelle et morale*. Paris: Calmann-Lévy Éditeurs: 122. 另可参阅 WARDMAN H W. *Ernest Renan, A Critical Biography*. London: University of London, The Athlone Press, 1964: 117。

第三章
普法战争与勒南的民族主义思想变异

公正的和平，这就是欧洲；战争结束后我们将会看到，在民族原则之外，还应当加上正确的原则，这就是欧洲联盟的原则。① 由此可见，勒南力求采取秉中持正的客观态度，为普法双方的战斗热情降温。

不过，力求秉中持正的勒南也在这篇评论文章里留下引人诟病的话柄。在文章开篇，勒南就以历史学家的视角谈论德意志统一问题。他指出，1810 年，正是由于法国对德意志施加屈辱，德意志民族意识才得以唤醒。勒南在文章中写道："只有当一个民族受到外族压迫的时候，这个民族才会完全意识到自己的存在。" 19 世纪前半叶，只有法国占领德意志的土地，德意志却从未向法国提出过追还被占领土的要求。与此同时，恬退隐忍的德意志却得到充分的休养生息，所有这些忍辱负重的举动把德意志造就成伟大的民族。既然如此，普鲁士追求的德意志统一事业就是合理合法的了。曾几何时，俾斯麦临近大功告成的事业成为我们眼中的威胁，以至于我们必欲除之而后快。正是法国想发动这场战争，而这场战争本来并非不可避免，因为"只要我们能够耐心等待，没有什么事情是不可避免的"。由于我们不够耐心，这场冲突的责任便由我们承担了。毫无疑问，现在普鲁士对我们毫无怜悯之心，难道普鲁士有错吗？自从萨多瓦战役（1866 年普鲁士对奥地利的战役，战前俾斯麦曾经对拿破仑三世许诺过某种领土补偿，以换取法国中立，但承诺并未兑现，引起法国不满——引者

---

① 维诺克：《自由之声：19 世纪法国公共知识界大观》，吕一民、沈衡、顾杭译，中国人民大学出版社，2006，第 549 页。

注）以来，我们不是在不停地叫嚣报复吗？在文章结尾，勒南再次呼吁和平。"谁能在法国与德意志之间缔造和平？"国际仲裁法庭做不到，也没有任何政府或者任何手段能够做到，"乌托邦主义者的和平梦想，只是没有军队执行的裁决，只是不切实际的计划；没有人会遵守这样的和平计划"。要想实现和平，只能寄望于欧洲各强国介入。① 遗憾的是，由于俾斯麦的外交努力，欧洲各强国似乎都没有介入的打算。

平心而论，勒南这些书信和文章未免有点不合时宜。在两个国家、两个民族势成水火的非常时期，书生意气的勒南还力求做到不偏不倚，试图以理论层面的民族原则（德意志有实现统一的权利），而非实际意义上的民族立场（法兰西在生死存亡的时刻）来判断这场战争的是非对错。不得不说勒南对待这场战争的"书呆子"态度极其危险，所谓不偏不倚很容易被理解为偏袒对方。然而，勒南不仅没有改变态度，而且还继续阐发观点。1870 年 11 月 10 日、13 日和 28 日，他先后在《争鸣报》上发表三篇文章，要求迅速与普鲁士达成停战协定。尤其在《关于在巴黎被围期间召开议会》（*De la convocation d'une assemblée pendant le siége*）② 一文中，强调法国有必要尽快建立代议制。③ 他要求马上成立国民

---

① MOHRT M. *1870 Les intellectuels devant la défaite*. Fontenay – le – Comte：Le Capucin，2004：102 – 103.
② 全文可参阅 RENAN E. "De la convocation d'une assemblée pendant le siége"，in RENAN E. *La réforme intellectuelle et morale*. Paris：Calmann-Lévy Éditeurs：211。三篇文章均有收录。另可参阅 WARDMAN H W. *Ernest Renan*，*A Critical Biography*. London：University of London，The Athlone Press，1964：121。
③ 维诺克：《自由之声：19 世纪法国公共知识界大观》，吕一民、沈衡、顾杭译，中国人民大学出版社，2006，第 550 页。

第三章
普法战争与勒南的民族主义思想变异

代表团,以取代主张继续战斗的国防政府(le gouvernement de la Défanse nationale),进而实现彻底和平,因为他不相信自己眼中的战争煽动者国防政府能够签署和平协议。[①] 不过让勒南大感意外的是,这个被他视为"战争煽动者"的国防政府在签署和平协议方面倒是不遗余力。

1871年2月,勒南终于与在巴黎之围期间断绝音讯的好友贝特洛重新取得联系。在勒南写给贝特洛的信中,已经可以看到他后来写入《法兰西道德与思想改造》中的某些观点。2月26日,勒南在信中写道:"在如何树立民族意识这个问题上,法兰西一直在自欺欺人。一盘散沙的法兰西不是一个民族;如此一来,普遍公民投票所确认的,只不过是我们作为一盘散沙的事实,既没有向心力,又没有亲和力,就像一堆松散的微粒。我们还瓦解了社会的基本组织,以至于我们只能惊讶于社会已不复存在。一直以来,文明都是由极少数贵族维系的成果,而民族的灵魂也是存在于贵族身上。这一民族的灵魂应该由一定数量的官方教士来守护,以确保民族的存在与延续。"[②] 值得注意的是,勒南在这里并没有把"公民投票"简单地视为民族存在与延续的基础,民族的存在与延续是有其他前提的。勒南致贝特洛的第一封信,代表了勒南民族主义思想中具有保守性的一面。

不久之后,国民议会在波尔多复会,阿尔萨斯省国民代表提

---

① MOHRT M. *1870 Les intellectuels devant la défaite*. Fontenay‑le‑Comte:Le Capucin, 2004:103-104.
② MOHRT M. *1870 Les intellectuels devant la défaite*. Fontenay‑le‑Comte:Le Capucin, 2004:104-105.

> **何谓民族？：**
> 普法战争与厄内斯特·勒南的民族主义思想

交了抗议书，反对梯也尔政府签署和平协议，因为这份和平协议是以向德国割让全部阿尔萨斯和部分洛林为代价的。贝特洛在给勒南的信中，把这份由国民代表克勒起草的抗议书的内容告知勒南，并且提出自己的观点：如果法国放弃阿尔萨斯和洛林，法国的主权完整性不可能不受损害；而且，政府并没有征询过这两个省份居民的意见，因此也无权做出最终决定。勒南在回信中对贝特洛的观点深表赞同，写道："民族并没有自我毁灭的权利。作为个人，他能够、有时也应该，因为遭受耻辱而自我了断；但作为民族，不能采取这种做法，因为民族有面向未来的责任。我完全同意您关于维护法兰西国家完整的原则性意见。这条原则是不可退让的，唯一例外是在全民族抵抗——而非只是被割让省份的抵抗——均已宣告无效的情况下。在这种情况下，人们可能会说丢掉部分总比丢掉全部要好。"[①]

值得注意的是，勒南在1870年9月16日致大卫·施特劳斯的公开信中，早已表达过与贝特洛类似的观点，他就阿尔萨斯问题写道："如果人们把这一问题交由阿尔萨斯人自行决定的话，那么绝大多数人都会希望与法国统一在一起。德国值得用武力去兼并一个叛逆的、愤怒的，尤其在斯特拉斯堡受到摧毁之后变得不愿妥协的省份吗？"勒南后来补充道，在无视当地居民愿望的情况下割占阿尔萨斯和洛林的行为，"是一种错误，甚至是一种犯罪"。[②] 贝特洛

---

① MOHRT M. *1870 Les intellectuels devant la défaite*. Fontenay – le – Comte：Le Capucin，2004：105 – 106.
② 维诺克：《自由之声：19世纪法国公共知识界大观》，吕一民、沈衡、顾杭译，中国人民大学出版社，2006，第549页。

第三章
普法战争与勒南的民族主义思想变异

和勒南都发现了问题的关键：法国割让阿尔萨斯和洛林给德国，事前并没有征询过两省居民的意见。这一事实后来成为勒南发表"索邦讲话"（其讲稿即为《何谓民族？》）时质疑割让领土合法性的论据。与前一封致贝特洛的书信相比，勒南致贝特洛的第二封信代表了勒南民族主义思想中具有进步性的一面。

巴黎公社起义爆发初期，勒南一直待在巴黎市区，他目睹人们犯下的错误，并为起义的后果忧心忡忡。他在给贝特洛的信中写道："这个可怜的民族受到三种可怕病毒的侵害：愚蠢的幻想、虚妄的愿望以及背离事实的新闻报道。我们的武器弹药被滥用于错误的对象身上，人们已经失去判断是非的能力。"勒南害怕这种局面会诱使刚刚取胜的德国军队趁火打劫，他非常悲观地写道："前所未有的灾难让人们感到前所未有的悲观。虽然我相信法兰西仍然会重新崛起，但此时此刻，一切都成疑问。"1871年4月，当时已身在英国的贝特洛劝说勒南也到英国躲避，但勒南回绝了贝特洛的好意，并在回信中写道："我以上帝的名义拒绝这样的想法。想必您已经忘记自己的义务了吧。我们的祖国越是灾难深重，我们就越不应该离开祖国。"尽管勒南对梯也尔政府不抱多大希望，但还是坚持留在法国。直到1871年10月，普法战争与巴黎公社起义均已结束，勒南才离开法国，前往意大利排遣哀思。出发之前，在给贝特洛的信中，他表达了对梯也尔政府的不满和对法国政治前景的看法。勒南认为梯也尔奠定的这个仅作为既成事实而存在（statu quo，这也是梯也尔对共和政体的理解——引者注）的共和国并非长久之计，"因此，我只有一个计划,那就是在十年到十五年时间里对法国进行内部改革"。① 出乎勒南意料的是,法国在战败之后的内部改革不仅持续了十年到十五年,而是持续到勒南去世后。可以毫不夸张地说,从1871年到1914年的数十年间,整个法国都笼罩在普法战争战败的阴影中,而在这数十年间,无论哪个政治派别上台执政,法国都在挫折不断但又坚定不移地进行恢复国力的内部改革。但改革的目的几乎就是为了发动一场收复失地的战争,这正是信奉人道主义的勒南所不愿见到的。

除了勒南、泰纳和戈比诺这三位笔者认为至关重要并且互相关联的民族主义思想家以外,还有一位值得一提的人物,就是曾经断言法国强大有力的中央集权使法兰西优越于英格兰和德意志的激进思想家茹尔·米什莱(Jules Michelet,1798 – 1874年)。② 笔者之所以提到米什莱,因为他正是19世纪上半叶具有代表性的民族主义者,而他提出的"法兰西民族优越论"正是19世纪上半叶法国民族主义的主流观点。但这种睥睨天下、舍我其谁的民族优越感,却在普法战争中被彻底碾碎。

1870年,米什莱已经七十多岁,书生意气不减当年的他依然是浪漫的爱国主义者与共和主义者,颇有法国大革命时期"九三年爱国者"的遗风(但从他后来对待巴黎公社起义的态度来看,

---

① MOHRT M. *1870 Les intellectuels devant la défaite*. Fontenay – le – Comte: Le Capucin, 2004: 106 – 107. 另可参阅 WARDMAN H W. *Ernest Renan, A Critical Biography*. London: University of London, The Athlone Press, 1964: 125。

② CLAVAL P. "From Michelet to Braudel: Personality, Identity and Organization of France", in HOOSON D, *Geography and National Identity*. London: Blackwell, 1994: 42 – 43.

第三章
普法战争与勒南的民族主义思想变异

他早已变得保守甚至反动）。1851年12月，从路易·波拿巴发动政变，第二帝国取代第二共和国之日起，米什莱就辞去了法兰西公学（Collège de France）的教席和法兰西国家档案馆（Archives nationales）的职务，告别历史学界，退隐外省乡间。远离巴黎喧嚣的米什莱本可颐养天年，然而1870年9月2日的色当败降，重新唤起米什莱对革命年代的回忆，也让他想起当年编写《法国大革命史》（*Histoire de Révolution*）的岁月。风烛残年的米什莱开始奋笔撰写《法国面对欧洲》小册子，并于1870年12月完稿。在这本小册子中，米什莱坚决主张把战争进行下去，他不愿意实事求是地评估法国还剩下多少反败为胜的把握，也不愿意沉着冷静地估计法国军队还剩下多少保家卫国的力量，而是寄希望于伟大先辈留下的光荣传统和爱国热情。米什莱写道："有人竟然说：'法国将要灭亡了！'这完全是胡说八道。法国永远不会灭亡。我们要说：'战争将从春天开始。'""当你们收复巴黎的时候，它将仍然是永恒之城……巴黎就像法国本身那样重要。"米什莱自问自答道，是谁在抵抗侵略者？是农民。农民们放弃了他们的收成，放弃了他们的家畜，但他们寻回了"他们曾经失落的血性，他们父辈曾经拥有过的、自由战士拥有的血性"。米什莱认为法国还有继续进行战争的力量，他预言道："我们拥有任何民族都未曾拥有过的坚强基础，就是足以在战斗中流一千年的鲜血！"虽然米什莱极力主张继续进行战争，但法国依靠什么力量来赢得战争的胜利？米什莱写道："整个法兰西已经全副武装地站立在德意志面前。""武器？……你们竟然还迷信武器……当我们没有武器的时候，我们还有我们的双手、我们的胸膛以及我们内心的

[何谓民族？：
  普法战争与厄内斯特·勒南的民族主义思想]

力量，我们将能够把敌人打败。""……在没有刀剑的时候，我们就扔石头。"极为讽刺的是，决心抗战到底的米什莱却把全部希望寄托于有名无实、腐败无能的国防政府，他赞扬国防政府具有"沉着冷静的勇气、令人钦佩的仁慈、人道主义的精神，而且忠诚和正直"，全然不顾国防政府内部尔虞我诈、钩心斗角的事实。当米什莱看到人民对国防政府不满的时候，却只能强词夺理地辩解道："那些看来有所不满的人，只不过是徒劳无功地唱反调，他们是没有耐心的人，他们想成为英雄，却不知道他们的愚蠢莽撞正中敌人下怀。"[1] 这正是米什莱后来对待巴黎公社起义的态度，米什莱依然是那么慷慨激昂、理直气壮、义正词严，但已经不是当年那个疾恶如仇、为民请命的米什莱了。

笔者认为，米什莱作为爱国知识分子，以其文笔为祖国服务，为同胞鼓舞士气、燃点希望，本也无可厚非，但法国更需要的是冷静的反思与深切的反省（毕竟这是由法国主动挑起的战争）。而在米什莱的小册子中，人们完全看不到半点反躬自问的精神。笔者还认为，在反省战争责任、反思战败原因的问题上，同样身为历史学家且人生阅历更为丰富的米什莱，对普法战争的认识却远远没有勒南、泰纳以及戈比诺那样深刻（尽管这三个人各有片面之处），这反映出米什莱的头脑已经趋于僵化，但也反映出米什莱作为亲身经历19世纪上半叶法国鼎盛时代的老爱国者，在理想幻灭之后的莫名痛苦以及在极度痛

---

[1] MOHRT M. *1870 Les intellectuels devant la défaite*. Fontenay – le – Comte：Le Capucin，2004：86，88 – 89.

第三章
普法战争与勒南的民族主义思想变异

苦之中的思想紊乱。同样遭受这种痛苦的人，远远不止一个米什莱。

第二节 勒南、泰纳与戈比诺等人的战后反思

法国学者阿兰·德·伯努瓦（Alain de Benoist）指出：普法战争结束后，许多法国作家试图为法国战败寻找历史原因，并试图提出拯救法国的现实方案，这种"战后反思"著作种类繁多，比如米什莱的《法国面对欧洲》（*La France devant l'Europe*）、戈比诺的《1870年法国的遭遇》（*Ce qui est arrivé à la France en 1870*）、乔治·桑的《战争期间旅行者日记》（*Journal d'un voyageur pendant la guerre*）和其他作家的类似作品，都属于这场"集体反思"的思想成果。① 当然，其中还包括泰纳的《当代法国的起源》（*Les Origines de les alarmes de la France contemporaine*）和勒南的《法兰西道德与思想改造》（*La Réforme intellectuelle et morale de la France*）。值得注意的是，无论是极端保守的戈比诺，还是介乎开明与保守之间的勒南和泰纳，他们在普法战争结束后的反思性著作都具有浓厚的保守色彩。

在勒南、泰纳和戈比诺这三位先后撰写反思性著作的民族主义思想家当中，最早奋笔疾书的是战前困守、战后闲居，几乎没

---

① RENAN E. *La Réforme intellectuelle et morale et autres écrits*. Paris：Albatros/Valmonde，1982：14. 另可参阅 GOBINEAU A. *Ce qui est arrivé à la France en 1870*. Paris：Éditions Klincksieck，1970：3。此书同样列举了法国知识分子在普法战争后的反思性著作。

125

有远离过特里耶城堡的戈比诺。普法战争爆发后，戈比诺就开始撰写《1870年法国的遭遇》以记录他对法国战败的反思。1870年11月12日，戈比诺在给德意志友人阿达贝尔特·冯·克勒的信中曾提及此书，他写道："我正在写一本规模可观的著作，这是对法国一系列不幸遭遇的原因的思考。此书将会收录我二十一年来的所见所闻、所思所想。……我将会以我的名字出版这本书，而我也把它视为我从事写作以来最重要的著作之一。"① 值得注意的是，此书后来在德国（而非法国，戈比诺曾打算在比利时出版）出版。虽然此书其实并未完稿（戈比诺不少作品都是这样虎头蛇尾），但戈比诺还是在书中留下颇具启发性的观点。而且，法国学者让·戈勒米埃认为，正是这些反思性著作，构成"戈比诺一生中最有价值的成就"。②

为何法国会在普法战争中一败涂地？这个问题是戈比诺力求回答的，也是与他同时代的知识分子力求回答的。戈比诺在此书中另辟蹊径地探讨这场大灾难的原因，他没有像其他人那样，先入为主地把这场大灾难归咎于普鲁士处心积虑设计的圈套。他认为这不足以解释法国军队为何在战争中一触即溃，因为对法国这样一个几乎自行解体的国家来说，应该从内部寻找致病根源。

---

① LANGE M. *Le Comte Arthur de Gobineau*. Strasbourg, Paris: Librairie Istra, 1924: 176 - 177. 另可参阅 GOBINEAU A. *Ce qui est arrivé à la France en 1870*. Paris: Éditions Klincksieck, 1970: 4。

② GOBINEAU A. *Ce qui est arrivé à la France en 1870*. Paris: Éditions Klincksieck, 1970: 9.

第三章
普法战争与勒南的民族主义思想变异

戈比诺直言不讳地提出，法国在普法战争中的战败并不令人意外，反而是令人惋惜地证实了他在战争爆发前夕的预见。法国之所以战败，是因为法国在其境内消灭了所有不平等，是因为法国缺乏具有领导能力的贵族阶层。总而言之，民主制度让法国付出了代价。由于缺乏具有领导能力的贵族阶层，法国的"军事准备变得异常糟糕"，"法军将领无知无能，他们下达的命令自相矛盾，采取的对策反复无常，所作所为令人作呕，弊端必然导致灾难"。相反，在德意志，人们保留了世袭继承原则。正因如此，他们能够毅然决然地准备战争，并且牢牢把握住战争主动权。在普遍出现的人种退化过程中，德意志受到的影响是最小的。德意志在战争中取得的胜利，其实是贵族制度对民主制度取得的胜利。[1] 且不论戈比诺这番见解是否公允，对戈比诺个人而言，确实有几分军事贵族的决策能力和果断作风，而且他对法军将领的斥责和对德军将领的赞誉，也并非毫无根据。

在戈比诺看来，法国战败还有更深远的历史原因，甚至可以追溯到中世纪。当土地从封建领主手中转移到资产阶级和人民手中时，这场种族悲剧就已被注定，因为资产阶级和人民只不过是高卢－罗马时期的贱民而已……当然，除了历史原因以外，还有更贴切、更直接的原因。国家无所不在、无所不能的中央集权原则损害了地方分权原则，1789 年革命更把国家的绝对权力推向极致。国家的无限权力被解释为当局有权干涉国家内部所有事务。

---

[1] MOHRT M. *1870 Les intellectuels devant la défaite*. Fontenay – le – Comte：Le Capucin，2004：127.

何谓民族？：
普法战争与厄内斯特·勒南的民族主义思想

帝国当局甚至可以干涉每个人的衣食住行、起居饮食，而不论人们自身是否愿意受到干涉。"彻底的大公无私被政府称为美德，与此同时政府又在民众中培养对物质生活的崇拜，以此消弭人们的不满情绪。"①

那么，除了"消灭贵族阶层的民主制度"和"损害地方分权的中央集权"以外，还有什么因素要为1870年这场突如其来的灭顶之灾负上责任？一如既往地，戈比诺热衷于从种族因素中寻找原因，他概括道："随着时间推移，形势对蛰伏已久的高卢－罗马血统的平民阶层越来越有利，而高卢－罗马血统的平民阶层必将进入权力核心。"这就解释了为何法国与其他国家如此不同，尤其是与英国和德意志不同，法国贵族阶层从未成为真正等级，也从未成为政治等级；这就解释了为何在10世纪、9世纪甚至8世纪以前，资产阶级只要借助各种手段发了横财，就能不论出身地像撒利安法兰克人那样、像贵族那样拥有同样多的土地；这就解释了为何自12世纪以来，封建领地逐渐转移到第三等级手中；这就解释了为何出身于5世纪罗马奴隶的法国资产阶级，在夺取国家权力的过程中，不需要付出巨大努力来排除前进道路上的障碍；这就解释了为何今时今日的法国竟然成为全世界最官僚主义、最中央集权的国家。归根到底，这都是种族的宿命，每个种族都根据其天赋本能，在上天注定的轮回中追逐自己的命运。② 由于戈比

---

① MOHRT M. *1870 Les intellectuels devant la défaite*. Fontenay－le－Comte：Le Capucin，2004：127.
② LANGE M. *Le Comte Arthur de Gobineau*. Strasbourg，Paris：Librairie Istra，1924：177.

第三章
普法战争与勒南的民族主义思想变异

诺在种族问题上有上述看法,因此,尽管从来没有逃避自己作为法国贵族的军事义务,但以法兰克人自居的他对法兰西民族到底有几分归属感,实在值得仔细探究。

除了上述因果论叙述之外,戈比诺对普法战争的看法还带有一定的宿命论色彩。在他眼中,1870年是转折时刻,正是在这一年,法国要为它一直以来的陈年积弊付出代价。这些日积月累的弊病,往上可以追溯到美男子腓力(Philippe le Bel,也就是法国国王腓力四世,1268－1314年,1285－1314年在位),往下可以追究到国民公会,因为正是他们筑就了全知全能的国家。这些弊病由于人们贯彻1789年原则而愈演愈烈,因为1789年原则废除了国王专制,代之以民众专制,如同有几百万个蛇头的妖怪。其次,法国还要为路易十四统治时期以来,它对自身的盲目崇拜以及它对其他民族的无端蔑视付出代价。再次,法国还要为18世纪启蒙哲学家的怀疑精神和破坏精神付出代价,这些哲学家使一直以来为世人所公认的必需的或有用的原则重新成为疑问,这些哲学家就像革命者一样,企图向全世界传播新的"福音书"。最后,法国还要为其自身的政局不稳及在其境内持续不断的骚乱付出代价,还要为全欧洲无休止的混乱付出代价。因为正是法国的动荡导致欧洲的动荡,并且在八十多年的岁月里,在欧洲引发连绵不断的革命。[1] 总而言之,1870年被戈比诺视为清偿欠债的年份,几百年来的历史欠账由于突如其来的普法战争而得到了彻底清算。

---

[1] LANGE M. *Le Comte Arthur de Gobineau.* Strasbourg, Paris: Librairie Istra, 1924: 178.

何谓民族？：
普法战争与厄内斯特·勒南的民族主义思想

那么，刚刚经历战败的法国，应该何去何从？戈比诺的答案是寻求和平。"如果我们当时拥有严肃谨慎的政府，也就是说，尊重传统、以国家民族为己任的政府……尤其是，如果我们当时作为睿智明断、处事务实、讲究策略的民族，我们就会迅速与对方达致和平，而不是让敌人有足够的时间攻陷梅斯……"帝国的崩溃，只不过是催促我们打破和摧毁名存实亡的秩序，这一表面化的秩序长期以来掩盖着我们在根本上的混乱状况。我们生活在无政府主义的统治下，"军官胆敢公然反对将军；士兵胆敢公然反对军官；农民和工人胆敢公然反对'财产所有者'；更有甚者，为了左右国家的制度架构，官员、俱乐部、记者都在肆无忌惮地胡说八道"。戈比诺还认为，法国之所以土崩瓦解，是因为自己的同胞们总是成为叛国行为的受害者。"这并非是否称职、是否胜任的问题，这也并非是否精明、是否能干的问题，这是彻头彻尾的叛国投敌行为。"除此之外，戈比诺还驳斥了法国人一直以来对德意志人的偏见。法国人总是不了解外国人。"事到如今，法国为对自己的过分自信和对其他国家的无端蔑视而受到惩罚。"凡此种种，不一而足……戈比诺把法国的战败笼统地归咎于法国人的劣根性，而不论这些分析是否正确、是否恰当。与勒南和泰纳一样，戈比诺在法国于道德和精神层面的堕落中，看到了法国战败的原因。[1] 与勒南、泰纳和米什莱不同的是，这三位思想家都具有历史使命感，希望在精神改革和道德改革的基础上，实现法国的全面复

---

[1] MOHRT M. *1870* Les intellectuels devant la défaite. Fontenay – le – Comte: Le Capucin, 2004: 128 – 129.

第三章
普法战争与勒南的民族主义思想变异

兴。与之相反，在戈比诺看来，法国的弊病早已无可救药，任何改革方案都注定徒劳无功。① 笔者认为，在《1870 年法国的遭遇》中，戈比诺对法国战败的追问、对贵族阶层的留恋、对地方分权的怀念、对民主制度的唾弃、对中央集权的批判、对种族因素的探究、对悲剧宿命的预言，甚至对中世纪法国国王腓力四世（美男子腓力，为了巩固权力，也为了聚敛财富，他曾经以极度血腥残忍的手段镇压和迫害圣殿骑士团）的谴责，都对勒南产生了莫大启发。实际上，上面列举的这些内容，后来都全无遗漏地重复出现在勒南的《法兰西道德与思想改造改革》中。

普法战争结束后，戈比诺又开始撰写《法兰西第三共和国及其存在意义》(*La Troisième République française, et ce Qu'elle vaut*)，进一步表达他对法国战败后应该何去何从的思考。此书与勒南的《法兰西道德与思想改造》有异曲同工之处，但与勒南相比，由于戈比诺的文笔既啰嗦冗长又晦涩难懂，因此在多年以后才得以出版。在此书开篇，戈比诺写道："在法兰西，共和国是如此特殊的事物，没有一个人想要建立共和国，但每个人都死抱着共和国不放。"为何如此？因为在共和国的名义下，每个人似乎都能找到自己想要的某些东西。戈比诺认为，在人人平等的社会里，美德取代了出身，这种设想的出发点是值得赞赏的，但问题在于，如何界定美德？诚然，大家都相信美德。于是，大家都希望在个人身上寻找并发现美德。然而，大家什么东西都没找

---

① GOBINEAU A. *Ce qui est arrivé à la France en 1870*. Paris：Éditions Klincksieck，1970：20.

何谓民族？：
普法战争与厄内斯特·勒南的民族主义思想

到，只找到年限资历与裙带关系。实际上，民主制度本身并不热爱美德。"美德只局限于假设之中，既然美德是虚构的，那么在现实之中就必须找到某种替代品。""世界上本来就没有什么美德，在人们眼中，能看到的只不过是年资乃至关系。美德只是金钱的代名词，其差别仅在于所谓美德并非真金白银而已。"以这些极具争议的名堂来取代有法律效力的出身，结果只能是人人追名逐利。在法国，知识分子、教职员工、专家学者、艺术工匠等都"怀着强烈动机，毫无节制地在追名逐利的道路上"前进。人们殚精竭虑地"谋个一官半职，而有了一官半职的人又总想着平步青云"。值得注意的是，这段话也被视为戈比诺对勒南的婉转批评，因为勒南也想在法国恢复世袭继承的观念，但勒南的设想仅在于创造一个由知识分子组成的贵族阶层，也就是说，以法兰西学院院士组成的学术官僚阶层（勒南后来官拜法兰西公学负责人，成为跻身学术官僚阶层顶端的既得利益者——引者注），取代讲究血统出身的天然贵族阶层。尽管如此，戈比诺对勒南的批评却是软弱无力的，因为就连戈比诺也不再相信天然贵族阶层能够复辟了。[①]

对于勒南和泰纳的战后反思，法国学者米歇尔·维诺克评价道："这一次，科学的分析被用来建立一种保守的秩序。有两个人很好地体现了这种趋势，他们是厄内斯特·勒南和伊波利特·泰纳。阿尔贝·蒂博代写道：'在19世纪最后30年当中，与塔尔纳

[①] MOHRT M. *1870 Les intellectuels devant la défaite.* Fontenay – le – Comte：Le Capucin, 2004：130 – 131.

第三章
普法战争与勒南的民族主义思想变异

(Tarn)－加隆(Garonne)一样，泰纳－勒南这个四音节词给文人的语言增加了一个不可分割的音节，这是一代人中互为补充、紧密联系的两位大师的名字，是教育界审判官的名字。'"①

与勒南一样，泰纳希望在历史研究中为苦难频仍、罪孽深重的法兰西民族寻找出路。泰纳的研究成果就是耗尽他半生心血的名著《当代法国的起源》，这部名著被视为"法国反动势力的杰作"②。"泰纳在这部名著的背后有一种信仰：现代问题的解决法可以在过去时代的研究和了解中寻找出来，最持久的政治构造是基于人民的性格和'修整过多次而始终保存着'的旧制度。"③泰纳坚信，当代法国的苦难（尤其是 1870 年的战祸）早在当代法国草创阶段就已注定，从大革命推翻旧制度那天起，法国就已劫数难逃。

对于已经消失的旧制度（尤其是君主制和贵族制），泰纳深感痛惜。就君主制而言，泰纳认为："法国的君王就是法国的创造者。如果法国没有其一千多年的世袭统治和守护的政策，法兰西民族便无从存在。革命者在屠杀皇族的时候，已经在排斥他们民族和遗产的根源——种族。爱国者如果要使今代的法国和其过去的光荣历史连接起来，便应当努力恢复传统君主政治。"就贵族制而言，泰纳认为："不能利用民族传统贵族制度的政府丧失

---

① 维诺克：《自由之声：19 世纪法国公共知识界大观》，吕一民、沈衡、顾杭译，中国人民大学出版社，2006，第 546 页。
② 维诺克：《自由之声：19 世纪法国公共知识界大观》，吕一民、沈衡、顾杭译，中国人民大学出版社，2006，第 556 页。
③ 海斯：《现代民族主义演进史》，帕米尔等译，华东师范大学出版社，2005，第 137 页。

何谓民族？：
普法战争与厄内斯特·勒南的民族主义思想

了一份丰富的财产。……因袭的贵族制度具有很大的文化政治价值。在文化方面，它使社会得到一种美媚和雅致，同时它的闲逸使文学和艺术得到肥沃的土地。在政治方面，它使精明的民族领袖和政治家得到一种酝酿之地，因为在社会各阶级中，只有它拥有所必需的地位，以及教育、旅行与研究的机会。如果法国的贵族在革命之前曾施展压迫的手段，其错处不在他们的性格与才能，而在那种只给他们权利，而不要求他们服务的局势。"① 由此可见，泰纳认为旧制度时期的社会等级代表某种稳定秩序，而这种各安其位的稳定秩序是不应该被打破的，否则法国便失去它最宝贵的政治遗产。

对于余波未了的大革命，泰纳深感痛恨。在泰纳眼中，大革命就是"无政府主义的君主统治"，首先是持续"自发的无政府主义"，继而是 1789 年制宪议会产生"有组织的无政府主义"。泰纳认为大革命推翻的旧制度并非一无是处，"如果说存在一个坏政府，那么更糟糕的是废除这个政府"；"这不是一场革命，而是一种解体"；"8 月 4 日的法令和随后制定的制度只是横放在激流中间的蜘蛛网而已"。对于作为大革命先导的启蒙思想，泰纳同样持否定态度。泰纳认为，卢梭的"人民主权的信条"就是"最具有无政府主义和专制主义的教义"。② 由此可见，泰纳对"无政府"的恐惧，远远超过他对"坏政府"的恐惧。紧随普法

---

① 海斯：《现代民族主义演进史》，帕米尔等译，华东师范大学出版社，2005，第 140 页。
② 维诺克：《自由之声：19 世纪法国公共知识界大观》，吕一民、沈衡、顾杭译，中国人民大学出版社，2006，第 556 页。

第三章
普法战争与勒南的民族主义思想变异

战争之后,泰纳亲身经历的"无政府主义"事件就是惨烈的巴黎公社起义。

与泰纳一样,勒南也希望从这场百年未见的民族灾难中总结出可以让人们汲取的经验教训。勒南思考的成果就是他最杰出的政治著作之一——《法兰西道德与思想改造》(对此书的具体观点,笔者在后面的章节中会有更详细的论证,此处只做简要介绍)。勒南在书中写道:"过去的法兰西就像股东合资开办的无限责任公司,第一等级(教士等级——引者注)和卡佩王室(广义的卡佩王室还包括后来的瓦卢瓦王朝、波旁王朝、奥尔良王朝——引者注)是这个公司的创始人。后来小股东砍掉大股东的头,因为他们相信即使摆脱公司创始人,他们也能经营得一样好。实际上,尽管开始时似乎一帆风顺,但公司已经再也没有向心力了。此时突然发生一场可怕灾难,公司就再也无法摆脱被动挨打的不利局面,陷入极度危险的境地。"勒南认为,废除君主制是巨大错误,1848 年 2 月推翻路易 - 菲利普国王的革命更是一宗罪恶。贵族阶层的消失也连带导致旧制度下法国贵族精神的消失,爱国主义、对美好事物的追求、对光辉荣誉的热爱,都已不复存在。在资产阶级统治的时代,法兰西沦落到被"不求进取、只求享乐"的唯物主义支配。然而,国家已经不再能够保护他们的财富,因为他们虽然有武器在手,却没有与之匹配的高贵品质。在这种情况下,法兰西怎么能够在历次导致王朝更迭的革命中幸存下来?只靠军事努力足以维持国家强大吗?"民主制度是导致军事组织腐化堕落的最主要因素。"总而言之,我们所有的劣根性都来自民主制度,它标志着唯物主义、庸碌无为和软弱无

> **何谓民族？：**
> 普法战争与厄内斯特·勒南的民族主义思想

力。法兰西已经蜕化变质了。与法兰西相反，普鲁士孕育出崇尚力量的神秘主义，它教育它的子民奉行守纪律、爱荣誉的美德。勒南还把法兰西衰落的部分责任归咎于法兰西妇女，他写道："在法兰西，妇女们在社会活动和政治活动中粉墨登场，而在普鲁士，她们发挥的作用明显要小得多。"正因如此，法兰西输掉了这场战争。法兰西面对的是团结一致、严守纪律的伟大民族，而且由于法兰西过去在德意志犯下的错误，这个伟大民族对法兰西充满敌意。可悲的是，法兰西民族已经忘记自己犯过的错误，因为法兰西民族是健忘的民族。①

那么，勒南列举的"劣根性"是可以"改良"的吗？勒南的答案是当然可以。勒南同样以当年签署《提尔西特和约》之后的普鲁士为例，指出五十年时间就足以彻底完成民族精神的重生。然而，法兰西民族精神重生的先决条件是什么？勒南认为是忏悔。实际上，所有法兰西人都应该为自己过去犯下的错误忏悔。把所有责任都归咎于腐败堕落的统治或者归咎于某个个人，"这太容易了"。"实际情况是，我们所有人的胆怯懦弱都有最深层次的根源，这一根源始终没有消失，这一根源就是民主制度。"法兰西应该为自己赎罪。"什么才是真正的赎罪？想必所有关心人们精神生活的宗教人士都会同意这样的观点：赎罪不在于粗衣陋食、沐浴斋戒、苦行灵修，而在于改正错误，尤其是改正自己明知故犯的错误，改正我们死性不改、本性难移的错误。对法兰西

---

① MOHRT M. *1870 Les intellectuels devant la défaite*. Fontenay – le – Comte：Le Capucin，2004：107 – 108.

第三章
普法战争与勒南的民族主义思想变异

来说，什么是我们沉溺其中而不得不首先改掉的错误？就是我们对民主制度的肤浅爱好。"至于重新树立民族精神的手段，勒南解释得非常明确：当务之急是恢复世袭君主制。他写道："君主制，把全民族利益凝聚于一个富裕而强大的家族，为民族精神提供坚如磐石的制度基础。"勒南还要求在民族内部重申纪律的意义，因为"如果民族内部没有纪律性，就连这个民族的军队都不会有纪律性"。勒南甚至要求在民族内部重新创造贵族阶层，这个由精英群体组成的阶层将会在国家体制内重新恢复天然世袭的高贵品质。[①]

第三节 守旧的革新："精神改革与道德改革"

1871年，勒南在巴黎亲眼看到普鲁士军队对巴黎的围困与进攻。对勒南来说，当与同胞目睹同样情景时，他内心的痛苦可能是其他人无法比拟的。因为在勒南心目中，德意志一直如同上帝应许之地那样无比神圣，他对德意志的文化、思想、哲学一直怀有深深的思慕和景仰。正因如此，这场血腥残忍、惨绝人寰的战争如同勒南两个祖国之间的自相残杀，"战争一方是法兰西，也就是勒南真正的祖国；战争另一方是德意志，也就是勒南心灵上的祖国"。[②] 3

[①] MOHRT M. *1870 Les intellectuels devant la défaite*. Fontenay – le – Comte：Le Capucin，2004：108 – 109.

[②] FOREST P. *Qu'est-ce qu'une Nation? Ernest Renan（Texte intégral）*，*Littérature et identité nationale de 1871 à 1914（Textes de Barrès，Daudet，R. de Gourmont，Céline）*. Paris：Pierre Bordas et fils，1991：23.

> **何谓民族？：**
> 普法战争与厄内斯特·勒南的民族主义思想

月定稿并于 11 月出版的《法兰西道德与思想改造》(*La Réforme intellectuelle et morale de la France*)① 就是勒南对普法战争最及时的反思。在这本被划分为"弊病"(Le Mal) 和"疗法"(Les Remèdes) 两部分的单行本著作里，勒南提出了他最具保守性（甚至反动性）的观点，这些观点与其后来在《何谓民族？》中提出的观点大相径庭，可以为我们在历史背景中重读《何谓民族？》提供有益对照。正如法国学者米歇尔·维诺克所说的："在看了勒南所写的那些热爱和平、艺术和科学的审慎而又务实的文章之后，我们更惊讶地发现，他还是一部会引起激烈争论的著作的作者。在这一著作中他显得比保守派还要反动，比自由派更多地具有种族色彩，但此书的不断再版则表明了它的成功。"②

一　陈年积弊

在此书第一部分"弊病"开篇，勒南首先指出，不惜一切代价地实现历史的真实和公正，本身就是难以完成的任务。在许多个案中，人们能够看到某些民族犯下的罪孽受到迅速而严厉的惩

---

① WARDMAN H W. *Ernest Renan*, *A Critical Biography*. London：University of London，The Athlone Press，1964：127.

② 维诺克：《自由之声：19 世纪法国公共知识界大观》，吕一民、沈衡、顾杭译，中国人民大学出版社，2006，第 550 页。值得注意的是，即使在七十年后，勒南的著作《法兰西道德与思想改造》仍然能够启发法国历史学家（例如年鉴学派创始人马克·布洛克）的反思，布洛克参照勒南对 1870 年战败（法兰西第二帝国覆灭）进行反思的逻辑，对 1940 年战败（法兰西第三共和国覆灭）也进行了历史性反思。不过，勒南把 1870 年战败归咎于第二帝国本身的宪政体制问题，而布洛克则把 1940 年战败归咎于时间上更加久远的的法国大革命。详情参阅 VENAYRE S. *Histoire politique de la France* (*1870 - 1940*). Paris：Hachette Supérieur，2001：174 - 177。

第三章
普法战争与勒南的民族主义思想变异

罚;在许多个案中,人们能够看到某些民族犯下的过错受到不那么严厉的惩罚;同样在许多个案中,人们能够看到某些国家侥幸逃脱惩罚,却在无声无息中走向衰败和灭亡。那么,法国属于上述哪种情况?勒南写道:"为了重新实现法国的伟大,我们一定不能心存侥幸。由于受到民主思潮的干扰和繁华表象的腐蚀,法国曾经误入歧途,正在为此付出代价,而法国之所以沦落到今天这个地步,既和法国的现状有关,也和法国历史上贵族阶层的没落有关。对法国来说,今天发生的一切都是报应,没有权利放弃和忽略它的使命。法国受到上帝意志的眷顾,因此受到了惩罚。作为始终走在时代前列的国家,法国没有权利沉湎于资产阶级的唯物主义,资产阶级是贪图逸乐、坐享财富的阶级。不要像他们那样俗不可耐。他们配不上法兰西这个伟大名字,他们忘记了法兰西背负的伟大使命,他们总是像庸碌无能的凡人那样为自己寻找方便之门,他们没有需要继承的过去,他们没有需要完成的使命。"[1] 在勒南看来,法国由于受到上帝的特别眷顾,因此受到最为严厉的惩罚。法国是不幸的,因为遭遇惨败;但法国又是幸运的,因为遭逢报应。一切都是上帝的安排,法兰西民族是"上帝的选民"。

在充满宗教布道色彩的开篇之后,勒南转入正题。他写道:"多年以来,法国的道德状况每况愈下,法国迫切需要精神上的教化,迫切需要政治方面和历史方面的理性。""从我们生活的这

---

[1] RENAN E. *La réforme intellectuelle et morale*. Paris:Calmann-Lévy Éditeurs:1 – 2. 另可参阅 RENAN E. *La Réforme intellectuelle et morale et autres écrits*. Paris:Albatros/Valmonde,1982:24。

个年代起,我们就肩负了艰巨的改革任务,我们的民众应该知道如下事实。我们有必要尽可能确切地分析法国的弊病,并寻求补救的办法。"① 那么,在勒南眼中,法国有哪些祸国殃民的弊病?他带领读者开始了历史性回溯。

勒南认为,英法两国的历史恰成对照。在中世纪英国,封建制度堪称典范,国王、贵族、郡县、市镇、教会、大学在国家中各安其位、相安无事,让英国变成最自由、最繁荣、最团结的国家;而在中世纪法国,从公元12世纪国王美男子腓力(法国国王腓力四世,戈比诺同样认为这位极度贪恋权力和财富的国王是法国中央集权制度的始作俑者)在位时起,封建制度就遭到破坏,及至公元17世纪,王权更是臻于极盛。在高压统治和愚民政策双重作用下,人们的道德水平急剧下降,任何信仰和美德都受到人们最无情的嘲弄,从而为共和制度留下可乘之机。对于法国大革命,勒南评价道:"卢梭犯下一个政治错误。人们总是希望制定一套理念先行的宪政制度。人们没有留意到英国的经验,英国这个最符合宪政原则的国家,却从来没有制定过成文宪法。人们对民众的过分行为视而不见,人们幼稚地为民众攻占巴士底狱的乱行喝彩,人们没有考虑过这些事件所能带来的后果,当人们发觉的时候已经于事无补。米拉波是大革命爆发时最伟大的、也是唯一伟大的政治人物,可惜他英年早逝,否则人们也不会误入歧途。因为这位国务活动家知道,我们应该反对而不是纵容民

---

① RENAN E. *La réforme intellectuelle et morale*. Paris:Calmann-Lévy Éditeurs:4. 另可参阅 RENAN E. *La Réforme intellectuelle et morale et autres écrits*. Paris:Albatros/Valmonde,1982:24 – 25。

第三章
普法战争与勒南的民族主义思想变异

众的无政府主义行为。结果几个漫不经心的波尔多律师，凭借他们夸张的辩论技巧和浮夸的道德品质，就几乎足以毁灭一切。人们曾经猜想，尽管国家权力是上帝授予国王的，但人们也可以绕过国王，只凭借抽象的公共原则就可以维持这个国家的运转，不过，所谓公共美德通常是靠不住的。"[1] 勒南断言，从法国国民砍下国王头颅那天起，法国就已经死了，处决国王简直就是自杀行为。

处决国王是历史性错误，废除贵族同样是历史性错误。勒南指出："中世纪法国是一个日耳曼国家，是由日耳曼军事贵族在高卢-罗马国家的基础上建立的。此后数百年间，日耳曼人入侵带来的外部因素不断被排除出去，而法国大革命就是这种排外骚动的最后一次爆发。法国的军事精神是日耳曼人带来的，在强烈地排斥日耳曼因素，并且代之以哲学概念和平等概念之后，法国的军事精神也就一并丧失了。法国还是富庶的国家，却把战争视为愚蠢的事情，可能还是需要计算利弊得失的事情。"[2] 在勒南看来，废除贵族不只是政治悲剧，而且是地理悲剧。政治上，推翻

---

[1] RENAN E. *La réforme intellectuelle et morale*. Paris：Calmann-Lévy Éditeurs：7-8。另可参阅 RENAN E. *La Réforme intellectuelle et morale et autres écrits*. Paris：Albatros/Valmonde，1982：27。此外还可参阅 BURY J T. *Gambetta and the Making of the Third Republic*. London：Longman Group Limited，1973：25，95-96。勒南认为，在法国大革命的后续阶段（君主立宪派统治结束后），法国的命运就被掌握在一帮愚昧无知的凡夫俗子手中。

[2] RENAN E. *La réforme intellectuelle et morale*. Paris：Calmann-Lévy Éditeurs：24-25。另可参阅 RENAN E. *La Réforme intellectuelle et morale et autres écrits*. Paris：Albatros/Valmonde，1982：35。也可参阅 GOBINEAU A. *Ce qui est arrivé à la France en 1870*. Paris：Éditions Klincksieck，1970：6。在此书序言中，也有关于勒南雅利安主义思想的记载和分析。

何谓民族？：
普法战争与厄内斯特·勒南的民族主义思想

王权和普选权的最后胜利使得贵族阶级消失，而肤浅的、唯利是图的大众则从中得到好处；地理上，法国南北两大种族的混杂导致整个法国的堕落。勒南指出："我们民族的轻率来自法国的南部，如果法国不曾把朗格多克和普罗旺斯带进它的活动圈子的话，那么我们就会更为严肃、勤劳、尊奉新教、尊重议会。法国在南部的影响下变得堕落：作为社会主义之根源的利己主义和作为民主之根源的猜疑，只会造就一个软弱的社会，它不可能抵御住强大的邻国。"① 法国学者米歇尔·维诺克对勒南上述言论评价道："勒南的亲日耳曼主义是极端的：正如在戈比诺身上看到的那样，人们也注意到他怀有一种雅利安人、高级人种和军事贵族禁欲主义的理念。但是，最重要的还是因为普鲁士仍是能抵御工业、经济、社会主义以及革命的旧制度国家。而在法国则不然，其民主制度已经摧毁了建立在纪律基础之上的军事精神。"②

如果说，旧制度的疏漏和大革命的动荡为法兰西道德水平的急剧下降（尤其是法兰西尚武精神的急剧衰落）埋下种子，那么，拿破仑三世的统治就让这颗终将结出恶果的种子生根发芽。不过，在勒南眼中，拿破仑三世最大的失误竟然就是他的亲民风格和民主作风。勒南承认，尽管拿破仑三世的施政有不足之处，

---

① 维诺克：《自由之声：19世纪法国公共知识界大观》，吕一民、沈衡、顾杭译，中国人民大学出版社，2006，第550~551页。另可参阅 GOBINEAU A. *Ce qui est arrivé à la France en 1870*. Paris：Éditions Klincksieck, 1970：6。此书的序言中也有关于勒南雅利安主义思想的记载和分析。

② 维诺克：《自由之声：19世纪法国公共知识界大观》，吕一民、沈衡、顾杭译，中国人民大学出版社，2006，第551页。另可参阅 BLANSHARD B. *Four Reasonable Men：Marcus Aurelius，John Stuart Mill，Ernest Renan，Henry Sidgwick*. Middletown, Connecticut：Wesleyan University Press, 1984：169。

第三章
普法战争与勒南的民族主义思想变异

但绝大多数法国人对他是满意的,即使在色当败降后,还是有几百万法国选民对他表示忠诚和感激。勒南认为:"实行全民公决制(suffrage universel,全民公决是拿破仑三世对付政敌的法宝——引者注)的法国变得越来越唯利是图。而在过去,国家大事都是由贵族阶层谋划的,随着最能代表法兰西精神的贵族阶层的消失,爱国心、审美观、荣誉感都一并消失了。司法权力与政府权力都向普罗大众倾斜,而普罗大众却普遍是笨拙、粗鲁、目光短浅的。普罗大众的两大组成部分是工人和农民。然而工人是孤陋寡闻的,农民则只关心买田置产。如果向农民和工人国际的社会主义者解释什么是法兰西,什么是法兰西的历史文化,什么是法兰西的民族天赋,他们是不会理解的。对他们来说,军事荣誉只是精神错乱,对伟大事业和思想品质的追求只是痴人说梦……"①

拿破仑三世另一个失误是明知故犯。勒南承认,拿破仑三世总是能够讨好绝大多数人,然而他也犯了致命错误,他不应该奢求拿破仑一世的军事荣誉。就拿破仑三世个人而言,他既无军事天才,又无军事经验;就整个法兰西民族而言,就连拿破仑三世自己也知道,法兰西民族已经彻底失去军事素养了。勒南认为:"假如拿破仑三世具有最简单的判断力,他就不会发动战争。实际上,就连他也知道法国人不喜欢打仗。而且,在革命废墟上建立起来的王统混乱的国家(同时有波旁、奥尔良、波拿巴三个王

---

① RENAN E. *La réforme intellectuelle et morale*. Paris:Calmann-Lévy Éditeurs:18. 另可参阅 RENAN E. *La Réforme intellectuelle et morale et autres écrits*. Paris:Albatros/Valmonde,1982:31-32。

何谓民族？：
普法战争与厄内斯特·勒南的民族主义思想

室家族争夺正统地位——引者注）是没有能力发动大规模战争的。查理七世（Charles VII，1403－1461 年，1422－1461 年在位）、弗朗索瓦一世（François Ier，1494－1547 年，1515－1547 年在位）甚至路易十四（Louis XIV，1638－1715 年，1643－1715 年在位）都经历过拿破仑三世在色当要塞经历的困难时刻，但他们都屹立不倒，甚至纹丝不动。普鲁士国王腓特烈－威廉三世（Frédéric-Guillaume III）在耶拿（Iéna）败降后，王位空前巩固，而拿破仑三世在色当（Sedan）败降后，就一无所有了。……因为王统问题而四分五裂的国家不应发动战争，因为这种具有内在缺陷的国家，只要遇到任何突如其来的意外事件，都很可能一触即溃。"[①] 勒南指出：正因为法国的王朝世系呈现三足鼎立之势，绝大多数法国人对于君主制都持功利主义态度，根本就没有什么忠君爱国可言。拿破仑三世在借助拿破仑一世的威名夺取权力后，通过建立秩序、维持和平、订立商约，在长年累月的苦心经营下才将法国推向繁荣。如果拿破仑三世不发动战争的话，波拿巴家族本来可以继续统治下去。但由于法国社会的道德基础如此薄弱，皇帝一个偶然失误就足以失去整个国家。

勒南尽管对拿破仑三世并无好感，但还是认为，把所有责任都推到拿破仑三世身上有欠公允，法兰西道德水平的急剧下降还有更根本的原因，那就是法国的民主制度。勒南写道："民主国家是不好控制、不好治理、不好指挥的。原因非常简单，这个国

---

① RENAN E. *La réforme intellectuelle et morale*. Paris：Calmann-Lévy Éditeurs：19－21. 另可参阅 RENAN E. *La Réforme intellectuelle et morale et autres écrits*. Paris：Albatros/Valmonde，1982：33。

第三章
普法战争与勒南的民族主义思想变异

家的政府行政机关和军事指挥机构都是从民众当中选举产生的，某些来自民众的个人摇身一变就成了政府行政官和军事指挥官。"① 勒南指出，人类历史上出现过四种官员选拔和任命制度，分别是根据血统出身选拔（par la naissance）、根据抽签结果选拔（par le tirage au sort）、根据民众投票选拔（par l'élection populaire）和根据考试竞争选拔（par les examens et les concours）。抽签用于古代希腊，考试用于古代中国，前者太古老，后者太遥远，都不曾在法国历史上出现过，因此勒南只评价"门第出身"和"民众投票"这两种选拔方式的高低优劣，毕竟前者是旧制度之下的惯例，而后者则是大革命以来的趋势。②

首先，就"民众投票"而言，勒南写道："民众投票的结果不能作为建立政府的唯一基础。尤其在军事指挥领域，投票是祸乱之源，投票是对军事指挥权的否定，而军事指挥权应该具有绝对权威，否则，当选者根本无法号令投票者。如果是在政府行政领域，投票则鼓励投机行为，并且提前摧毁当选者的威信，迫使当选者不得不去讨好那些本来应该绝对服从他的人。投票权越普遍，恶劣后果越明显。在议会政治领域，这种直接全民投票永远只能选出平庸无能之辈，绝对不可能从中产生一个上议院、一个高等法院、一个出色的中央机关和地方市政机关。根本上说，全

---

① RENAN E. *La réforme intellectuelle et morale*. Paris：Calmann-Lévy Éditeurs：43. 另可参阅 RENAN E. *La Réforme intellectuelle et morale et autres écrits*. Paris：Albatros/Valmonde，1982：44。

② 关于勒南对普遍选举制的确切态度，另可参阅罗桑瓦龙：《公民的加冕礼：法国普选史》，吕一民译，上海世纪出版集团，2005，第247~249页。

民投票无法体现科学决策的必要性，无法体现贵族和学者的优先地位，也不可能组织起精英团队……"①

其次，就"门第出身"而言，勒南写道："毫无疑问，如果只有一种选拔方式的话，根据血统门第出身来选拔比根据民众投票结果来选拔更好。前者的偶然性要比后者的偶然性更小。血统门第出身，说明被选拔者具有更良好的教育背景，有时还说明被选拔者具有更优良的种族血统。在选拔政府领袖和军事统帅时，门第出身作为选拔标准是有其必要性的。无论如何，这条选拔标准最多就是让充满偏见的法国人感到不愉快而已。法国人永远只看到政府官员拥有的权力，却看不到政府官员承担的公共义务。"②

在勒南看来，法国政府内部的乱象，无一例外都是民主制度的恶果，民主制度已经成为法国的不治之症，而全民投票则是不治之症的总体发作。我们可以看到勒南极端的、根深蒂固的反民主观点，这种观点与他后来在《何谓民族?》中对"公民投票"的强调完全是南辕北辙。

在"弊病"结尾，勒南总结民主制度的最大恶果就是1870年普法战争的惨败。勒南总结道："归根到底，战争是旧制度的事业。战争要求人们抛弃所有利己主义的私心杂念，因为在战争

---

① RENAN E. *La réforme intellectuelle et morale*. Paris：Calmann-Lévy Éditeurs：44 – 45. 另可参阅 RENAN E. *La Réforme intellectuelle et morale et autres écrits*. Paris：Albatros/Valmonde，1982：44。
② RENAN E. *La réforme intellectuelle et morale*. Paris：Calmann-Lévy Éditeurs：45 – 46. 另可参阅 RENAN E. *La Réforme intellectuelle et morale et autres écrits*. Paris：Albatros/Valmonde，1982：44 – 45。

第三章
普法战争与勒南的民族主义思想变异

结束后,那些为战争做出最大贡献的人,或者说那些在战场上阵亡的将士,已经失去享受胜利果实的机会了。战争要求人们自我牺牲、克己奉公,战争不允许人们讨价还价,而讨价还价正是我们这个现代民主制度的精神实质。只要具有这种精神实质,任何战争都变得不可能。民主制度是军事组织腐化堕落的罪魁祸首。军事组织是建立在纪律原则基础上的,而民主制度就是对纪律原则的根本否定。"[①] 总而言之,正因为民主制度的严重错误,1870年的法国才坠入万劫不复的深渊。

二 疗救之法

在此书第二部分"疗法"开篇,勒南问道:"所有勤于思考的人们都要面临这样的问题:法国将向何处去?法国将会走回1870年普法战争前、国贫民弱、政治唯物主义的老路;还是将会奋起反抗外国势力的征服,并且发奋图强,就像1807年的德意志那样,把战败变成革故鼎新的契机?"对于这几个迫在眉睫、亟待解决的问题,勒南答道:"法国是非常健忘的。如果普鲁士没有强迫我们割让领土,我们恐怕也不会在工业、经济、社会等领域进行变革,赔款的损失终究是可以弥补的,军事荣誉与民族荣誉也在逐渐淡化。是的,在我们的军队于色当(Sedan)败降后,德意志成为世界历史上最完美国家的梦想就已经触手可及了。假如德意志满足于目前的胜利,并且不再对法国人民施加暴

---

① RENAN E. *La réforme intellectuelle et morale*. Paris:Calmann-Lévy Éditeurs:54. 另可参阅 RENAN E. *La Réforme intellectuelle et morale et autres écrits*. Paris:Albatros/Valmonde, 1982:49。

> **何谓民族?:**
> 普法战争与厄内斯特·勒南的民族主义思想

力,它就能永远保住战争胜利的成果(而最持久的成果莫过于人道主义的成果)。然而,德意志不愿意这样做,它强行掳掠了两百万法国人(指阿尔萨斯和洛林的居民——引者注)。……结果毫无疑问,每一位法兰西爱国者都会把收复沦陷省份视为我们最为迫切的任务。这对于沦陷区两百万无法高声呐喊的法兰西爱国者来说同样如此。……法国应该坐言起行,而不应继续沉睡。但法国应该走怎样的改革道路?应该怎样实现民族的重生?应该怎样走上变革的征途?这些都是需要我们探索的……"① 勒南这一问一答的用意,首先就在于提醒同胞,不要忘记整军经武,不要忘记发奋图强、励精图治,更加不要忘记收复沦陷国土。

让人们感到意外的是,勒南的改革主张竟然是让战败的法国全面仿效 1807 年法俄《提尔西特和约》(*la paix de Tilsitt*)之后的普鲁士。勒南写道:"是否存在具有示范意义的模式,让刚刚从灾难中恢复过来的民族得以振兴?普鲁士就为我们提供了这种模式,而且我们追随普鲁士模式也不是什么见不得人的事情。那么,《提尔西特和约》之后的普鲁士是如何应对危机的?它韬光养晦,等待时机。当时,普鲁士剩下的领土最多就是我们的五分之一,而且还是欧洲最贫瘠的土地,军事力量也受到极大削弱。此情此景足以让所有爱国主义者感到气馁。然而,普鲁士无声无息地收拾山河,人们不但没有推翻王朝统治,反而团结在王朝周围,对他们天资平庸的国王致以莫大尊敬……整个民族的力量都

---

① RENAN E. *La réforme intellectuelle et morale*. Paris:Calmann-Lévy Éditeurs:58 - 60. 另可参阅 RENAN E. *La Réforme intellectuelle et morale et autres écrits*. Paris:Albatros/Valmonde,1982:51 - 52。

第三章
普法战争与勒南的民族主义思想变异

被动员起来。施坦因（Stein，1757－1831年）以其全神贯注的热情投入到改革事业中。军队改革成为优先研究和考虑的项目，柏林大学成为德意志复兴的中心，知识分子与哲学家们通力合作……经过此后五十年的艰苦努力，普鲁士一跃成为欧洲大陆上第一流的民族。"[①] 勒南指出，普鲁士复兴并非只提供了爱国主义的简单范例，普鲁士复兴是有道德基础的，是建立在历史使命感和民族自尊心之上的。换言之，爱国不仅需要冲动和激情，爱国更需要理性的反省和忏悔。

勒南认为，无论个人也好，民族也好，总会有"明知故犯的错误"（défaut favori）。要改正这些错误，首先必须诚心"忏悔"（pénitence）。那么，法国最迫切需要改正的错误是什么？勒南答道："那就是法国人对民主制度的肤浅爱好。民主制度导致我们在军事上和政治上软弱无力，导致我们愚昧无知和虚荣浮夸；民主制度加上故步自封的天主教信仰，导致我们的国民教育素质低下。"[②] 如果要纠正民主制度的严重错误，就必须从代议制设计入手。勒南指出，在全民投票中产生的社会权力，只会变成工艺粗糙的政治机器，实际上这样的政治机器从未良好运转过。[③] 国家由两个根本因素组成：每一位孤立公民的简单集合体；社会功能

---

① RENAN E. *La réforme intellectuelle et morale*. Paris：Calmann-Lévy Éditeurs：60－61. 另可参阅 RENAN E. *La Réforme intellectuelle et morale et autres écrits*. Paris：Albatros/Valmonde，1982：52。

② RENAN E. *La réforme intellectuelle et morale*. Paris：Calmann-Lévy Éditeurs：64－65. 另可参阅 RENAN E. *La Réforme intellectuelle et morale et autres écrits*. Paris：Albatros/Valmonde，1982：54。

③ 关于勒南对普遍选举制的确切态度，另可参阅罗桑瓦龙：《公民的加冕礼：法国普选史》，吕一民译，上海世纪出版集团，2005，第247～249页。

组别、人群集团、利益集团、财产集团。勒南由此推论："正因如此，两院制的议会制度有其必要性，如果没有两院制这个前提条件，就不可能产生运作良好的政府。在由公民的简单集合体通过普选产生的一院制议会中，几乎不可能提名哪怕是一位法官、一位将军、一位教授或者一位技术官员。这样的一院制议会不可能代表财产集团和利益集团，而这些集团才是民族的道德集合体。"[1] 在勒南看来，两院制的议会制度足以在保证自由进步的同时，不足以引发革命。不过，勒南对法兰西民族参与议会政治的素质还是深表怀疑。勒南认为，根据法兰西的民族性格，你可以想象到议会政治只会沦为市井之徒的街头对骂。正因如此，如果法国要对内革新、对德复仇，最好不要在议会斗争中浪费精力。而且，议会制政府只适合和平繁荣的年代，按照资本主义社会的价值标准，议会制政府可以避免非常严重的政治错误。但议会制政府不利于培养人们的道德理想。勒南断言，假如普鲁士沉迷于议会政治，它就不可能在耶拿战役后迅速复兴。普鲁士用了四十年时间，在默默无闻中锤炼自己的民族性格。

正因为普法战争后的法国并非处于和平繁荣的年代，因此，搁置国内政治争议，把眼光投向国外，进行大规模海外殖民活动是大有裨益的。勒南写道："进行大规模殖民活动完全具有政治上的必要性。如果一个民族不进行殖民活动，那么这个民族必将不可避免地误入社会主义歧途，陷入富裕阶层与贫困阶层的战争

---

[1] RENAN E. *La réforme intellectuelle et morale*. Paris：Calmann-Lévy Éditeurs：85 - 86. 另可参阅 RENAN E. *La Réforme intellectuelle et morale et autres écrits*. Paris：Albatros/Valmonde，1982：64。

第三章
普法战争与勒南的民族主义思想变异

中。高等种族征服低等种族,进而建立有效统治,并不是什么不光彩的事情。英国在印度进行殖民,也为印度带来莫大好处,既包括人道主义福祉,也包括实际物质利益。……在平等种族之间彼此进行征服是应该受到谴责的,而由高等种族为低等种族带来新生,则是上帝的旨意,也是人道主义的体现。"出于对英国在印度殖民事业的羡慕,勒南把眼光瞄向中国。勒南大言不惭地宣称:我们的种族无疑是高贵的,贵族拿佩剑比拿工具、农具要顺手得多。与其选择工作,不如选择战斗,这就是我们的神圣使命。每个种族都有自己的角色,比如中国,它正在呼唤外来征服。如果说天性造就某个劳动者种族的话,那么,这个种族就是中国人,这是一个心灵手巧却毫无荣誉感的种族。如果我们在当地建立公正的统治,让他们从中受惠,他们是会心满意足的。[1] 值得注意的是,勒南这位"人道主义者",在普法战争后提出的"堤内损失堤外补"的殖民思路,与第三共和国时期温和共和派政治家茹尔·费里(Jules Ferry,1832 – 1893 年,经常译为"茹费里",曾任第三共和国总理、教育部长和外交部长,是继甘必大之后温和共和派最出色的党团领袖)的殖民思路如出一辙。而且,在 19 世纪 80 年代,正是茹尔·费里发动了"中法战争"(1883 – 1885 年),试图从越南打开通向中国的大门。勒南之所以对殖民战争如此着迷,是因为他认为战争是人类进步的条件之一;战争是对国家的鞭策,能使一个国家免于陷入蝇营狗苟、庸

---

[1] RENAN E. *La réforme intellectuelle et morale*. Paris:Calmann-Lévy Éditeurs:92 – 93. 另可参阅 RENAN E. *La Réforme intellectuelle et morale et autres écrits*. Paris:Albatros/Valmonde,1982:67。

庸碌碌的蒙昧状态。而且，仅与自然做斗争是远远不够的，只有对邻近之人的戒备才能催人奋进。在人类社会中，对于被征服的恐慌是必要的刺激。在没有外部敌人的和平环境中，道德和精神都会陷入巨大危机当中。

勒南指出，19世纪存在两种社会模式，也就是强大而粗俗的"美利坚社会模式"和实行贵族政治的"普鲁士社会模式"，但在目前很难判断哪种模式代表未来趋势，哪种模式会在人类文明史上占据重要位置。

首先，就"美利坚社会模式"，勒南写道："美利坚模式从根本上建立在自由权利和财产权利基础上，没有阶级特权，没有古老宪政，没有历史文化，没有贵族社会，没有王室宫廷，没有卓越禀赋，没有正规大学，没有科研机构，也没有公民军事义务。在这种模式中，个人很少受到国家保护，但也很少受到国家约束。人们致力于生存斗争，凭借个人能力致富或返贫，他们几乎从不抱怨政府……这是没有等级差别、没有贵族阶层的社会模式，这种社会模式在艺术和科学领域几乎没有原创成果，但它同样能发展到非常强大的地步……但问题是谁也不知道这种社会模式能维持多久，它有什么特殊弊病，它会在多大程度上包容社会主义，尽管到现在为止，我们还没看到社会主义对这种社会模式有太多毒害。"[1]

其次，就"普鲁士社会模式"，勒南写道："普鲁士模式为

---

[1] RENAN E. *La réforme intellectuelle et morale*. Paris：Calmann-Lévy Éditeurs：112 - 113. 另可参阅 RENAN E. *La Réforme intellectuelle et morale et autres écrits*. Paris：Albatros/Valmonde，1982：76。

第三章
普法战争与勒南的民族主义思想变异

我们提供了完善的、标准的旧制度最佳范例。在这个社会里，个人总是遵循过去的成例，模仿最古老的宪政制度，追求道德和理性的完善。在这种模式中，个人为国家做出巨大贡献，又从国家那里获得思想文化和道德良心的伟大力量，并在参与国家大事的过程中感受到无比的快乐。这种社会模式特别具有贵族色彩，它创造科学成果，它引领人文精神，它奠定历史文化。但这种社会模式越来越受到个人利己主义的威胁，它发觉自己越来越不堪重负。实际上，这种社会模式意味着某些阶层必须做出牺牲，某些阶层必须心甘情愿地承受某种改善无望的悲惨生活。当民众觉悟到一定程度，他们就会掏空这座封建主义大厦的统治基础。……而对这种社会模式构成最大威胁的叛逆性因素，无疑是社会主义民主，社会主义民主会不会蔓延到日耳曼国家中去？这是值得我们思考的问题，而我们甚至还没有足够凭据去给予准确回答。"[1]

勒南似乎为读者展示了"美利坚模式"和"普鲁士模式"这两种匡正法国陈年积弊的"疗救之法"。然而，勒南马上否定了法国（乃至欧洲其他国家）采用"美利坚模式"的可能性。勒南认为，假如历史趋势就是从"普鲁士模式"向"美利坚模式"过渡，那么问题就会变得非常简单，就让民主主义者建立共和国好了。然而，问题并非如此简单，欧洲国家并不存在建立美国式共和政体的理想环境，关键原因在于美国式共和政体是建立在自由

---

[1] RENAN E. *La réforme intellectuelle et morale*. Paris：Calmann-Lévy Éditeurs：113 – 114. 另可参阅 RENAN E. *La Réforme intellectuelle et morale et autres écrits*. Paris：Albatros/Valmonde，1982：76 – 77。

权利和财产权利的基础上。在这种共和政体中，人们自由工作、自由竞争、自由运用财产、自由运用能力去追逐财富，这正是具有社会主义倾向的欧洲民主主义者不愿意见到的结果。在这种情况下，欧洲可能会走上第三条道路。勒南对此毫无信心，因为勒南从未见过成功的社会主义模式。而且，这种不伦不类的第三条道路可能预示着巨大的悲剧和危险。勒南写道："一方面，这种（社会主义）模式在特定的旧制度宪政框架内难以施展；另一方面，则是欧洲人民对美利坚模式不切实际的期待。"① 在这种情况下，欧洲很可能出现一系列不稳定的独裁政体，一种卑鄙无耻的凯撒主义，这很可能成为欧洲未来的前景。维诺克认为："勒南寻思的是，法国是否能够摆脱托克维尔描绘的民主社会。"②

对于法国的状况，勒南总结道：唯物主义倾向将会抵消任何雄心勃勃的改革努力。这种倾向从 1830 年以来便越来越明显。在复辟王朝统治下，公共精神依然活跃，贵族社会并未沉湎于财富和逸乐。到 1840 年左右，我们这个社会就已经渐趋堕落。即使是 1848 年的动荡也未能遏止这种堕落趋势，及至 1853 年，唯物主义者对利益的追逐更是达到 1848 年 2 月革命也未能达到的地步。1870 年至 1871 年的危机只是 1848 年危机的进一步深化。整

---

① RENAN E. *La réforme intellectuelle et morale*. Paris：Calmann-Lévy Éditeurs：115. 另可参阅 RENAN E. *La Réforme intellectuelle et morale et autres écrits*. Paris：Albatros/Valmonde，1982：77 – 78。

② 维诺克：《自由之声：19 世纪法国公共知识界大观》，吕一民、沈衡、顾杭译，中国人民大学出版社，2006，第 552 页。

第三章
普法战争与勒南的民族主义思想变异

个国家的精神气质每况愈下，我们这个民族的民众如此麻木不仁，他们关心追逐财富、追求享乐更甚于对任何其他事情的关心。遗憾的是，个人利益永远不利于军事勇气，因为那些担忧自己身家性命的人永远不可能具有冒险精神。在"疗法"结尾，勒南只能寄希望于普法战争对国民的刺激与警醒。勒南写道："严重的危机可能会激发未知的力量。这样的意外是人类社会的伟大奇迹。……如果说，上个世纪（18世纪）末期，法兰西爱国主义激发德意志爱国主义，那么，德意志爱国主义反过来也可能激发法兰西爱国主义。……人们可以肯定的是，总有一天，法兰西必定能够报仇雪恨。"[1] 法兰西必须改革，不仅为了振兴，而且为了报复。

如前所述，普法战争后，许多法国知识分子将他们对战争的反思形诸文字，写成一系列反思性著作，戈比诺有《1870年法国的遭遇》，泰纳有《当代法国的起源》，勒南也有《法兰西道德与思想改造》。颇为有趣的是，与勒南最为亲密的好友泰纳，对勒南这部著作评价不高。泰纳在给妻子的信中写道："勒南向我提供了有关时局的4篇重要的政治性文章，他大概不会发表这些文章——它们就是《法兰西道德与思想改造》的草稿。这些文章潦草而抽象，写得不是很好。此人做事马虎，他总是有那么多的想法，但是他的理论却让人生厌。显然，为了更好地效仿普鲁士，

---

[1] RENAN E. *La réforme intellectuelle et morale*. Paris：Calmann-Lévy Éditeurs：119 – 120. 另可参阅 RENAN E. *La Réforme intellectuelle et morale et autres écrits*. Paris：Albatros/Valmonde，1982：79 – 80。

155

何谓民族?:
普法战争与厄内斯特·勒南的民族主义思想

他赞成恢复君主立宪制和贵族政治。"① 泰纳对勒南提出批评,然而,泰纳反对的是勒南恢复"君主立宪"和"贵族政治"的主张吗?如前所述,泰纳对法国旧制度(尤其是君主制和贵族制)并不反感,但泰纳与勒南最简单的差异在于泰纳亲英而勒南亲德。正如法国学者米歇尔·维诺克的评价:"英国对于泰纳来说,就好像普鲁士对勒南一样,是一个典范。"② 就此而言,泰纳在这封信件中表现的对勒南的不满,似乎只是针对勒南在普法战争期间还不知收敛的亲普鲁士立场而已(这也是勒南最受人诟病之处)。③

总体而言,无论是极端种族主义者戈比诺,还是兼具开明立场和保守倾向的勒南和泰纳,他们对战争的反思都具有保守性甚至反动性。但勒南与泰纳(勒南的思想同行者)和戈比诺(勒南的思想先行者)的不同之处在于,泰纳和戈比诺的保守性和反动性是一以贯之、表里如一的(尽管两者还有程度差异),而勒南的保守性和反动性却是暧昧不清、晦暗不明的。一方面,勒南在《法兰西道德与思想改造》中提出某种"既守旧、又革新"的矛盾主张;另一方面,勒南在《法兰西道德与思想改

---

① 维诺克:《自由之声:19 世纪法国公共知识界大观》,吕一民、沈衡、顾杭译,中国人民大学出版社,2006,第 553~554 页。
② 维诺克:《自由之声:19 世纪法国公共知识界大观》,吕一民、沈衡、顾杭译,中国人民大学出版社,2006,第 553~554 页。
③ 在参照德国模式进行改革的立场上,勒南、泰纳、拉维斯(Lavisse)和涂尔干(Durckheim)等法国知识分子的立场是一致的。不过,勒南在普法战争刚刚结束后就急于表达自己的改革立场(而且是以德国为师进行改革),的确有点不合时宜。KEIGER J F V. *France and the Origins of the First World War*. London: The MacMillan Press Ltd, 1983: 8.

第三章
普法战争与勒南的民族主义思想变异

造》中带有浓厚保守色彩的思想,与他在《答施特劳斯第二书》(笔者将在第四章中做出详细分析)以及《何谓民族?》中带有彻底民主主义倾向的思想,完全是南辕北辙。就此而言,勒南的民族主义思想具有内在裂痕,是自相矛盾的民族主义思想。

第四章
在普法战争的历史背景中
重读《何谓民族？》

1870 年 8 月，普法战争爆发，由于法国军队的动员兵力、战前准备和作战部署都远远不如普鲁士，法国旋即于 9 月战败。1871 年 5 月，法德两国签署《法兰克福和约》（*le traité de Francfort*）。根据和约条款，法国必须割让阿尔萨斯全境（大致相当于今天法国阿尔萨斯大区上莱茵省和下莱茵省）以及洛林东北部（大致相当于今天法国洛林大区摩泽尔省，双方交割领土并不是以法国境内原有省界为根据，也不是以种族和语言界线为根据，而是由德国按照当地山川地势以及自身战略需要予取予求。某些法语地区也被强行并入德国，最典型的例子莫过于梅斯及其要塞，由此可见被德国历史学家引为凭据的"人种学标准"和"语言学标准"只是现实利益背后的借

第四章
在普法战争的历史背景中重读《何谓民族？》

口而已）①。法国由此丧失梅斯（Metz，经常译为"麦茨"）、米卢斯（Mulhouse）、科尔马（Colmar）和斯特拉斯堡（Strasbourg）这四座具有战略意义的边境城市，不得不收缩战线，后退到南锡（Nancy）、凡尔登（Verdun）和贝尔福（Belford）一带，重新筑垒防守。②

《法兰克福和约》是对阿尔萨斯问题的战后解决方案，法德两国围绕阿尔萨斯领土归属问题而展开的政治斗争和军事斗争，也暂时告一段落。不过，容易被人们忽略的是，在纵横捭阖、尔虞我诈的政治战场和刀光剑影、血肉横飞的军事战场之外，还存在另外一片唇枪舌剑、口诛笔伐的学术战场。在这片看不到"铁和血"的战场上，硝烟还未散尽，战斗还在继续。而牵涉其中的主要人物，法国方面是库朗日和勒南，德国方面是蒙森和施特劳斯。正因如此，当我们今天重读《何谓民族？》的时候，绝对不可以忽略普法战争、"库朗日－蒙森论战"和"勒南－施特劳斯论战"这三层特殊历史背景。毕竟，当我们把这些一百多年以前的政治思想家看成具有独立人格、能够自由思考的精英人物的时候，他们自己选择立场、发表言论的余地却相当有限。

第一节 普法战争中库朗日与蒙森的阿尔萨斯论战

实际上，早在普法战争爆发前后，远在《法兰克福和约》签

---

① 关于阿尔萨斯－洛林（Alsace – Lorraine）地区的语言界线（Linguistic Frontier），参阅 HARP S L. *Learning to Be Loyal*, *Primary Schooling as Nation Building in Alsace and Lorraine*, 1850 – 1940. DeKalb, Illinois： Northern Illinois University Press, 1998： 11。

② STEVENSON D. *French War Aims against Germany 1914 – 1919*. Clarendon Press, 1982： 217。

> **何谓民族？：**
> 普法战争与厄内斯特·勒南的民族主义思想

署之前，法德两国知识分子（尤其是关注现实问题的历史学家）就已经围绕阿尔萨斯人的民族归属问题展开过多番争论。其中影响最为深远的则是法德两国两位狂热爱国的历史学家——福斯特尔·德·库朗日（Fustel de Coulanges，1830－1889 年）和狄奥多尔·蒙森（Theodore Mommsen，1817－1903 年）——的理论交锋（在某些英美著作中，法德两国学者围绕阿尔萨斯问题展开的论战，被描述为法德两国知识阶层对《法兰克福和约》的反应。实际上，虽然大范围论战的确持续了好几年，但库朗日与蒙森先声夺人的理论交锋，在普法战争爆发时就已开始）。这是一场同时牵涉纯粹学术理论与现实政治局势的论战，而双方较量的结果将会对此后的民族定义产生示范意义。

1870 年 7 月和 8 月，身在柏林的普鲁士历史学家狄奥多尔·蒙森，首先以"民族身份"的客观标准，为普鲁士对阿尔萨斯的领土要求进行辩护。蒙森在"致意大利人民三封公开信"中声称，民族身份的客观标准是族裔起源和语言，因为绝大多数阿尔萨斯人都说德语方言，所以他们是德意志民族（volk，这个字眼具有种族血缘含义——引者注）的组成部分。1870 年 10 月，从斯特拉斯堡返回巴黎不久的法国历史学家福斯特尔·德·库朗日，随即以"民族认同"的主观标准进行反驳。库朗日在《答蒙森先生书》[*Réponse à M. Mommsen（professeur à Berlin）*]中回应，民族认同要以主观标准界定，民族并非建基于种族或语言，民族是"观念、利益、关爱、记忆和希望的共同体……它是个人热爱的对象"，如果阿尔萨斯人不愿意成为德国人，则他们仍

第四章
在普法战争的历史背景中重读《何谓民族？》

然是法国人。[①] 库朗日总结道："祖国是人们热爱的地方（La patrie, c'est ce Qu'on aime.）……尽管在种族和语言方面，阿尔萨斯可能属于德国，但在民族情感和祖国观念方面，阿尔萨斯属于法国。"[②]

应该承认，上述两位历史学家的主张各有根据。在蒙森而言，阿尔萨斯人是说德语的德意志种族成员，这是众所周知的事实，法国并不否认这一事实。对库朗日而言，阿尔萨斯地区是被德国通过武力强行割取的，而非通过公民投票和平转让的，绝大多数阿尔萨斯人对此并不乐意，这也是当时人们普遍感觉到的，只是德国拒绝承认这一事实。实际上，"当时在阿尔萨斯的中产阶级人士，的确积极参与法国政治活动，并且把自己看成法国人；城市和乡村的劳动阶层也踊跃在法国军队里服役；政坛上的活跃分子更是理所当然地把自己视为法国人"。几个月后（1871年2月），在阿尔萨斯举行的法国国民议会选举，充分证明阿尔

[①] 关于阿尔萨斯人的民族情感和祖国观念，法国历史学家库朗日的说法并非毫无根据。德国历史学家马克斯·韦伯（Max Weber）在参观阿尔萨斯（Alsace）地区科尔马（Colmar）城市博物馆后客观中肯的记载可以作为佐证。详情参阅史密斯：《民族主义：理论、意识形态、历史》，叶江译，上海世纪出版集团，2006，第38~39页。

[②] GILDEA R. "Province and Nation", in CROOK M. *Revolutionary France.* Oxford: Oxford University Press, 2002: 177. 关于阿尔萨斯论战，另可参阅 STEVENSON D. "Introduction", in TOMBS R. *Nationhood and Nationalism in France.* London: Haper Collins Academic, 1991: 232。此外还可参阅 WARDMAN H W. *Ernest Renan, A Critical Biography.* London: University of London, The Athlone Press, 1964: 128。最后还可参阅 OAKES L. *Language and National Identity, Comparing France and Sweden.* Amsterdam, Philadelphia: John Benjamins Publishing Company, 2001: 13。

> **何谓民族？：**
> 普法战争与厄内斯特·勒南的民族主义思想

萨斯人对主战派领导人莱昂·甘必大（Léon Gambetta, 1838 – 1882 年）的坚决支持，以及对割让阿尔萨斯 – 洛林的坚决反对。即使是在几年以后（1874 年），在阿尔萨斯举行的德意志帝国议会选举，还是能够明显反映阿尔萨斯人对德意志帝国的深深敌意。在 1871 年至 1872 年，阿尔萨斯还出现了大规模移民潮，大批阿尔萨斯人举家迁往战败的法国。① 令人遗憾的是，在双方军队鏖战正酣、政治局面尚未明朗的 1870 年 10 月，置身论战漩涡之中、迫切需要事实支持的库朗日，还拿不出这些最具说服力的民意证据。

笔者认为，法德两国两位爱国历史学家的论战观点，有两个非常值得注意的关键问题：第一是如何理解"身份"与"认同"的差异；第二是如何理解"领土"与"居民"的关系。而在这两个关键问题上开创的纯粹学理性探讨，足以改变和决定欧洲此后对民族问题的处理方式。

首先，关于"身份"与"认同"，从字面理解，"Identité"同时具有"身份"（客观角度）和"认同"（主观角度）两重含义。由此推理，"Identité nationale"就同时具有"民族身份"（客观事实）和"民族认同"（主观意愿）两重含义。在此基础上，蒙森和库朗日完全可以在运用同一个术语时自说自话，因为这同一个术语所指称的，可能是两个迥异的概念。由此不难理解，为何蒙森和库朗日这场轰动一时的论战几乎没有任何交集。也就是

---

① HARP S. L. *Learning to Be Loyal*, *Primary Schooling as Nation Building in Alsace and Lorraine*, *1850 – 1940*. DeKalb, Illinois: Northern Illinois University Press, 1998: 50.

第四章
在普法战争的历史背景中重读《何谓民族?》

说,他们几乎只是全神贯注地陈述自己的观点,而没有质疑乃至驳倒对方的观点,因此也谈不上真正的理论交锋。就此而言,库朗日与蒙森的对话可能算不上严格意义的论战。有趣的是,库朗日竟然说:"尽管在种族和语言方面,阿尔萨斯可能属于德国……"这等于在申述自身立场的同时,有所保留地承认对方立场的合理性,这是库朗日留下的破绽。由此看来,勒南后来发表《何谓民族?》并在先破后立的论证过程中,着重批判以"种族标准"和"语言标准"来界定民族的荒谬性,的确非常必要。

其次,关于"领土"与"居民",请注意这样一个细节,尽管阿尔萨斯问题从根本上说就是领土归属问题,但无论是蒙森还是库朗日,都没有把"领土"和"居民"区分开来,而是将其视为单一的、互为表里的问题。在蒙森看来,由于绝大多数阿尔萨斯人天生(无论语言还是种族)就属于德意志民族的分支,因此阿尔萨斯这片领土也是理所当然地属于德国领土的组成部分;在库朗日看来,具有决定意义的是阿尔萨斯人的意愿,如果阿尔萨斯人愿意继续作为法国人生活下去,那么阿尔萨斯这片领土就顺理成章地继续作为法国领土的组成部分。值得注意的是,在理论上说,库朗日的立论根据是开放性的,因为如果当真举行公民投票,以日耳曼后裔占绝大多数的阿尔萨斯(而且是在德国战胜、法国战败的特定时代背景下),很可能自愿从属德国。库朗日和蒙森的共同点是,"领土"归属取决于"居民"归属。他们两人都没有否定"居民"相对于"领土"的优先地位,只不过他们两人出于各自立场去解释居民意愿(也可能是出于各自利益去歪曲居民意愿)而已。无论如何,与在两次世界大战结束后、欧洲各

何谓民族？：
普法战争与厄内斯特·勒南的民族主义思想

国领土疆界发生变更时经常出现的"交割领土、驱逐居民"的野蛮做法相比，蒙森和库朗日提出的论证逻辑都有某种"以人为本"的人道色彩。正因如此，勒南后来发表《何谓民族？》时，也把论述重点放在居民"政治意愿"方面，以占领道德制高点。

法德两国两位爱国历史学家就民族界定原则展开的论战，可被视为普法战争的另一种延续。虽然在政治上，这场论战未免有点多余，因为决定时局走向的并不是库朗日和蒙森这样用纸和笔陈述各自立场的历史学家，而是俾斯麦（Bismarck，1815－1898年）和毛奇（Moltke，1800－1891年）那样用铁和血解决重大问题的政治家和军事家，一纸城下之盟足以结束一切无谓争论。不过在学术上，这场论战却具有划时代意义，因为尽管法德两国分别遵循政治民族主义和文化民族主义传统，但这场论战却是两套民族主义传统第一次正面交锋。尽管库朗日和蒙森都不可能说服对方，但双方的观点却得到最清楚明确的表达。在法国方面，尽管勒南并没有直接参与库朗日和蒙森的论战，但库朗日的主要观点经过勒南的推理和演绎，逐渐被纳入他在《何谓民族？》中提出的论证体系，并在1882年3月11日索邦演讲中得到充分发挥。[1]

---

[1] 关于"库朗日－蒙森论战"的详细情况以及勒南对于这场论战的态度，还可以参阅德拉诺瓦：《民族与民族主义》，郑文彬、洪晖译，舒蓉、陈彦校，生活·读书·新知三联书店，2005，第203～207页。德拉诺瓦认为，勒南之所以被视为"用共同意愿定义民族理论的发明者和解读者"，并不是因为勒南的思想多么有原创性和预见性（毕竟库朗日比勒南更早关注公民"政治意愿"问题），而只是因为勒南的演讲恰逢法德两国争端日益激烈之时。德拉诺瓦还认为，在以公民"政治意愿"来决定公民民族属性的问题上，勒南的立场并没有库朗日那么坚定和鲜明。

第四章
在普法战争的历史背景中重读《何谓民族？》

在对"库朗日-蒙森论战"进行简单介绍以后，笔者将对库朗日的《答蒙森先生书》进行更加详细的文本分析，我们可以从库朗日的论点、论据、论证中，考察库朗日与勒南是否存在（或存在多少）前后承接的思想联系，从而条分缕析地梳理这两位近代法国历史学家的思想脉络。实际上，法德两国之所以能够演绎出各自的民族主义传统，其原因正是法德两国民族主义思想家都在反复重申和阐发各自的民族主义立场。在这一自说自话的过程中，法德两国民族主义理念变得更加明朗、更加清晰。

库朗日的主要观点集中在1870年10月27日致蒙森的回信中，也就是前文所述的《答蒙森先生书》。在这封回信的开篇，库朗日交代了自己不得不拍案而起、挺身而出的原因。他写道："您最近已经写了三封致意大利人民公开信。在我看来，这些首先出现在米兰报纸上、继而被编辑成小册子的公开信，明显是对我们民族的公然挑衅。既然您为了攻击法国而不惜暂时放下您从事的历史研究，那么我也不妨把我手头的研究工作搁置一旁，与您奉陪到底。"让库朗日感到愤怒的是，在蒙森完成于7月的第一和第二封信中，蒙森频频发出和平呼吁，但在完成于8月的第三封信中，蒙森却赤裸裸地提出对阿尔萨斯的领土要求。库朗日写道："您对法国和普鲁士的争端竟然具有如此敏锐的洞察力，以至于您竟然说出连俾斯麦先生都没有说出口的话。俾斯麦先生还没有高调地对我们宣布：发动战争就是为了染指阿尔萨斯和洛林。您真不愧为出色的预言家，您竟然把普鲁士的领土要求和战争目的都提前宣布了。您竟然毫厘不爽地预计到这场新战争的目的和进程。时至今日,任何人都不能回避如下问题:阿尔萨斯将会归属法国还是德国?"①

由此可知,最让库朗日感到莫名愤怒的有两方面,首先是蒙森随着时势与战局变化而随风摇摆甚至得寸进尺的立场,其次是蒙森随着战线向法国境内推移而越来越露骨的领土野心。蒙森对阿尔萨斯问题,比俾斯麦和毛奇还要热心。实际上,在普鲁士境内,这种为政府冲锋陷阵的民族主义历史学家不在少数,至少在蒙森之外,还有施特劳斯;而在蒙森和施特劳斯之外,还有特赖奇克。在库朗日看来,由于蒙森已经脱离他作为历史学家的本分,深深卷入"现实政治"当中,自己也只好"奉陪到底"。值得注意的是,当库朗日写下《答蒙森先生书》的时候,库朗日才从斯特拉斯堡返回巴黎不久,排除双方立场不论,库朗日的笔触至少比蒙森更有现实感和说服力。

库朗日指出,普鲁士正盘算用武力解决阿尔萨斯问题,但还需要冠冕堂皇的借口来为军事行动掩护。于是,普鲁士以官方学者来论证普鲁士对阿尔萨斯的"法律权利",正是蒙森在扮演这种为虎作伥的角色。库朗日对此批评道:"您坚定不移地相信,阿尔萨斯是德意志人聚居地区,因此阿尔萨斯也就理所当然地归属德国。阿尔萨斯曾经是德意志的组成部分,因此您也断定阿尔萨斯应该归还德国。阿尔萨斯人讲德语,因此您也断定普鲁士有权夺取并占领阿尔萨斯。正因如此,您主张德国'收回'阿尔萨

---

① HARTOG F. *Le XIXe siècle et l'histoire*, *Le cas Fustel de Coulanges*. Paris: Presses Universitaires de France, 1988: 376 – 377.

第四章
在普法战争的历史背景中重读《何谓民族?》

斯,您希望阿尔萨斯'回归'德国。按照您的说法,阿尔萨斯是你们的,您还要补充道:'我们只是希望夺回本来属于我们的东西,一点不多,一点不少。'您还把这种做法称为民族属性原则。"[①] 由此可见,正因为蒙森在三封"致意大利人民公开信"中提出"收复失地"的主张,而且这种根据"民族属性原则"提出的补偿性主张,能够被欧洲其他同样面临民族问题的国家轻易理解和接受。因此,库朗日必须奋起反击,代表法国知识分子,向法德两国民众乃至欧洲各国民众,表明法国在阿尔萨斯问题上的立场和态度。

库朗日的切入点是首先明确"民族属性原则"的应用范围,同时提醒和警告欧洲各国民众,如果放任普鲁士在欧洲滥用"民族属性原则",将会造成怎样的恶劣后果。库朗日对蒙森批评道:"您以民族属性原则为借口,然而您对民族属性原则的理解却迥异于欧洲大陆其他所有国家。按照您的理论,民族属性原则赋予强权国家以武力强行吞并某个行省的权利,只要这个强权国家能够证明这个行省的居民与这个强权国家的居民同属一个种族就行了。而按照欧洲其他国家对民族属性原则的理解,按照我们的常识,民族属性原则只赋予某个行省或者某个行省的居民拒绝服从外国统治者的权利。""假如按照普鲁士方式理解民族属性原则,假如普鲁士成功地在欧洲政治问题中运用民族属性原则,我们可以想象这会造成什么后果。从今以后,普鲁士将会要求吞并荷

---

① HARTOG F. *Le XIXe siècle et l'histoire*, *Le cas Fustel de Coulanges*. Paris: Presses Universitaires de France, 1988: 377 – 378.

> **何谓民族？：**
> 普法战争与厄内斯特・勒南的民族主义思想

兰。然后，普鲁士会向奥地利提出领土要求……然后，普鲁士会向瑞士提出领土要求，声称所有说德语的行政区都应划归德国。最后，普鲁士会向俄罗斯提出领土要求，要求收回立沃尼亚省和里加市，因为这些省市也是德意志种族聚居地。……整个欧洲都会因为普鲁士的'收复失地'运动而熊熊燃烧。……普鲁士已经把民族属性原则运用于石勒苏益格，正运用于阿尔萨斯，还将运用于荷兰、奥地利、瑞士德语区、立沃尼亚，这完全是对民族属性原则的歪曲和滥用。……民族属性原则构成弱者的权利，却不能构成野心家的借口。……民族属性原则不是强者的固有权利。"[1]

由此可知，库朗日把"民族属性原则"定位为弱者原则，而非强者原则；定位为自治、独立或加盟原则，而非征服或统一原则。换言之，库朗日理解的"民族属性原则"是弱者专有和独享的权利。与之对应，笔者把库朗日笔下的"民族属性原则"理解为单方面原则。令笔者最为困惑的，正是这条被库朗日视为"常识"的单方面原则。笔者不禁提出疑问：为何一个省份可以通过"民族属性原则"谋求自治或独立，而一个国家却不可以通过"民族属性原则"收复失地或谋求统一？遗憾的是，库朗日没有提供进一步的论据，只是把他的单方面原则视为"常识"，因此库朗日的论述虽然很有道德感召力，但逻辑说服力却略显不足。

库朗日又将他设定范围的、单方面的"民族属性原则"运用

---

[1] HARTOG F. *Le XIXe siècle et l'histoire*, *Le cas Fustel de Coulanges*. Paris：Presses Universitaires de France，1988：378.

第四章
在普法战争的历史背景中重读《何谓民族?》

于阿尔萨斯问题。库朗日认为,按照常识,民族属性原则也适用于阿尔萨斯,但只在一个方面适用于阿尔萨斯,即阿尔萨斯居民不应被迫服从外国统治者。那么,对阿尔萨斯来说,谁是外国统治者?是法国,还是德国?阿尔萨斯人的民族属性是什么,他们的真正祖国是什么?这些都是"库朗日-蒙森论战"的关键问题。毫无疑问,蒙森必然断定阿尔萨斯的民族属性是德意志的。库朗日对此反驳道:"您认为已经证明阿尔萨斯的民族属性是德意志的,因为当地居民都属于日耳曼种族,而且当地居民都说德语。然而,让我感到非常惊讶的是,像您这样出色的历史学家,竟然忽略如下事实:种族和语言都不能构成民族属性。"[1] 为了驳倒蒙森的观点,库朗日也展开"人种学批判"和"语言学批判",但批判力度相当有限。

就"种族标准"而言,库朗日写道:"种族不能构成民族属性。您自己也非常清楚,在欧洲,几乎所有民族都不是根据其原始起源划分的。地理上的便利和政治或者经济上的利益,这些才是聚集人口进而创建国家的基础。同样,每个民族都是日积月累逐渐形成的,每个祖国在描画其版图的时候,都没有任何先入为主的人种学标准,而这套人种学标准正是您希望确立为典范的。假如民族与种族彼此对应,那么,比利时应该归属法国,葡萄牙应该归属西班牙,荷兰应该归属普鲁士。反过来,苏格兰应该脱离英国,尽管一个半世纪以来苏格兰已经如此紧密地与英国联结

---

[1] HARTOG F. *Le XIXe siècle et l'histoire*, *Le cas Fustel de Coulanges*. Paris:Presses Universitaires de France,1988:378-379.

何谓民族？：
普法战争与厄内斯特·勒南的民族主义思想

在一起，俄罗斯和奥地利应该被分割为三份或者四份，瑞士应该被一分为二……您的理论完全违背所有欧洲国家的现状。假如您的理论大行其道，整个世界将会天翻地覆。"①

就"语言标准"而言，库朗日写道："语言也不再是民族属性的辨认特征。在法国，人们总共使用五种语言，尽管如此，却没有任何人胆敢怀疑我们的民族统一性。在瑞士，人们总共使用三种语言，但瑞士并不逊色于任何单一民族，难道您能说瑞士人缺乏爱国精神吗？另一方面，在美国，人们使用英语，难道您还能想象美国与英国重新统一为单一民族吗？您总是吹嘘斯特拉斯堡的居民都说德语，但同样确凿无疑的是，难道斯特拉斯堡居民第一次唱国歌的时候，他们唱的不是《马赛曲》吗？"②

在浅尝辄止的"人种学批判"和"语言学批判"之后，库朗日开始阐述他用于辨认民族的标准。库朗日写道："用于辨认民族的标准，既不是种族，也不是语言。当人们从心底里感觉到他们是同一个民族的时候，他们构成了观念的、利益的、关爱的、回忆的以及希望的共同体。这些共同的东西才是构成祖国的基础。……所谓祖国，就是人们衷心热爱的事物。按照种族成分和语言标准，阿尔萨斯可能属于德国；但按照民族属性和爱国情感，阿尔萨斯却属于法国。您是否知道，是什么赋予阿尔萨斯以法兰西民族属性？不是路易十四，而是 1789 年法国大革命。从

---

① HARTOG F. *Le XIXe siècle et l'histoire*, *Le cas Fustel de Coulanges*. Paris：Presses Universitaires de France，1988：379.

② HARTOG F. *Le XIXe siècle et l'histoire*, *Le cas Fustel de Coulanges*. Paris：Presses Universitaires de France，1988：379.

第四章
在普法战争的历史背景中重读《何谓民族?》

那时起,阿尔萨斯就和法国其他地区同呼吸、共命运、同生死、共患难了。……阿尔萨斯与你们没有任何共同点。对阿尔萨斯居民来说,法国才是他们的祖国,而德国只是陌生的外国而已。"[1]

由此可知,库朗日终于提出他在《答蒙森先生书》中的核心观点,即"种族和语言都不能构成民族属性"(这也是勒南在《何谓民族?》中重点论述的)。值得注意的是,库朗日并没有把论述重点放在种族标准和语言标准本身的缺陷方面,而是放在种族界线、语言界线与欧洲民族国家现实疆界不一致的现状方面。例如,库朗日反驳蒙森的理由并不在于种族标准和语言标准的内在不足,而仅在于"在欧洲,几乎所有民族都不是根据其原始起源划分的","您的理论完全违背所有欧洲国家的现状","如果您的理论大行其道,整个世界将会天翻地覆"。遗憾的是,存在不一定就是合理,惯例和传统也并非一成不变。而且,如果阻止德国统一和扩张的障碍仅在于"欧洲国家的现状",那么,德国几乎不假思索就可以想出应对办法,只要用武力制造既成事实,"以新现状取代旧现状"就可以了。斯特拉斯堡居民昨天可能还在用法语唱《马赛曲》,今天还在上《最后一课》,明天就可能改用德语唱《保卫莱茵河》了。(这是笔者极而言之的比喻,实际情况当然不可能如此极端。不过,阿尔萨斯人对法国的忠诚并非一成不变的,笔者将在下文有所交代。)[2] 正因如此,库朗日对蒙森的批

---

[1] HARTOG F. *Le XIXe siècle et l'histoire*, *Le cas Fustel de Coulanges*. Paris: Presses Universitaires de France, 1988: 379-380.
[2] KEIGER J F V. *France and the Origins of the First World War*. London: The MacMillan Press Ltd., 1983: 15.

何谓民族？：
普法战争与厄内斯特·勒南的民族主义思想

判力度以及对民族归属问题的分析深度，都远远不如后来的勒南。

而且，即使就种族标准和语言标准而言，被库朗日引为范例的"法国大革命"也并不是那么值得称道。诚然，在法国大革命期间，阿尔萨斯、洛林、弗朗什－孔泰三省国民自卫军的1790年决议，奠定了阿尔萨斯地区自愿归属法兰西共同体的政治基础，这无疑是近代法国政治民族主义（尤其是自由公民"政治意愿"）的成功实践和典型范例。① 然而，同样是在法国大革命期间，对法兰西革命事业满腔热血的阿尔萨斯人，就曾经由于种族和语言原因，受到最"革命"也最激进的雅各宾党人的无端迫害。在阿尔萨斯人自愿归顺法国的1790年，由君主立宪派（斐扬派）主导的制宪议会，尚且能够颇为人性化地决定把所有革命法令译成地方语言，以便各地居民都能够理解和贯彻，阿尔萨斯地方当局也率先把革命法令译成德语。但在雅各宾派统治时期（1793年6月至1794年7月），形势急转直下，阿尔萨斯人成为雅各宾党人的首要攻击目标。1793年，公安委员会委员、雅各宾派成员圣茹斯特（Saint-Just，1767－1794年）就已在斯特拉斯堡禁止下莱茵省（Bas-Rhin，阿尔萨斯地区两个省区之一，首府为斯特拉斯堡）居民公开或私下用德语交谈。另一位雅各宾派头面人物贝特朗·巴雷尔（Bertrand Barère，1755－1841年）更是针对阿尔萨斯人提出如下指责："在上莱茵到下莱茵各省中，究竟

---

① 埃里克·霍布斯鲍姆：《民族与民族主义》，李金梅译，上海人民出版社，2000，第104页。

第四章
在普法战争的历史背景中重读《何谓民族?》

有哪些叛国者在我们所占领的边区里面和普鲁士及奥地利人私通?就是那些与我们的敌人操相同语言的乡村居民(即阿尔萨斯人——引者注)。这些人与我们的敌人以兄弟同胞相称,却不会将法国人看作是他们的同胞。因为,他们的语言和生活习惯与我们大不相同。"巴雷尔把德语看作颠覆工具,把阿尔萨斯人看作通敌分子。① 由此可见,法国人自己就曾经以语言上的"非我族类"看待阿尔萨斯人。不过,这段无比黑暗的种族歧视历史被库朗日小心翼翼地回避过去了。不然,库朗日与蒙森的辩论几乎无法进行下去。或者正如勒南后来所说:"遗忘历史上曾经发生的错误,是创建民族的本质要素。"颇为侥幸的是,库朗日的辩论对手蒙森也没有刻意去抓库朗日的把柄。

库朗日的核心观点还存在其他破绽。库朗日认为,"地理上的便利、政治上或者经济上的利益,这些才是聚集人口进而创建国家的基础。"遗憾的是,地理便利是可以创造的,政治或者经济利益是可以转移的,为何阿尔萨斯不能融入莱茵河对岸的政治经济体系?为何阿尔萨斯不能加入普鲁士创建的"关税同盟"?假如莱茵河不是界河(近代德国民族主义者就认为莱茵河不是界河,而是"德国的河流"),完全可以在阿尔萨斯聚集人口进而创建德意志国家。正因如此,在后来写成的《何谓民族?》中,勒南将这些地理上、利益上的客观原因全部排除掉。不过,更加致

---

① 埃里克·霍布斯鲍姆:《民族与民族主义》,李金梅译,上海人民出版社,2000,第23页。另可参阅 HARP S L. *Learning to Be Loyal*, *Primary Schooling as Nation Building in Alsace and Lorraine*, *1850 – 1940*. DeKalb, Illinois:Northern Illinois University Press, 1998:32。

命的是，库朗日在他的核心观点中竟然提出："按照种族成分和语言标准，阿尔萨斯可能属于德国；但按照民族属性和爱国情感，阿尔萨斯却属于法国。"这种模棱两可的说法无异于承认蒙森的立场也有其合理性。与之对应的是，勒南在致施特劳斯的论战性质的信中，也出现过类似的予人口实、授人话柄的破绽。由此可见，库朗日和勒南在论战期间提出的观点是很不成熟的。

对于法德两国的阿尔萨斯之争，库朗日寄希望于阿尔萨斯人的民意支持。库朗日写道："您巧舌如簧地论证阿尔萨斯具有德意志心灵，但我耳闻目睹的却是阿尔萨斯具有法兰西心灵。您在远方（蒙森当时身在柏林——引者注）断言，'阿尔萨斯作为省份，却具有与法国敌对的精神'。但我在近处（库朗日曾经身在斯特拉斯堡，后返回巴黎——引者注）实地观察，接触到不同社会阶层、不同宗教信仰、不同政治党派的各界人士，却完全找不到所谓与法国敌对的精神。您含沙射影、无中生有地造谣说阿尔萨斯人对巴黎人极为反感，我却以阿尔萨斯人对巴黎人的热情友好而感到自豪。在心灵上和精神上，阿尔萨斯是我们最具法兰西风格的省份之一。斯特拉斯堡居民，就像我们每个人一样，既有故乡，又有祖国：他们的故乡就是他们的出生地，他们的祖国就是法兰西。至于德意志，由于阿尔萨斯人与德意志在思想上毫无共通之处，德意志在任何意义上都不可能是阿尔萨斯人的祖国。"[1]

由此可知，库朗日相信，阿尔萨斯的民心民意朝向法国一

---

[1] HARTOG F. *Le XIXe siècle et l'histoire*, *Le cas Fustel de Coulanges*. Paris: Presses Universitaires de France, 1988: 380.

第四章
在普法战争的历史背景中重读《何谓民族?》

方,笔者也认为库朗日没有故意捏造事实,因为当时的确有大批阿尔萨斯难民,或者出于对普鲁士军队的恐慌,或者出于爱国情感和民族气节,离开家园,逃往法国内地。其中就包括在 19 世纪最后几年(1894 – 1899 年)、在所谓"陆军部间谍案"中受到残忍迫害的德雷福斯(Dreyfus,这是个德语姓氏)上尉的家族。而且,库朗日对于阿尔萨斯民意的描述,还可以在严谨的德国历史学家马克斯·韦伯(Max Weber)的记载中得到印证,毕竟来自敌对国家的佐证,比自说自话的证言要更为可信一些。马克斯·韦伯在访问科尔马(Colmar,阿尔萨斯南部的工业中心,位于孚日山与莱茵河之间)博物馆后写道:"必须从阿尔萨斯人的记忆中寻找他们之所以没有属于德意志民族的感情的原因。他们的政治命运轨迹已经在德意志范围之外时间太久;对他们而言,他们的英雄是法国历史上的英雄。如果科尔马博物馆的管理人想要给你看他最珍爱的藏品,他会将你从格隆沃德祭坛画引开,带你到一间展览室,在那里摆满了三色旗、救火梯以及其他头盔和纪念品等最无意义的展品;这些展品是来自对他而言的英雄时期。"韦伯接着指出,阿尔萨斯人具有法兰西群体感并且依恋相关遗迹,其中特别是"对法国大革命的记忆"。这种群体感是"由作为摧毁封建象征而得到大众高度评价的共同政治美德和间接的社会经验所形成的,这些摧毁封建的故事取代了原始人们的英雄传奇"。[1]

由马克斯·韦伯的记载可知,尽管库朗日对于"阿尔萨斯的

---

[1] 史密斯:《民族主义:理论、意识形态、历史》,叶江译,上海世纪出版集团,2006,第 38~39 页。

175

何谓民族？：
普法战争与厄内斯特·勒南的民族主义思想

民心向背"着墨不多，但这却是库朗日最有发言权的方面，毕竟库朗日自己就是从斯特拉斯堡前往巴黎的其中一员，他是历史巨变的亲历者和目击者。遗憾的是，库朗日没有在"阿尔萨斯的民心向背"方面进一步列举事实和罗列数字，而对"公民政治意愿"这一政治原则的泛泛而论和反复重申是无济于事的。而且，应该看到，阿尔萨斯人对法国的忠诚并非一成不变。英国学者约翰·凯奇（John Keiger）就指出，在19世纪的最后十年，由于阿尔萨斯-洛林地区的政治经济生活逐渐与德意志帝国融为一体，当地民意也发生逆转，越来越多的阿尔萨斯-洛林人认为自己是德国人而非法国人。在1898年德意志帝国议会选举中，在15名来自阿尔萨斯-洛林地区的民意代表中，有12人公开宣称自己对德意志帝国的忠诚（与1874年德意志帝国议会选举时的情况正好相反——引者注）。阿尔萨斯-洛林地区的居民不再对德国政府怀有深刻敌意。在法国境内，所谓"阿尔萨斯-洛林爱国神话"也逐渐褪色，通过武力收复阿尔萨斯-洛林的主张尽管还没有销声匿迹，但也逐渐偃旗息鼓。同样是在1898年，德国驻巴黎大使已经敏感地注意到法国民意的转变。在他看来，绝大多数法国人已经开始"忘记阿尔萨斯-洛林"了。[①] 不过，阿尔萨斯民意的全面逆转毕竟是二十多年以后的事情，在普法战争尚未落幕的1870年10月，库朗日还是可以寄希望于阿尔萨斯人的民意支持。

为了给阿尔萨斯人的民意支持排除障碍，库朗日又把眼光投

---

① KEIGER J F V. *France and the Origins of the First World War*. London：The MacMillan Press Ltd.，1983：15.

第四章
在普法战争的历史背景中重读《何谓民族?》

向阿尔萨斯的历史传统与现实状况的差异,并试图以此摆脱法国在历史性回溯中的被动局面,将法德两国的阿尔萨斯之争限定在 19 世纪越来越强调"大众民主"的政治文化背景之内。对于阿尔萨斯的历史传统,库朗日写道:"所谓种族,来自于历史,存在于过去。所谓语言,还是来自历史,还是遥远过去的历史痕迹。唯一真切存在的,是人们的意愿、观念、利益和关爱。按照您所说的历史,阿尔萨斯可能是德意志的邦国;然而按照现实,您只能证明阿尔萨斯是法兰西的省份。您极力主张阿尔萨斯应该归还德国,理由是历史上曾经有那么几个世纪,阿尔萨斯是德意志的一部分,您的理由实在是太幼稚了。……如果我们回到古老的高卢时代,高卢人可是控制和拥有整个莱茵河流域呢。"对于阿尔萨斯的现实状况,库朗日写道:"我们拥有比历史更加值得我们捍卫的东西。在 19 世纪,我们拥有公共权利原则,这是比您所声称的民族属性原则更清晰明确的原则。我们的原则是,人们只能接受自己愿意接受的宪政体制的统治,除此以外,所有统治方式都是非法的;同样,人们只能承认自己愿意承认的国家为祖国,除此以外,不存在所谓祖国。这就是近代原则。……无论普鲁士是否愿意承认这条原则,这条原则都会赢得最后胜利。如果阿尔萨斯还能继续作为法国的一部分,那只是因为阿尔萨斯人愿意这样做。您不可能强迫他们成为德国人,除非他们将来因为某些原因而自愿成为德国人。"[1]

---

[1] HARTOG F. *Le XIXe siècle et l'histoire*, *Le cas Fustel de Coulanges*. Paris: Presses Universitaires de France, 1988: 381.

何谓民族?:
普法战争与厄内斯特·勒南的民族主义思想

　　由此可知,库朗日试图以阿尔萨斯作为法兰西省份的现状,来超越阿尔萨斯作为德意志邦国的历史。不得不承认,阿尔萨斯曾经在法兰西王国和德意志帝国(神圣罗马帝国)之间反复易手,因此双方都难以声称自己拥有自古以来就神圣不可侵犯的历史权利。但同样因为如此,普鲁士也有权要求法国接受阿尔萨斯作为军事占领区的既成事实,这只不过是阿尔萨斯又一次在法德两国之间易手而已。实际上,在战火硝烟中勉强拼凑而成的国防政府早已默认这一现实(1871年5月的《法兰克福和约》更是最终确认这一现实)。库朗日在这里大谈历史与现实,却无力改变阿尔萨斯被普鲁士军队占领的现实。不过,库朗日倒是流露了自己的真实想法,他说道:"如果阿尔萨斯还能继续作为法国的一部分,那只是因为阿尔萨斯人愿意这样做。"在普鲁士军队实际占领下,"阿尔萨斯人的意愿"已经是法国最后的理论据点了。

　　库朗日总结道:"阿尔萨斯的结局应该取决于阿尔萨斯自己。此时此刻,法国和普鲁士正为阿尔萨斯问题吵得不可开交。然而,只有阿尔萨斯自己才有发言权。你们总是叫嚣'收复'斯特拉斯堡,并声称这只是'恢复'行使你们的权利。但你们凭什么说收复失地?斯特拉斯堡不属于任何人。斯特拉斯堡不是人们追逐的猎物。斯特拉斯堡不是被我们占有的,而是跟我们共存亡的。我们固然希望,阿尔萨斯继续作为省份留在法国境内,然而我们的主张都有理有据。……在这个关乎公共权利的问题上,我们采用近代原则作为答案。法兰西固然有保留阿尔萨斯的愿望,但这是因为阿尔萨斯曾经以自己的英勇抗战,表明他们希望与法兰西站在同一个立场上。这就是为何我们支持一场反对普鲁士的

第四章
在普法战争的历史背景中重读《何谓民族?》

战争的原因。"①

笔者认为,在"库朗日-蒙森论战"中,最能够概括双方立场的就是库朗日的这段话:"按照种族成分和语言标准,阿尔萨斯可能属于德国;但按照民族属性和爱国情感,阿尔萨斯却属于法国。"笔者同时认为,这段话正好道出库朗日在"库朗日-蒙森论战"中的最大破绽。笔者并不认为这段话本身有什么不妥之处,但这段话却提醒所有读者,在《答蒙森先生书》中,库朗日对蒙森的批判虽然理直气壮、义正词严,但并非无懈可击。尽管库朗日连篇累牍地论述所谓"近代原则"(民族自决原则),但他却忽略了在人种学和语言学得到极大发展的"科学世纪"(19世纪),种族主义已经逐渐成为难以阻挡的社会思潮,但库朗日并没有对这种甚嚣尘上的思潮进行强有力的批判。正因如此,库朗日在《答蒙森先生书》中语焉不详的部分,只有留待勒南在《何谓民族?》中再做补充。

第二节　蒙森与勒南:"擦肩而过"的论战对手

如前所述,普法战争是"铁与血"的战争,同时也是"纸与笔"的战争。卷入论战的主要人物,法国方面是库朗日和勒南,德国方面是蒙森和施特劳斯。由于研究工作的原因,勒南在普法战争爆发前数十年间,与许多德意志学者形成广泛的合作关系与

---

① HARTOG F. *Le XIXe siècle et l'histoire*, *Le cas Fustel de Coulanges*. Paris:Presses Universitaires de France, 1988:381-382.

何谓民族？：
普法战争与厄内斯特·勒南的民族主义思想

深厚的私人友谊。在普法战争以及巴黎公社起义期间，这种学者与学者的友谊不可避免地要受到混乱时局的干扰和冲击。尽管如此，勒南与其中几位德意志学者（尤其是蒙森和施特劳斯）的书信往来却还断断续续地勉强维持着，这在兵荒马乱的战争年代实在难得。不过笔者也注意到，普法战争以及巴黎公社起义期间这几封不合时宜的书信，直接导致勒南与蒙森关系恶化以及勒南与施特劳斯关系决裂。这两轮书信往还很可能是勒南后来发表《何谓民族？》的诱因。不过，最令人费解的是，无论是库朗日与蒙森，还是勒南与施特劳斯，他们似乎都是各自为战。与库朗日都很熟悉的勒南与蒙森，就像"擦肩而过"的论战对手。在以下两封信中，我们就能看到勒南与蒙森之间无果而终的对话。

1871年3月13日，蒙森致函勒南，他在信中写道：

尊贵的先生与同人：

我们经历了一场无情肆虐的狂风暴雨，在熬过这场可怕的灾难之后，现在是时候看看我们还剩下什么宝贵的东西了。我想知道的是，我们两个学院之间的合作关系是否也包含其中？

我认为，您不会对我提出这样的问题感到惊讶。尽管我寄给您的这封信可能无法送达，但我并不打算收回自己在信中所说的每一句话。当我在自己狭小的书斋里，致力于修补两个民族的真挚友谊与互助关系时，我相信自己能够一如既往、尽心尽力地履行自己的义务，我已致力于弥补这场战祸造成的巨大不幸。我知道，您也和我一样，曾经真诚地希望

第四章
在普法战争的历史背景中重读《何谓民族?》

避免这场可悲的战争,由于我们都在热烈地讨论您撰写的关于德意志政治状况的文章(即勒南发表在《争鸣报》和《双世评论》上的文章,其中包括勒南致施特劳斯公开信——引者注),您的名字在我们的国家完全没有失去昔日的光芒。……我想知道的是,从今以后,我们两个民族的博学睿智之士,是否还可能充分理解对方的立场?

迄今为止,我们两个学院一直保持着友好的合作关系,此举极大地促进了科学的进步。……我想知道的是,在目前的局势下,"科学无国界"这一信条是否还能继续通行?如果您认为你们的科学院愿意与我们的科学院继续合作的话,请您尽早告知我们,因为这样做是为了回应皇帝陛下的殷切期望,也是为了回应广大民众的热切期望。

再见了,我亲切的同人。不管怎样,我们总是要经历挫折的,还是让我们好好珍惜这剩余下来的一切吧。①

在这封简短的信中,蒙森向勒南伸出了橄榄枝。应该承认,蒙森在这封书信中的语调相当谦逊平和。而且,蒙森还暂时收起与库朗日辩论时咄咄逼人的态度,代之以"和平主义者"的姿态。不过,蒙森对勒南的友善是有前提的,正如蒙森自己所说,正因为人们都在讨论勒南撰写的关于德意志政治状况的文章,勒南的名字在德意志才没有失去昔日的光芒。可是,这几篇力求客观中肯地剖析德意志政治状况和探讨普法战争责任的文章,却让

---

① PSICHARI H. *Renan et la guerre de 70*. Paris: Albin Michel, 1947: 230-231.

> **何谓民族?:**
> 普法战争与厄内斯特·勒南的民族主义思想

勒南在法国国内背上骂名。与此同时,蒙森自己却背离了"客观中肯"的立场,在"致意大利人民"的三封公开信中肆意污蔑和抹黑法兰西民族,甚至撕掉"和平主义者"的伪装,公开要求普鲁士政府和军队占领阿尔萨斯。可想而知,勒南对蒙森伸出的橄榄枝是不会领情的。况且,在这封看似语调谦和的信中,同样隐含着严重刺激勒南民族感情的文字,那就是蒙森所说的两个学院应该继续合作,以"回应皇帝陛下的殷切期望"。①

1871年3月17日,勒南复函蒙森,勒南在信中写道:

尊贵的先生与同人:

我心情迫切地回复您于3月13日寄来的信件。

在我个人而言,目前的状况只能用艰难来形容。自从这次重大事变以来,我想到了很多很多,我曾经把文明的福祉、科学的进步、人文精神的培养放在国家利益之上。……我曾经在战争期间谴责您的政府及您的同胞的所作所为,然而我的努力毫无用处。我就像一名孤立无援的本堂神父,当一帮穷凶极恶的入侵者跑来找我,要求领取圣体的时候,我无从拒绝。

至于我在学院的诸位同人,我不可能替他们回答您提出

---

① 值得注意的是(姑且另备一说),英国学者瓦尔德曼认为,蒙森在信中所指的"皇帝陛下"是指曾经与蒙森有书信往来但此时已被废黜的法兰西第二帝国皇帝拿破仑三世,而非两个月前才在凡尔赛宫称帝的德意志第二帝国皇帝威廉一世,但蒙森言之不详可能引起了勒南的误解。详情参阅 WARDMAN H W. *Ernest Renan, A Critical Biography*. London: University of London, The Athlone Press, 1964: 123-124。

第四章
在普法战争的历史背景中重读《何谓民族？》

的问题，我相信他们每个人都会根据自己的良心来立身处世。我的许多位同人目前不在巴黎，他们正悲惨地承受着德意志军队对一个文明民族施加的暴力与屈辱。他们或许会认为，您所声称的科学的利益已经随着科学、考古学、目录学等宝贵馆藏的毁坏而损失殆尽。尤其在巴黎附近，无数学者长期积累下来的研究成果在非常短暂的时间里就被破坏无余。他们或许会补充道（请原谅我也不知道我所陈述的事实是否确切），您是第一位在致全体柏林人的倡议书上签字的人，第一位呼吁对巴黎实施炮击的人。尽管炮轰巴黎在军事上毫无意义，但这种做法可以破坏科学馆藏和科学机构，这种做法已经让您得到巨大的好处，而您还能继续从中得到好处。最后，他们会相信您从您的国家、您的君主那儿得到的特别的好处是神圣不可侵犯的。亲爱的同人，我向您转达他们的意见，请您原谅他们不可能像我这样，无动于衷并且心平气和地回答您提出的问题。

至于您问我，我所隶属的学院是否愿意与您所隶属的学院继续合作，我想这是没有异议的，但这一合作只以学术成果的交流为限。我搞不明白这跟"回应皇帝陛下的殷切期望"有什么关系。如果您对"皇帝陛下的殷切期望"有什么清楚明白的想法，请及时告诉我。我会祝您好运，祝您成功。

我已经收到您的意大利文小册子了（即蒙森"致意大利人民"三封公开信，后来编订成册，蒙森在这本小册子里对法国极尽砌辞污蔑之能事。更重要的是，蒙森在这本小册子

183

里提出阿尔萨斯应该划归德国的主张——引者注)。……请允许我对您说一句,您在这本小册子里对当代法国的看法有欠公允。您笔下的法国人,尽是一些如同舞台小丑的滑稽形象,实际上,这通常是外国人的形象,尤其是德意志犹太人的形象。……如果人们只凭德意志草根阶层阅读的花边新闻来判断德意志,人们对德意志也一定会留下面目全非的印象。同理,如果只是把一些粗鄙不堪的作品列举出来,并由此判断这个国家的精神状况如何萎靡不振,这同样是不公正的……您对当今法国的认识实在是非常有限,法国依旧是那么崇高、那么卓越,法国并不是您在杜伊勒里宫(Tuileries,巴黎公社起义期间,杜伊勒里宫被决心与政府军同归于尽的公社成员纵火焚毁。如今在彻底夷为平地的废墟上,只剩下勒诺特尔设计的杜伊勒里花园——引者注) 所见到的法国。

贵国的歌德曾经说过一番很有道理的话,唯我独尊的爱国主义是思想谬误与心胸狭隘的原因。假如人与人彼此怨恨的时代将要到来,我会独善其身……我发现生命实在是太过短暂,人类的心智也实在是非常有限,我不可能花费我的时间、耗费我的精力去怨恨那些愚蠢的人和伪善的人。正因如此,我亲切的敌人,请您心安理得地相信以下这句话,无论您说什么、做什么,对我来说,您永远是一位值得尊敬的朋友。①

---

① PSICHARI H. *Renan et la guerre de 70*. Paris: Albin Michel, 1947: 232-235.

第四章
在普法战争的历史背景中重读《何谓民族?》

在这封几乎同样简短的回信中,勒南回绝了蒙森所谓的"善意"。由于这是一封礼尚往来的回信,因此勒南同样保持谦虚平和的语气语调。应该承认,这是一封写得相当高明的回信,勒南似乎用了大量的篇幅来谈论学院事务,以及蒙森在来信中刻意回避的那本"意大利文小册子"。但勒南在"顾左右而言他"的表象中,却以"无动于衷并心平气和"的笔调,对蒙森展开既不失礼节又不留情面的批评。在谈论"两个学院的合作项目"时,勒南揭露蒙森在炮击巴黎倡议书上签字的劣迹,并且反问蒙森:两个学院的继续合作与"皇帝陛下的殷切期望"有什么关系?[①] 在谈论蒙森的"意大利文小册子"时,勒南以"德意志犹太人"和"德意志草根阶层"来反讽蒙森。最后,在这封回信结尾,勒南更是把嬉笑怒骂的修辞技巧发挥得淋漓尽致,他对蒙森这位"亲切的敌人"(实际上却是勒南眼中愚蠢的人和伪善的人)致以最真诚的"敬意"。

即使在普法战争结束半个多世纪以后(在这半个多世纪里面,法德两国之间又爆发了两场战争),在硝烟仍未散尽的1947年,勒南的外孙女昂丽叶特·普西夏里(Henriette Psichari,她是勒南女儿尼奥米·勒南和女婿让·普西夏里男爵的女儿。与勒南的职业生涯类似,让·普西夏里也是索邦大学东方语言学教授)女士还是毫不客气地评价蒙森,而且其言辞比她文质彬彬的外祖父要直白得多。普西夏里女士写道:"蒙森此人对法国素无好感。

---

① WARDMAN H W. *Ernest Renan*, *A Critical Biography*. London: University of London, The Athlone Press, 1964: 123–124.

何谓民族？：
普法战争与厄内斯特·勒南的民族主义思想

他对其他国家的态度又如何？在蒙森看来，捷克人、斯拉夫人、波兰人都是卑鄙无耻的民族，是活该用棍棒来对付的。同样，所有拉丁民族都不再具有吸引力，罗马时代的意大利人已经不复存在，如果不是他们的历史学家留下相关记载，则连他们的事迹都将湮没无闻。至于法国，蒙森颇有点耸人听闻地把法国形容为'世仇'（l'ennemie héréditaire），甚至最为居心叵测、最为用心险恶的邻居。总而言之，在蒙森眼中，唯有全体德国人才是完美无瑕的，毫无疑问，德国人来自最为伟大的德国，而普鲁士人更是高于一切。""蒙森并不是一个把自己关闭在象牙塔里面皓首穷经的撰述者，他喜欢在所有问题上尽情表达自己的见解，而且在绝大多数情况下，他的言辞颇为尖酸刻薄。他尤其喜欢发表极端的、过激的政治言论，并以此巩固他在普鲁士议会的席位。由此不难理解，为何在 1870 年普法战争期间，蒙森扮演了如此引人注目的角色，他竟然与其他德意志知识分子一道，要求政府命令军队炮轰巴黎。蒙森这一举动既不是出于偶然，也没有违背他的意愿。与此同时，他还写下一些臭名昭著的致意大利人民的公开信，企图说服意大利人民不要援助危在旦夕的法国。蒙森甚至为战争的爆发而欢呼雀跃，因为他把战争视为德意志的解放。从此以后，德意志人终于彻底摆脱'对法国的拙劣模仿'，德意志人终于有理由洗刷法兰西文化的影响，并且终于有理由相信法兰西文化'就像塞纳河的河水那样肮脏污浊'。"① 由此可见，即使在普法战争结束半个多世纪以后，即使外祖父勒南和外祖父的论敌

---

① PSICHARI H. *Renan et la guerre de 70.* Paris: Albin Michel, 1947: 224 – 225.

第四章
在普法战争的历史背景中重读《何谓民族?》

蒙森均已先后作古,普西夏里女士对蒙森依然怀有很深的敌意。笔者难以清楚地判断,这是否代表勒南自己的遗愿,是否代表整个勒南家族对待蒙森的态度(勒南家族对待施特劳斯的态度则是可想而知的了)。但确定无疑的是,由于法德两国总是反反复复地卷入战争,上一代人在上一场战争中结下的恩怨,直到下一代人在下一场战争后依旧难以消解。

第三节 普法战争中勒南与施特劳斯的阿尔萨斯论战

如果说库朗日是积极主动地回应蒙森的挑衅,那么勒南则是消极被动地被施特劳斯拖进(或者说骗进)论战漩涡。因为勒南的本意并非与施特劳斯进行辩论,他是在不知不觉中掉进了施特劳斯预设的陷阱。正因如此,我们可以看到,勒南在致施特劳斯的两封公开信中,语气有明显不同,而两人在普法战争爆发前的良好关系,也在这两次书信往还之后急转直下。如果我们对勒南致施特劳斯与勒南致蒙森的两轮书信进行对比,我们不难发现,勒南对施特劳斯的厌恶甚至超出他对蒙森的反感。

一 误入陷阱:勒南致施特劳斯的第一封公开信

1870年8月18日,施特劳斯在《奥格斯堡报》上刊登了一封致勒南公开信,施特劳斯在信件末尾写道:"您可能会感到非常奇怪,除了通过报纸,我无法将我的信息传递给您。当然,如果时局不是如此动荡,我必定会首先征求您的意见,以确定这种传递方式是否恰当;然而在目前,如果不是采取这种特别的方式，我的疑问将无法传递到您那里，您的回应也无法传递到我这里。但我相信，现在这种特殊状态终究是会过去的。而且，我觉得这种方式也有其意义。在目前这场危机中，我们两个人，分别属于两个敌对的民族，分别拥有独立的人格与立场，在平心静气地、无所顾忌地交换看法，并对目前这场战争的起因和意义表达见解。如果我在这里写下的信札得不到您的回应，那我写下的一切就毫无意义了，我希望您能够毫无保留地表达您的观点。"①

对于这次出乎意料的邀约，勒南有点喜出望外，此时他丝毫没有察觉到，这根本就是施特劳斯预设的陷阱。1870年9月13日，勒南欣然提笔，对施特劳斯的来信做出回应，施特劳斯来信的法文译本和勒南的回信都刊登在1870年9月16日的《争鸣报》上。勒南写道：

> 尊贵的先生与学问家：
>
> 您那充满哲理、传递和平的言辞，已经突破重重障碍，来到我们面前了。对我们来说，您的言辞是莫大的安慰，对我来说更是如此。正是伟大的德意志赋予我最多教益，德意志如同我的哲学指南，甚至如同我的宗教信仰。当我于1843年前后在圣叙尔比斯宗教学院求学时，我就是通过歌德和赫

---

① RENAN E. "Lettre à M. Strauss", in *La réforme intellectuelle et morale*. Paris：Calmann-Lévy Éditeurs：167 – 168。另可参阅 RETAT L. *Renan*, *Histoire et parole*, *Euvres diverses*. Paris：Robert Laffont, 1984：639 – 640。此外还可参阅 WARDMAN H. W. *Ernest Renan*, *A Critical Biography*. London：University of London, The Athlone Press, 1964：117 – 119。

第四章
在普法战争的历史背景中重读《何谓民族?》

尔德的作品了解德意志的。我相信我进入了一座神圣的殿堂……正如我在战争爆发之初写给您的信中所说的,这场战争让我感到非常痛苦……世上最大的不幸,就是法兰西不理解德意志,德意志也不理解法兰西,而且两者之间的误解还在不断加深。①

由此可知,勒南毫不掩饰自己对德意志文化的热爱。应该承认,勒南这番表白并非冠冕堂皇的客套与寒暄。从勒南传记可知,勒南当年因为大量阅读德意志思想家(尤其是歌德与赫尔德)的哲学著作,从而对天主教信仰产生动摇,进而被逐出圣叙尔比斯宗教学院。勒南对德意志文化的热爱,让他付出沉重代价。但正因如此,这种发自内心的爱才更加真切;也正因如此,勒南才会写出"世上最大的不幸,就是法兰西不理解德意志,德意志也不理解法兰西"这样的话来。

同样出于对德意志文化的了解,勒南对德意志实现国家统一的诉求给予充分认同。勒南写道:"您关于德意志统一的观念是完全正确的。当我收到您发表在《奥格斯堡报》上那篇美文的时候,我也忙于为《双世评论》撰写文稿,估计这几天就要出版发行了,我在文中表达了与您完全一致的观点。确定无疑的是,自从人们抛弃王朝原则以来,人们就应该根据民族权利原则来划定国家领土边界,也就是根据自然人群的种族、历史和意愿来划定

---

① RENAN E. "Lettre à M. Strauss", in *La réforme intellectuelle et morale*. Paris: Calmann-Lévy Éditeurs: 168 – 169. 另可参阅 RETAT L. *Renan*, *Histoire et parole*, *Euvres diverses*. Paris: Robert Laffont, 1984: 640。

何谓民族？：
普法战争与厄内斯特·勒南的民族主义思想

领土边界。如果说有一个民族应该享有完全独立的权利，那么毫无疑问，这个民族应该是德意志。我想说：德意志拥有最崇高的民族声望，在历史上扮演过第一流的重要角色，……德意志拥有众多天才，他们具有神圣的、人道主义的思想理念。德意志发起了现代世界最重要的革命，即宗教改革。一个多世纪以来，德意志又充分发展了人类的思想和智慧。我敢说：在人类历史上，还没有出现过能够在深度和广度上与之媲美的、人道主义精神的重大发展。""作为伟大的精神力量与道德力量，必然会产生与之对应的政治运动，德意志民族必然会谋求建立一套外在的、物质的、实践的秩序，一套与其精神秩序重要性相匹配的秩序，这是所有受过教育的有识之士都能理解的，不会因为肤浅的门户之见和党派之争而有所不同。为德意志的政治理想增添合法性的，正是法兰西第一帝国防范和阻碍德意志统一的愚蠢行为，正是法兰西人的愚蠢行为导致德意志人反其道而行之。"①

由此可知，勒南把普法战争的远因归咎于法兰西第一帝国的扩张（近因则归咎于法兰西第二帝国的虚荣与鲁莽，这是勒南在第一封公开信中的逻辑），这后来成为施特劳斯大肆渲染法国战争责任的口实。更有甚者，勒南还接受了施特劳斯对民族权利的理解。请特别注意文中这段话，"自从人们抛弃王朝原则以来，人们就应该根据民族权利原则来划定国家领土边界，也就是根据自然人群的种族、历史和意愿来划定领土边界"。"种族""历

---

① RENAN E. "Lettre à M. Strauss", in *La réforme intellectuelle et morale*. Paris：Calmann-Lévy Éditeurs：169 – 171. 另可参阅 RETAT L. *Renan, Histoire et parole, Œuvres diverses*. Paris：Robert Laffont, 1984：640 – 641。

第四章
在普法战争的历史背景中重读《何谓民族?》

史""意愿"成为划定领土边界的三大决定性因素。具体到阿尔萨斯的领土归属问题,"种族"因素明显对德国有利,"历史"因素是法德两国各占一半,"意愿"因素则并非个别历史学家可以代言的,取决于公民投票结果。我们可以看到,在后来的《何谓民族?》中,勒南只保留"历史"和"意愿"这两个因素,"自然人群的种族"则成了勒南极力批判的对象。由此可见,在第一封公开信中,由于把"自然人群的种族"也列入民族权利原则之中,勒南已经放弃了与施特劳斯辩论的主阵地。正因如此,勒南在论战中的处境也比库朗日更为尴尬。

勒南写道:"正如您所说,1866年,我们曾经为德意志成为第一流强国而欢欣鼓舞。当我们目睹普鲁士军队建立的丰功伟绩时,我们甚至比你们还要高兴。""但人们的美好理想是怎样落空的?美好理想是怎样被痛苦现实所取代的?我在《双世评论》上解释过我的想法,可以归结为两点:第一点,法国政府的确犯下巨大错误;第二点,普鲁士政府同样应该受到谴责,如果我们忘记了双方应该承担同等责任,就是有失公允。""就这场战争的远因而言,本着平等公正的精神,法国政府和普鲁士政府都应该负上对等责任,并承受同样谴责。就这场战争的近因而言,则是由于一场拙劣的外交争端,一场有损虚荣心的游戏('埃姆斯电报事件',普鲁士宰相俾斯麦通过删减普鲁士国王威廉一世致法兰西帝国皇帝拿破仑三世的电报,使一封本来婉言谢绝的外交信函,变成一份严词拒绝的最后通牒。这种激将法的用意,就在于引诱拿破仑三世主动挑起战争,从而把战争责任完全转嫁到法国身上——引者注),只是为了对外交争端进行报复,就给人类带来如此惨重的灾难,您知道这就是我真实的想法。"①

由此可知,勒南谈到交战双方的对等责任,但又把普法战争的起因归结于"对外交争端进行报复",这等于无意间套用普鲁士对普法战争爆发原因的表述。实际上,即使没有"埃姆斯电报事件",俾斯麦和毛奇也会设置其他陷阱,寻找其他借口让法国"打响第一枪"。而且,这场彻底改变欧洲大国力量对比的战争,绝非"只是为了对外交争端进行报复"。笔者认为,勒南对普法战争起因的理解,夹杂着他对拿破仑三世和法兰西第二帝国的厌恶(勒南曾经把拿破仑三世比喻为"那个赖在皇帝宝座上的小报记者")②,因此有失公允。

勒南写道:"尽管人们对这场战争莫衷一是,但这场战争不是不可避免的。法国并不愿意以战争为手段,来达到自己的目的。不要被报纸上的夸张言论和大街上的无聊叫嚣所迷惑。根本上说,法国是热爱和平的……(七月王朝的)国王路易-菲利普早就以其敏锐视觉看清这一点。他早就感觉到,由于痼疾(缺乏能够为民众普遍接受的王朝或者宪政机构),法国没有能力发动大规模战争。……请相信我,这场战争的全部原因就在于我们的宪政制度不健全,以及骄傲自大、目光短浅的军方人士和爱慕虚

---

① RENAN E. "Lettre à M. Strauss", in *La réforme intellectuelle et morale*. Paris: Calmann-Lévy Éditeurs: 171 – 172, 174 – 175. 另可参阅 RETAT L. *Renan, Histoire et parole*, *Œuvres diverses*. Paris: Robert Laffont, 1984: 641 – 642。
② GOBINEAU A. *Ce qui est arrivé à la France en 1870*. Paris: Éditions Klincksieck, 1970: 8. 另可参阅 BRANDES G. *Creative Spirits of the Nineteenth Century*. New York: Thomas Y. Crowell Company Publishers, 1923: 211 – 212。此书交代了这个比喻的完整来历。

第四章
在普法战争的历史背景中重读《何谓民族?》

荣、愚昧无知的外交人员在皇帝面前屡进谗言。法国民众是不支持战争的,正是拿破仑家族自己推翻了自己,直到整个国家元气大伤为止,正是皇帝在这个毫无希望的赌局上越走越远。"①

由此可知,勒南试图把拿破仑三世与法国民众切割开来。姑且不论这种切割是否正确,仅"法国并不愿意以战争为手段"、"法国是热爱和平的"的说法实在难以令人信服。实际上,普法战争爆发前,法国就已经在德意志和意大利到处插手。但这不是笔者最为关注的,笔者注意到的是,勒南把路易-菲利普与拿破仑三世进行对比。自从勒南成年以来,先后统治法国长达十年以上的就只有一位国王和一位皇帝,而在这两位最高统治者之间,尽管勒南与拿破仑三世的堂弟热罗姆-拿破仑亲王是好友,但勒南对前者的印象明显比对后者的印象好一些(在当时的上流社会中,流传着极为庸俗但又颇为形象的比喻:"路易-菲利普是法国的丈夫,拿破仑三世只是法国的情人")②,这也导致勒南对拿破仑三世的评价有失公允。究其原因,我们或许可以在勒南被法兰西公学罢免(1864年6月11日,罢免令由拿破仑三世亲自签署)③的经历中找到答案。

在对战争责任进行分析以后,勒南开始向施特劳斯表达他的

---

① RENAN E. "Lettre à M. Strauss", in *La réforme intellectuelle et morale*. Paris: Calmann-Lévy Éditeurs: 175 – 176. 另可参阅 RETAT L. *Renan , Histoire et parole , Œuvres diverses*. Paris: Robert Laffont, 1984: 642 – 643。

② GOBINEAU A. *Ce qui est arrivé à la France en 1870*. Paris: Éditions Klincksieck, 1970: 8.

③ 维诺克:《自由之声:19 世纪法国公共知识界大观》,吕一民、沈衡、顾杭译,中国人民大学出版社,2006,第 447 页。

何谓民族?:
普法战争与厄内斯特·勒南的民族主义思想

和平意愿。勒南写道:"作为自由主义者,我已经清楚表达了我们唯一的愿望,那就是尽快结束这本来不应该开始的一切。法国曾经多次企图阻挠德意志的内部变革,这是我们犯过的错误;然而,德意志现在企图损害法国的领土完整,这也是同样严重的错误。……有一些德意志人(比如您的某些同胞)相信,应该让法兰西分裂为若干个小民族,被削弱的法兰西就更容易受你们支配,他们很可能得偿所愿;然而,另一些德意志人(比如您)应该相信,为了世界和谐,法国应该避免分崩离析的命运。我在这里所说的话并无偏袒法国的意思。在我一生中,我都在学习如何成为优秀的爱国者,如何成为正直的好人。与此同时,我也总是提醒自己,过分的爱国主义就会转变为谬误。……如果法国不复存在,我将感到无比痛心。……然而,您杰出的同胞蒙森,在严重伤害我们感情的信件(也就是蒙森'致意大利人民三封公开信'——引者注)中,竟然将法国文化比喻为肮脏的、泥沙俱下的塞纳河水,还认为保留法国文化就是在世界上残留毒药。"[①]

由此可知,勒南几乎乞求对方给予和平机会,并且哀求对方不要肢解法国,这种充满屈辱感和自卑感的表白后来被施特劳斯公之于众,从而导致勒南受到法国同胞的误会和攻击。但这不是笔者最为关注的,笔者注意到的是,勒南在这里提到蒙森以及蒙

[①] RENAN E. "Lettre à M. Strauss", in *La réforme intellectuelle et morale*. Paris: Calmann-Lévy Éditeurs: 177 - 178. 另可参阅 RETAT L. *Renan*, *Histoire et parole*, *Euvres diverses*. Paris: Robert Laffont, 1984: 643 - 644。此外还可参阅 WARDMAN H W. *Ernest Renan*, *A Critical Biography*. London: University of London, The Athlone Press, 1964: 123 - 124。

第四章
在普法战争的历史背景中重读《何谓民族?》

森那几封污蔑法国人的书信。耐人寻味的是,勒南在这里并没有就蒙森的书信做出澄清或者反驳,而是恳求施特劳斯对自己施予同情。勒南丝毫没有察觉到,施特劳斯就是自己潜在的论敌。由此不难理解,为何勒南始终没有介入库朗日与蒙森的论战,因为他对德意志知识分子仍然寄予厚望。况且,勒南当时还没有意识到,施特劳斯已经打算抛弃友谊、出卖朋友。当他第二次写信给施特劳斯的时候,他与施特劳斯已经反目成仇。

不过,勒南在祈求和平的同时,也为德意志民族指出两种不同政治选择,以及这两种选择所能导致的相去甚远的结果。勒南写道:"在法国,目前有两种彼此对立的意见。一种意见认为,应该尽快结束目前这种讨厌的状况;如果德意志要我们割让领土,那就割让好了,阿尔萨斯也好,洛林也好,都无所谓;马上签署和平协议;但是至死也不要忘记我们的仇恨,应该马不停蹄地与其他国家结盟,就算无止境地满足俄罗斯人的野心,也无所谓;一切只是为了我们唯一的目的和唯一的生存意义,那就是终有一天发动一场灭绝日耳曼种族的战争。另一种意见认为,应该挽救法国的领土完整,发展我们的宪政体制,弥补我们犯下的错误;不要再幻想发动报复性的战争,也不要再喋喋不休地说我们受到不公正的侵略;我们应该与德意志和英国结盟,让全世界都走上自由文明的道路。德意志民族将会决定法国走上哪条政治道路,从而也会决定文明世界的未来。"[1]

---

[1] RENAN E. "Lettre à M. Strauss", in *La réforme intellectuelle et morale*. Paris: Calmann-Lévy Éditeurs: 179 – 180. 另可参阅 RETAT L. *Renan, Histoire et parole, Œuvres diverses*. Paris: Robert Laffont, 1984: 644。

何谓民族？：
普法战争与厄内斯特·勒南的民族主义思想

由此可知，勒南列举了普法战争后，法德关系以及欧洲局势两种可能的前景。勒南在第一种前景中，指明割让阿尔萨斯和洛林所能造成的一系列后果，包括对德复仇、联俄制德、世界大战等。令人遗憾的是，勒南这些看似危言耸听的预见，后来都逐一变成现实。而第二种可能性，包括对德和解、三国同盟、联手制俄，其实正是普法战争爆发前，勒南以及许多法国知识分子对法德两国关系的构想。但在普法战争结束后，尤其在割让阿尔萨斯和洛林以后，实现这种构想的可能性已经微乎其微。值得注意的是，在法德结盟问题上，与勒南和绝大多数身处书斋、养尊处优、不谙世事的法国知识分子相比，曾经长期担任外交官、周游欧洲列国的戈比诺有着更清醒也更冷峻的认识。戈比诺早已认定，法国应该与奥地利缔结"法奥同盟"，遏制普鲁士在德意志境内日益增长的影响力，防止普鲁士成为整个德意志的主宰。这种"分化离间、远交近攻"的外交策略毫无理想主义成分，正是法国绝大多数资深外交官的共识。[①]

在指明法德关系两种前景以后，勒南转入正题，就阿尔萨斯民族归属问题表达观点。勒南写道："狂热的日耳曼主义者声称阿尔萨斯是日耳曼地区，只是被割断了与德意志帝国的联系。请您记住，关于民族属性的争论总会带来麻烦；如果人们将这条族裔原则运用于每个地区，则战端永无止息。由于目前有一些美丽的法语省区不属于法国（例如比利时瓦隆地区——引者注），因

---

① GOBINEAU A. *Ce qui est arrivé à la France en 1870*. Paris：Éditions Klincksieck，1970：11.

第四章
在普法战争的历史背景中重读《何谓民族?》

此这条原则对法国同样有利。普鲁士境内不是还有斯拉夫语地区吗?实际上,这种国家界线与民族界线的不一致是有利于文明世界的。例如,让阿尔萨斯归属法国,有利于日耳曼文化在法国境内传播。正是通过阿尔萨斯,德意志的思想观念、研究方法以及书籍才会对法国有如此巨大的教益。毫无疑问,如果把这个民族归属问题交给阿尔萨斯居民来回答,绝大多数人都会支持阿尔萨斯继续留在法国境内。难道德国认为,强迫一个叛逆的、桀骜不驯的、与德国势不两立的省份(尤其在斯特拉斯堡几乎被夷为平地后)归并到德国,是多么体面的事情吗?"[1]

由此可知,勒南终于表明自己在阿尔萨斯民族归属问题上的态度,即民族属性是敏感的问题,族裔原则更是不可随意滥用的原则,否则难免有战争之虞。不过,勒南对族裔原则的批判力度相当有限。"某些法语省区并不属于法国""某些斯拉夫语省区也在普鲁士境内",其实都不足以作为否定德国对阿尔萨斯领土要求的根据,因为要实现语言界线和领土界线的重合,战争几乎是不可避免的手段。一方面,就算法国放弃对瓦隆地区的领土要求,不代表德国也要放弃对阿尔萨斯地区的领土要求;另一方面,就算法国放弃对阿尔萨斯地区的领土主权,不代表德国也要放弃对普鲁士等东部地区的领土主权。实际上,"双重标准"正是"现实政治"的常规和惯例,"人道主义"在"现实政治"面前只是不值一提的伪善言辞而已。在德国看来,勒南的言论只不过是法国知识分子提出的借

---

[1] RENAN E. "Lettre à M. Strauss", in *La réforme intellectuelle et morale*. Paris: Calmann-Lévy Éditeurs: 180 – 181. 另可参阅 RETAT L. *Renan*, *Histoire et parole*, *Œuvres diverses*. Paris: Robert Laffont, 1984: 644 – 645。

口。更难自圆其说的是,"让阿尔萨斯归属法国,有利于日耳曼文化在法国境内传播""正是通过阿尔萨斯,德意志的思想观念、研究方法以及书籍才会对法国有如此巨大的教益",不可否认,这些都是勒南一厢情愿的良好愿望,但这番充满感情的表白,却正好强调阿尔萨斯的确是日耳曼文化区。

在第一封公开信里,勒南极力表达他对施特劳斯和对德意志知识分子的善意,同时请求对方体谅和理解。正因如此,勒南说了很多自卑自责的话。应该承认,勒南并不是为了参与论战而发表这封公开信的。遗憾的是,施特劳斯的本意并不在于达成和解(甚至可以说,主动发出邀约的施特劳斯不怀好意),施特劳斯此后断章取义、篡改信件、盗窃版权等卑劣行径,让满心期待对方善意答复的勒南始料不及。勒南不得不奋起反击,同时还要尽力消除第一封公开信造成的恶劣影响,因为第一封公开信已经让勒南背上"背叛祖国、出卖同胞"的骂名。

二 奋起反击:勒南致施特劳斯的第二封公开信

1871年9月15日,勒南发表第二封公开信。在这封公开信里面,勒南的语气明显强硬了很多。实际上,发觉自己受到愚弄的勒南,已经不再把施特劳斯视为朋友。勒南写道:

尊贵的先生与学问家:

您于1870年8月18日刊登在《奥格斯堡报》的公开信中,要求我就动荡不休的时局发表看法。当时我答应了,我把回信刊登在《争鸣报》上。而之前您写给我的信件,也同

第四章
在普法战争的历史背景中重读《何谓民族?》

样刊登在这份报纸上,我还把您的信件法文译本也寄给了您,夏尔·里特尔(Charles Ritter,里特尔先生是为人宽厚的瑞士学者,致力于调和勒南与施特劳斯的矛盾,勒南曾经在致里特尔先生的私人信件中,表达他对施特劳斯的不满以及他对"法德同盟"化为泡影的失望。——引者注)[①] 先生翻译得相当出色。只要您想一想巴黎当时的状况,您就会认识到,这份报纸的编辑人员需要多大的勇气,才敢刊登我们的信件。报纸发行第二天,巴黎之围就开始了,巴黎与外界的联系完全中断了五个月之久。就在 1871 年 2 月停战协定签署后不久,让我感到震惊的是,您于 1870 年 10 月 2 日同样是在《奥格斯堡报》上,对我于 9 月 16 日写给您的信做出回应。毫无疑问,您并没有预料到普鲁士军队会对巴黎进行严密封锁,因为如果您预料到的话,您就不会给我写这封让我既无法阅读、也无法回应的公开信了。在这种微妙环境下,双方的误解是很容易形成的。假如可以的话,人们应该给我这个受到质询的人以解释的机会,以及修正和补充自己意见的机会。在这种情况下,我不禁害怕被人误解,这种担心并非多余。实际上,我对您于 10 月 2 日写给我的回信不敢苟同,指出这点非常重要……我对您在德意志民众面前如此

[①] GOBINEAU A. *Ce qui est arrivé à la France en 1870*. Paris:Éditions Klincksieck,1970:19. 另可参阅 WARDMAN H. W. *Ernest Renan*,*A Critical Biography*. London:University of London,The Athlone Press,1964:117. 普法战争期间勒南致里特尔信件的全文则可参阅 RENAN E. *Correspondance*,*1846 – 1871*. Paris:Calmann-Lévy Éditeurs,1926:328 – 331,340 – 345,364 – 366。

何谓民族？：
普法战争与厄内斯特·勒南的民族主义思想

荒谬地歪曲我的观点感到非常愤怒。这场悲惨的战争，让我清楚地看到，应该根据历史确定的客观现实来划定民族边界，任何未经当地居民同意的领土交割都是错误，甚至是罪过。更让我难过的是，就在我知道您的10月2日信件之后几天，我才知道《奥格斯堡报》根本没有刊登我的9月16日信件的德文译本。您是在《奥格斯堡报》上邀请我参与讨论的。您已经看到，《争鸣报》在非常敏感的时刻，在巴黎民众已经爆发骚动的背景下，刊登您那些狂妄自大的文字，而《奥格斯堡报》竟然拒绝刊登我那些谦卑隐忍的、向已经获得巨大胜利的德意志民众恳求宽容和怜悯的文字。①

由此可知，勒南交代了他之所以发表第二封公开信的原委。尽管勒南礼貌地把"双方的误解"归咎于"微妙环境"，但毫无疑问，勒南对施特劳斯相当不满。因为勒南、里特尔以及《争鸣报》的编辑人员的确是在内忧外患、危机四伏的非常时期，冒着生命危险"誓死捍卫施特劳斯说话的权利"，而施特劳斯以及《奥格斯堡报》的编辑人员却明显有失公平地剥夺了勒南的同等权利。更有甚者，施特劳斯不仅拒绝向德意志读者展示勒南回信的原件，而且还在德意志读者不知道勒南回信具体内容的情况下肆意歪曲勒南的观点。② 可以

---

① RENAN E. "Nouvelle Lettre à M. Strauss", in *La réforme intellectuelle et morale*. Paris: Calmann-Lévy Éditeurs: 187 – 190. 另可参阅 RETAT L. *Renan, Histoire et parole*, *Euvres diverses*. Paris: Robert Laffont, 1984: 647 – 648。

② WARDMAN H. W. *Ernest Renan, A Critical Biography*. London: University of London, The Athlone Press, 1964: 125. 英国学者瓦尔德曼认为，施特劳斯利用删改的勒南回信，把勒南塑造成叫嚣报复的好战分子，离间法德两国民众关系，蛊惑煽动德意志民众的民族主义情绪。

第四章
在普法战争的历史背景中重读《何谓民族?》

说,勒南自己又经历了一场"埃姆斯电报事件",施特劳斯这种断章取义的做法几乎就是普法战争爆发前俾斯麦删改电报文稿的翻版。

不过,让勒南更加恼火的是,施特劳斯竟然把勒南的回信当作牟利工具。勒南写道:"您自作主张地篡改我的回信,并且把我的回信和您的两封来信收录在小册子里。您还希望以发行这本小册子获得的收益为德意志伤残军人建立基金。上帝作证,您的所作所为完全歪曲了我的本意!而且,我被您收录到小册子中的回信是充满人文关怀的文字。如果我这段可怜巴巴的文字能够让那些闯进我的塞夫勒(Sèvres,巴黎西面风景宜人的小镇,当地盛产精美陶瓷——引者注)小屋大肆破坏的家伙多抽一两根雪茄的话,我要感谢您,您让我有机会实践耶稣基督的教诲(有人要打你的右脸,连左脸也转过来由他打——引者注)[①]。请您记住我们之间的细微差别。即使您授权我出版您的著作,我也绝对不会把出版发行获得的收益捐给我们的荣军院(Invalides,又译'残废军人院',由法国国王路易十四建立,作为收容和供养残废军人的福利设施——引者注)。"[②]

由此可知,勒南进一步交代了他与施特劳斯决裂的原因。后来的研究者把勒南和施特劳斯这次纠纷形容为"著作权之争"

[①] 勒南:《耶稣的一生》,梁工译,商务印书馆,1999,第114页。另可参阅勒南:《耶稣的故事》,朱旭文译,江苏人民出版社,1997。以及雷白韦(1940年版)和雷崧生(1969年版)的早期版本。

[②] RENAN E. "Nouvelle Lettre à M. Strauss", in *La réforme intellectuelle et morale*. Paris: Calmann-Lévy Éditeurs, 190 – 191. 另可参阅 RETAT L. *Renan, Histoire et parole*, *Euvres diverses*. Paris: Robert Laffont, 1984: 648。

何谓民族？：
普法战争与厄内斯特·勒南的民族主义思想

（une querelle de droits d'auteurs）。① 尽管这一概括不甚准确，但也道出了这次纷争的起因。让勒南难以忍受的是，施特劳斯在收到勒南第一封充满善意的回信后，并没有把这封回信看作双方和解的契机，反而把勒南的和平呼吁歪曲成战争叫嚣。更让勒南无法忍受的是，施特劳斯还把双方往来的书信编订成册并出版牟利，所得收益并非用于双方战争难民的救济，而是用于德方残废军人的抚恤，这明显违背施特劳斯之前的和平姿态，也明显违背知识分子应有的人道主义立场。正因如此，勒南对施特劳斯的信任荡然无存，勒南与施特劳斯的私人友谊也不复存在。

在向读者说明自己为何发表第二封公开信之后，勒南开始阐述自己在民族问题上的新观点。值得注意的是，我们在勒南的新观点中，已经隐约可见《何谓民族？》的雏形。勒南写道："有人可能会说，我们现在指责德意志人在1870年的所作所为，但这六七十年来，法国人不就是这么做的吗？……我要说，这是法兰西第一帝国犯下的罪行，我们对此一直谴责的上一代人的所作所为，和我们没有多少共同点，他们的所谓文治武功，也和我们无关。……过去的权利不代表今天的权利，民族意识的形成还不到一百年。……民族意识是由我们法国人在大革命中创造的，我们还把这种意识带给了那些被我们打败，甚至被我们征服的对手，民族意识就是我们的信条。""这条政治原则不深奥也不抽象，但它值得我们捍卫，以对抗那些形而上学的、既不公正又不人道的

---

① FOREST P. *Qu'est-ce qu'une Nation? Ernest Renan*（*Texte intégral*），*Littérature et identité nationale de 1871 à 1914*（*Textes de Barrès, Daudet, R. de Gourmont, Céline*）. Paris: Pierre Bordas et fils, 1991: 27.

第四章
在普法战争的历史背景中重读《何谓民族?》

政治原则。如果承认过去那套暴力原则仍然有效,那么战争将永无休止。……目前,阿尔萨斯在语言方面和种族方面是日耳曼人聚居区,但阿尔萨斯曾经是凯尔特人聚居区,整个德意志南部都曾经是凯尔特人聚居区。当然,我并不是要从中得出德意志南部应该归属法国的结论,但人们同样不能以古老的权利为理由,要求梅斯和卢森堡归属德国。这种考古学追溯也是永无休止的。既然狂热的德意志爱国主义者凭借'日耳曼人的天然权利'到处提出领土要求,那么我们也可以凭借更古老的'凯尔特人的天然权利'来提出我们的领土要求。"①

由此可知,勒南首先把普法战争结束后的法国与第一帝国时期的法国做出区分,同时对法兰西第一帝国的霸权主义行径做出谴责,从而确定自己的道德立场,占领道德制高点。然后,勒南以"民族意识"(在勒南的民族主义理论框架中,民族首先是意识形态)为切入点,指出"民族意识的形成还不到一百年","民族意识,是由我们法国人在大革命中创造的",从而巩固自己的理论阵地,占领理论制高点。应该承认,勒南选择的切入点相当高明,他为法国牢牢掌握了"民族意识"的话语权,正因为法国是"民族意识"的发明者,法国在"民族意识"问题上就具有最大程度的解释权。不过,勒南在这里并没有对"民族意识"进行更深入的论证,而是转入对所谓"种族天然权利"的论述。然而,勒南在这个问题上的论述留有明显破绽,因为如果按照人种

---

① RENAN E. "Nouvelle Lettre à M. Strauss", in *La réforme intellectuelle et morale*. Paris: Calmann-Lévy Éditeurs, 193-196. 另可参阅 RETAT L. *Renan, Histoire et parole, Euvres diverses*. Paris: Robert Laffont, 1984: 649-650。

何谓民族？：
普法战争与厄内斯特·勒南的民族主义思想

学和语言学标准，法国对阿尔萨斯和德意志南部的权利的确是"古老权利"（凯尔特人曾经生活在阿尔萨斯和德意志南部，但只是"曾经"），而德国对阿尔萨斯和德意志南部的权利则是一种"现实权利"（日耳曼人正生活在阿尔萨斯和德意志南部，不只是"曾经"）。勒南试图在这个问题上驳倒施特劳斯，实际上并不明智。但勒南后来在《何谓民族？》中调整了论证方向，着重论述"民族意识"，终于堵住了这个理论缺口。

勒南在《何谓民族？》中提出的关于"公民政治意愿"的主要观点，可以在下面这段浓缩的文字中初见端倪。值得注意的是，即使在这段文字中，我们还是可以看到"人类种族不平等"的痕迹。勒南写道："任何原则都不是绝对的，在死者的权利之外，我们更应该承认生者的权利。……我们不可能承认，人道主义的权利竟然要与中世纪时因为一己私利而产生的联姻、战役、条约联系在一起。正是你们的历史学家，比如兰克和西贝尔之流，在他们心目中，只有君王的野心和外交的诡计，为了将不属于本民族的省份纳入到王朝统治下，不惜举出这样可笑的理由。然而，法国大革命创造了人类历史的新纪元。诚然，笔者认为所谓人与人之间、种族与种族之间的平等是根本错误，人类当中比较高级的部分应该支配比较低级的部分。人类社会就像高层建筑物，应该各安其位，不应处处平等。然而，欧洲这些有共同历史经历的民族就像伟大元老院里面的平等成员，都是神圣不可侵犯的。欧洲就像由共同的文明观念凝聚起来的邦联。毫无疑问，每个民族的独特个性都是由种族、语言、历史、宗教等因素构成的，但也是由一国之内、不同省份的人们共同生活在一起的意愿

第四章
在普法战争的历史背景中重读《何谓民族？》

构成的。……阿尔萨斯在语言上和种族上是德意志的，但阿尔萨斯并不愿意成为德意志国家的一部分，因此并不存在什么阿尔萨斯问题。人们常常说什么法国的权利和德国的权利，实际上，这些权利都比不上阿尔萨斯人的权利，有血有肉的阿尔萨斯人只服从于他们愿意接受的政权。""因此，请不要指责法国的自由主义者，笔者认为在改变居民归属之前，不征询居民意见是不妥当的，我们把它视为神圣权利。对于我们这些不再承认王朝原则的人来说，要实现国家统一，除了建基于人民权利之外，就不存在任何其他权利了。既然具有合法性的民族能够打破王朝原则，那么这个民族就同样能够为了维护我们生死相系的纽带，为了与暴力做斗争而流血牺牲。""我们的政治原则是民族权利原则，而你们的政治原则却是种族权利原则，我们相信还是我们的政治原则比较优越。按照种族划分人类是非常错误的，即使从科学角度分析，这种划分也是非常错误的，只有极少数国家拥有真正纯种的种族。对其他国家来说，要达到纯化种族的目的，只能通过种族灭绝的战争，只能通过'动物'战争，请容许我这样比喻，就像啮齿动物和食肉动物的生存竞争。但愿这种不着边际的类比能够走向终结，我们还是应该呼唤人道主义。"[1]

由此可知，勒南提出"民族权利的永恒基础"应该是"人民的意愿"而非"王朝的统治"，正是由于"法国大革命创造了人类历史的新纪元"，凡是在法国大革命之后发生的民族归属问题，

---

[1] RENAN E. "Nouvelle Lettre à M. Strauss", in *La réforme intellectuelle et morale*. Paris：Calmann-Lévy Éditeurs，196 - 199. 另可参阅 RETAT L. *Renan*, *Histoire et parole*, *Œuvres diverses*. Paris：Robert Laffont，1984：650 - 651。

> **何谓民族？：**
> 普法战争与厄内斯特·勒南的民族主义思想

都应该以"公民政治意愿"为依归。具体到阿尔萨斯问题上，勒南认为所谓"法国的权利"和"德国的权利"，都不能优先于"阿尔萨斯人的权利"，因为"有血有肉的阿尔萨斯人只服从于他们愿意接受的政权"。实际上，勒南已经大胆指出了以"公民投票"解决领土纠纷的道路，尽管"公民投票"的办法始终没有运用于阿尔萨斯，但后来却运用于萨尔（Saarland，法德边境上的日耳曼省区，在阿尔萨斯北面，首府为萨尔布吕肯，同样是在法德两国之间几经易手——引者注）。而且，勒南把法德两国秉持的政治原则，分别界定为"民族权利原则"和"种族权利原则"，这种"贴标签"的做法非常有利于勒南在论战中占据主动。

尽管勒南在阿尔萨斯民族归属问题上的立场相当开明（甚至相当激进），但我们切不可忘记，他为这个"相对开明"的立场设定了"极端保守"的前提，那就是"人类种族不平等"。正如勒南所说，"所谓人与人之间、种族与种族之间的平等是根本错误，人类当中比较高级的部分应该支配比较低级的部分。人类社会就像高层建筑物，应该各安其位，不应该处处平等"。只有"欧洲这些有共同历史经历的民族"才是"伟大元老院里面的平等成员"，才是"神圣不可侵犯的"。正是在这一问题上，勒南毫不掩饰地流露出雅利安主义者的种族优越感。应该承认，勒南同样是以"双重标准"来看待种族问题。记取勒南民族主义思想这一特点，有利于我们清楚理解勒南所谓"公民政治意愿"的指向性和局限性。

在阐述主要观点后，勒南还在人类学领域进一步挤压施特劳

第四章
在普法战争的历史背景中重读《何谓民族?》

斯的理论空间。勒南写道:"您与其在人类学方面发起挑衅,倒不如不要把人类学运用于政治领域。您以日耳曼语的词源学考察为根据,为普鲁士提出对洛林(Lorraine)地区的领土要求。然而,如果我以凯尔特语的词源学考察为根据,则就连维也纳(Vienne,凯尔特语古地名为 Vindobona)、沃尔姆斯(Worms,凯尔特语古地名为 Borbitomagus)、美因兹(Mayence,凯尔特语古地名为 Moguntiacum)这样的地名都是来自凯尔特语。但我们从来没有以此为理由,对上述城市提出领土要求。不过我要提醒您,假如有那么一天,各个斯拉夫民族向普鲁士(Prusse,实际上,普鲁士这个地名就是来自波兰北部、波罗的海沿岸的斯拉夫部落——引者注)以斯拉夫语言的词源学考察为根据,要求收回波美拉尼亚(Poméranie)、西里西亚(Silésie)甚至柏林(Berlin),如果他们在易北河(l'Elbe)和奥得河(l'Oder)问题上,模仿您在摩泽尔河(la Moselle)问题上的做法,您将如何应对?民族并非种族的同义词。小小的瑞士,一个如此牢固的共同体,却包含了三种语言、三四个种族、两种宗教。民族是在漫长的历史中(但漫长不等于永恒)历经演变而形成的伟大联合体。在这个过程中,若干个省份凝聚成一个核心,进而通过共同利益的纽带,或者通过某种古老的事实、某种古老的共同利益,把周边其他省份联系在一起。英国堪称世界民族之林中最为出色的典范,但从人类学和历史学的角度来看,却是最为混杂的,它的种族成分包括:纯种不列颠人、罗马化不列颠人、爱尔兰人、喀里多尼亚人、盎格鲁-撒克逊人、丹麦人、纯种诺曼人、法兰西化诺曼

> **何谓民族？：**
> 普法战争与厄内斯特·勒南的民族主义思想

人。他们都混杂在一起了。"①

由此可知，勒南清楚指出"民族并非种族的同义词"，但这不是上述文字的关键所在。至关重要的是，勒南尝试以"釜底抽薪"的办法论证"种族不纯的必然性"，架空施特劳斯的种族主义观点。不过，勒南在这方面的尝试只是迈出了第一步，因为勒南在这里举出的反例并非作为当事双方的法德两国，而是作为第三方的英国。而且，勒南还没有把"共同利益"排除出"民族共同体"的基础之外，没有把所有客观因素排除在外（在勒南的民族主义理论架构中，民族意识是唯一主观因素）。勒南这些思虑不周之处，将在《何谓民族?》中得到修补。

在第二封公开信里，勒南对施特劳斯、对德意志知识分子不再抱任何幻想。勒南终于清醒地认识到，施特劳斯是他的论敌，自己正代表法国知识分子与对方展开论战。与第一封公开信不同，在第二封公开信中，勒南不再掺杂个人感情，而是表现出历史学家的冷静和睿智。可惜的是，由于第二封公开信是在巴黎之围结束后才发表的，此时施特劳斯已经以论战胜利者自居，并且凭着他那本小册子到处招摇撞骗了。因此，严格意义上说，勒南与施特劳斯的论战并未真正打响。尽管如此，我们还是可以看到，勒南于1882年3月才发表的《何谓民族?》，早在1871年9月发表的公开信里已初见端倪。而在《何谓民族?》中，勒南将会把蒙森和施特劳斯之流的种族主义和文化民族主义批驳得体无完肤。

---

① RENAN E. "Nouvelle Lettre à M. Strauss", in *La réforme intellectuelle et morale*. Paris：Calmann-Lévy Éditeurs, 201 - 202. 另可参阅 RETAT L. *Renan, Histoire et parole, Œuvres diverses*. Paris：Robert Laffont, 1984：652。

第四章
在普法战争的历史背景中重读《何谓民族?》

第四节 勒南在《何谓民族?》中对阿尔萨斯论战的回应

正如本章第一节所述,普鲁士历史学家蒙森以民族身份的客观标准,为普鲁士对阿尔萨斯的领土要求进行辩护。蒙森声称,民族身份的客观标准是族裔起源和语言,因为绝大多数阿尔萨斯人都说德语方言,所以他们是德意志民族组成部分。与此同时,法国历史学家库朗日则以民族认同的主观标准进行反驳。但正如笔者在本章第一节指出的,库朗日在《答蒙森先生书》中并未驳倒蒙森的观点。库朗日和蒙森的论战其实更像两个远隔千里的思想者在自言自语。最终把蒙森的观点彻底驳倒的,是勒南的《何谓民族?》。而且,勒南在《何谓民族?》中,也进一步完善了勒南在对施特劳斯的论战中初步提出的观点。[①]不过,我们在注意到勒南政治民族主义观点的同时,还应该注意到,勒南在《何谓民族?》中的某些言论可能是言不由衷,可能是情势所迫,还有某些言论其实是游走在政治民族主义与文化民族主义之间。

---

① WARDMAN H. W. *Ernest Renan*, *A Critical Biography*. London: University of London, The Athlone Press, 1964: 161 - 162. 英国学者瓦德曼也注意到《何谓民族?》先破后立的论证逻辑,而且也注意到勒南在《何谓民族?》中的"经济学批判"其实是在含沙射影地批判德意志境内由李斯特提出、由俾斯麦主持的"关税同盟"(Zollverein)。

209

何谓民族?:
普法战争与厄内斯特·勒南的民族主义思想

一　先破后立:《何谓民族?》的论证逻辑

如前所述,当我们今天重读《何谓民族?》时,普法战争、"库朗日-蒙森论战"和"勒南-施特劳斯论战"是三层不可忽略的历史背景。对于普法战争和阿尔萨斯问题的大背景,笔者在本章前三节的文本分析中已经有所交代,而对于"库朗日-蒙森论战"和"勒南-施特劳斯论战"这两层前后相继的小背景,我们可以通过对照阅读库朗日《答蒙森先生书》、勒南《答施特劳斯书》(第一书和第二书)与勒南《何谓民族?》来揭示《何谓民族?》层层递进的论证逻辑。

库朗日在《答蒙森先生书》中认为,"种族和语言都不能构成民族属性","用于辨认民族的标准,既不是种族,也不是语言","地理上的便利、政治上或者经济上的利益,这些才是聚集人口进而创建国家的基础","所谓祖国,就是人们衷心热爱的事物"(详见本章第一节)。库朗日排除了种族因素和语言因素,而接纳了地理因素(便利)、政治因素(利益)、经济因素(利益),也接纳了政治意愿,作为判定民族属性的四条标准。而且,在《答蒙森先生书》中,库朗日已经展开了初步的"人种学批判"和"语言学批判",表明了他的政治民族主义立场。不过,库朗日的"人种学批判"和"语言学批判"只是浅尝辄止,并没有真正展开。因此,只能留待勒南在《何谓民族?》中再做补充。

勒南在《答施特劳斯第一书》中认为,"自从人们抛弃王朝原则以来,人们就应该根据民族权利原则来划定国家领土边界,也就是根据自然人群的种族、历史和意愿来划定领土边界","如

第四章
在普法战争的历史背景中重读《何谓民族?》

果把这个民族归属问题交给阿尔萨斯居民来回答,绝大多数人都会支持阿尔萨斯继续留在法国境内"(详见本章第三节)。勒南同时接纳了种族因素、历史因素、政治意愿,作为判定民族属性的三条标准。因此,在《答施特劳斯第一书》中,勒南的政治民族主义立场尚未明确,至少远远不如库朗日的立场明确。不过,勒南在这里已经考虑到政治意愿的重要性。

勒南在《答施特劳斯第二书》中认为,"每个民族的独特个性都是由种族、语言、历史、宗教等因素构成的,但也是由一国之内、不同省份的人们共同生活在一起的意愿构成的","对于我们这些不再承认王朝原则的人来说,要实现国家统一,除了建基于人民权利之外,就不存在任何其他权利了","按照种族来划分人类是非常错误的","民族并非种族的同义词"(详见本章第三节)。勒南对种族因素、语言因素、历史因素、宗教因素是否足以作为判定民族属性的标准提出质疑,开始关注政治意愿独特的、具有排他性的意义,勒南的政治民族主义立场也更加明显。然而,在《答施特劳斯第二书》中,勒南尚未展开系统的"人种学批判"和"语言学批判",这也只能留待他在《何谓民族?》中再做补充。

勒南在《何谓民族?》中认为,"人种学因素与现代民族构成没有任何关系","实际上,根本就不存在血统单一的种族,而把政治建基于人种学分析之上简直是痴人说梦","语言是历史事物,语言只是在很小程度上说明其使用者的血统,在任何情况下,语言都不应束缚人类决定其归属于哪一个大家庭的自由"。因此,种族因素和语言因素都不能作为判断民族属性的标准,而

何谓民族？：
普法战争与厄内斯特·勒南的民族主义思想

且，宗教、经济、地理，这三个因素同样不能作为判断民族属性的标准。在勒南看来，"民族是一个灵魂，是一条精神法则"，"两种事物，严格来说只是一种，构成了这个灵魂，构成了这条精神法则"，"一种是共有记忆的丰富遗产；一种是实际的认同，即共同生活的渴望以及继续珍视共受遗产的意愿"，"民族的存在，就是每日的公民投票"，"人类并非其所属种族的奴隶，亦非其所用语言的奴隶，更非其所奉宗教的奴隶，既不是河流流向的奴隶，也不是山脉走向的奴隶"，"一个具有健全心智和温暖心灵的伟大的人类集合体，创造了一种道德良心，这种道德良心就被称为民族"（详见第一章第二节）。勒南排除了种族因素和语言因素，也排除了宗教因素、经济因素（关税同盟）、地理因素（自然疆界），仅接纳历史因素（共同记忆）和政治意愿作为判定民族属性的两条标准，实际上是唯一标准。因为与《答施特劳斯第一书》相比，在《何谓民族？》中，历史因素（共同记忆）已经成为附属于政治意愿的次要因素。

在与库朗日《答蒙森先生书》和勒南《答施特劳斯书》（第一书和第二书）的对照阅读中，我们可以发现勒南《何谓民族？》有三个鲜明的特点。

其一，勒南完成了库朗日尚未完成的"人种学批判"和"语言学批判"。如前所述，库朗日的"人种学批判"和"语言学批判"是浅尝辄止的，库朗日只是注意到"人种学标准"和"语言学标准"与现实状况的不一致，而没有注意到这两条标准的内在问题。与此相反，勒南直取"人种学标准"和"语言学标准"的要害。关于"人种学标准"，勒南写道："法兰西民族由凯尔特、

第四章
在普法战争的历史背景中重读《何谓民族?》

伊比利亚和日耳曼等人种构成,德意志民族由日耳曼、凯尔特和斯拉夫等人种构成。""整个德意志南部是高卢人种的,整个易北河东岸是斯拉夫人种的。"关于"语言学标准",勒南写道:"普鲁士人现在只说德语,但在几个世纪以前说斯拉夫语;威尔士人说英语;高卢人和西班牙人说阿尔巴朗格的原始方言;埃及人说阿拉伯语。此外,还有数不胜数的例子。"我们不难看出,勒南在这里列举的都是众所周知的事实,但这种同时牵涉法德两国的客观事实,却具有雄辩的力量。一方面,勒南关于法德两国人种和语言的论述,是法德两国学者都无法否认的常识;另一方面,正因为勒南同时列举法德两国的例子,德国学者无法指责勒南偏袒法国。笔者认为,"先破后立"是《何谓民族?》最突出的论证逻辑。由于勒南没有就"政治意愿"(政治民族主义的首要特征)提供太多原创性思想,因此《何谓民族?》完全是建立在批判对方立论(包括种族主义和文化民族主义)基础上的,这也体现了《何谓民族?》尖锐的批判力量。

其二,勒南把判断民族属性的"主客观多元标准"改为"主观一元标准"。从库朗日《答蒙森先生书》的四条标准(地理、政治、经济、意愿),到勒南《答施特劳斯书第一书》的三条标准(种族、历史、意愿),到勒南《何谓民族?》合二为一的一条标准(从历史和意愿到唯一的政治意愿),用于判定民族属性的标准不断减少,客观因素不断被排除,主观因素不断被凸显。直到勒南果敢地断言"民族的存在,就是每日的公民投票",从而将政治民族主义推向极致。平心而论,勒南这句惊世骇俗的名言极具争议,即使是最忠实的政治民族主义者,也未必敢下这种不

> **何谓民族？：**
> 普法战争与厄内斯特·勒南的民族主义思想

留余地的断语。勒南在排除所有客观标准以后，以这句不留余地的断语肯定"政治意愿"作为唯一主观标准的地位，倒也表现出一种"片面的深刻"。唯其片面，方能引发争论；唯其深刻，方能传之久远。

其三，勒南不再有予人口实、授人话柄的中立表态。库朗日在《答蒙森先生书》中说："尽管在种族和语言方面，阿尔萨斯可能属于德国，但在民族情感和祖国观念方面，阿尔萨斯属于法国。"勒南在《答施特劳斯第二书》中也说："阿尔萨斯在语言上和种族上是德意志的，但阿尔萨斯并不愿意成为德意志国家的一部分，因此并不存在什么阿尔萨斯问题。"在这两个浓缩了双方立场的句子中，库朗日和勒南的爱国主义立场（以及政治民族主义立场）是坚定的。然而，库朗日和勒南都无法否认，德国学者的立场也有其合理性，他们两人对这种在理论战场上势均力敌的状况无能为力。但在《何谓民族？》中，由于勒南已经完成了"人种学批判"和"语言学批判"，蒙森和施特劳斯的种族主义和文化民族主义学说，已经从学理上受到法国知识分子的质疑。正因如此，勒南在发表《何谓民族？》时不再有任何示弱的表现。

二 难言之隐：《何谓民族？》的公民投票主张

众所周知，勒南在《何谓民族？》中提出"民族的存在，就是每日的公民投票"。这句名言几乎已经成为勒南的名片。然而，勒南的公民投票主张是不是迫不得已的表态？毕竟在这种以公开信形式进行的辩论中，勒南代表的不只是勒南自己的立场，而且

第四章
在普法战争的历史背景中重读《何谓民族?》

还代表着法国全体知识分子,乃至法国全体民众。正如笔者在论述库朗日《答蒙森先生书》时提到的,"政治意愿"是法国最后的理论据点。在 19 世纪中后期种族主义思潮甚嚣尘上的特殊语境下,除了诉诸"政治意愿",法国几乎不可能在阿尔萨斯人的民族属性问题上占据任何理论优势。

我们可以考察勒南在《何谓民族?》中先后否定的五条客观标准:按照人种学标准,阿尔萨斯人是德意志人(日耳曼人种)分支;按照语言学标准,阿尔萨斯人使用德语方言(日耳曼语系);按照宗教学标准,阿尔萨斯人信仰新教(路德宗);按照经济学标准,阿尔萨斯人与其他德意志人只是一河相隔,同样属于莱茵河经济体系,完全具备加入"关税同盟"的便利条件,而与其他法兰西人还隔着重峦叠嶂的阿登山区,贸易路线甚为遥远;按照地理学标准,阿尔萨斯人定居的阿尔萨斯地区(以及首府斯特拉斯堡)在莱茵河左岸,在法国"自然疆界"内。不过,所谓"自然疆界"只不过是法国单方面的立场,由于德国在莱茵河左岸也有领土(例如萨尔区及其首府萨尔布吕肯),德国当然不可能承认所谓"自然疆界"。显而易见,在这种处处被动挨打的局面下,勒南只能如此表态:"如果发生边界纠纷,那就应该咨询被卷入争端的当地居民的意见。居民们当然有权就此发言。"[①] 我们当然不可能准确判断当地居民的意见,而且无论是库朗日和勒南,还是蒙森和施特劳斯,他们也不可能做出准确判断。在"公

---

① RENAN E. "Qu'est-ce qu'une nation?" in *Discours et conférence*, Paris: Calmann-Lévy Éditeurs, 1887: 310. 另可参阅 RENAN E. *Qu'est-ce qu'une nation?* Marseille: Le Mot et Le Reste, 2007: 36。

何谓民族？：
普法战争与厄内斯特·勒南的民族主义思想

民投票"的敏感问题上（尤其是这种非常时期的公民投票，民意随时会发生重大逆转），法德两国学者都不敢断定自己有十足把握。然而，正因为双方都没有十足把握，"公民投票"就成为法国扭转败局和保住阿尔萨斯的最后机会。

然而，笔者要追问的是，勒南自己是否真正尊重民众的"政治意愿"？是否真正赞同民众的"公民投票"？这是非常值得商榷的问题。勒南在《何谓民族？》中写道："民族是伟大团结的表达，民族由过去和将来共同牺牲的情感凝聚而成。它虚构了过去的传说，然而它也是现实的缩影：那就是同意，即对继续共同生活的明确意愿。民族的存在，就是每日的公民投票，正如个人的存在就是不断地确证生命那样。……归根到底，民族的愿望是唯一正当的标准，也是人们必须回归的标准。"① 由此可见，勒南对民众的"明确意愿"是相当重视的，而且独抒新见地运用了"每日公民投票"的比喻（请注意，这只是一个令人费解的比喻，而不是实际上的主张）。然而，在其他著作中，勒南对"公民投票"（plébiscite）的近义词"全民投票"（suffrage universel，在法语里面，suffrage 同时有"选举"和"表决"双重含义）却有另外一番见解。

青年时代的勒南，在《科学的未来》中写道："对于野蛮人来说，全民投票是危险的。""只有在人人都具有智慧，没有人能够辱没'人'这个称谓的时候，全民投票才具有合

---

① RENAN E. "Qu'est-ce qu'une nation?" in *Discours et conférence*, Paris: Calmann-Lévy Éditeurs, 1887: 307-308. 此外还可参阅 RENAN E. *Qu'est-ce qu'une nation?* Marseille: Le Mot et Le Reste, 2007: 34-35。

第四章
在普法战争的历史背景中重读《何谓民族?》

法性。"① 由此可见,勒南提倡的全民投票并不是无条件的。与上述表态类似,人到中年的勒南在亲历普法战争后完成的《法兰西道德与思想改造》中也写道:"国家并非只是个人的简单集合,国家是一个灵魂、一种道德感、一重人格、一种凝聚力。这个灵魂可以寄寓在人数非常少的群体身上,如果所有人都能够参与进来,那当然是好事。然而,通过政府选拔程序为国家建立殚精竭虑的领导机构,也是必不可少的。因为这个国家绝大多数人是食古不化、麻木不仁的。可惜的是,法国的政府选拔程序是软弱无力的。由于法国杂乱无章的全民投票制度,法国的领导机构既无知识,亦无智慧;既无声誉,亦无权威。……国家如果没有其他机制,而只有直接全民投票,那么国家就只是愚昧无知、蠢笨无能的实体。"② 法国学者皮埃尔·罗桑瓦龙甚至认为,勒南对普遍选举充满敌意,并且在私下里比在《法兰西道德与思想改造》中远远要表现得强烈。③

请注意勒南的一处关键表述。在《何谓民族?》中,勒南把"民族"(une nation)比喻为"灵魂"(une âme),而在《法兰西道德与思想改造》中,勒南同样把"国家"(un pays)比喻为"灵魂"(une âme)。然而,在《何谓民族?》中,"民族"这个"灵魂"存在于"每日公民投票"之中,在《法兰西道德与思想

---

① RENAN E. *Histoire des origines du christianisme*. Paris: Robert Laffont, 1995: CDXXXI.
② RENAN E. *Histoire des origines du christianisme*. Paris: Robert Laffont, 1995: CDXXXI.
③ 罗桑瓦龙:《公民的加冕礼:法国普选史》,吕一民译,上海世纪出版集团,2005,第 248 页。

217

何谓民族?:
普法战争与厄内斯特·勒南的民族主义思想

改造》中,"国家"这个"灵魂"却存在于"人数非常少的群体"身上。在法兰西民族国家相对早熟(与英国一样,在"王朝国家"框架内构建"政治民族")的历史背景中,在法国政治民族主义传统中,"民族"(nation)、"祖国"(patrie)和"国家"(pays)的概念几乎全等。因此,勒南对这几个概念的真实看法不可能有如此强烈的反差。既然如此,笔者就只能对勒南的"公民投票主张"提出质疑了。

最后,垂暮之年的勒南在其遗著《零落的文稿》(*Feuilles détachées*,1892年完稿)中,就"全民投票的危害性"(Nocivité du suffrage universel)写道:"我们总是明知故犯,在民众所知甚少的问题上,尤其是选择政府形式、选择最高统治者的问题上,听从民众意见。这种欠缺谨慎的做法就像为刚满十岁的、乳臭未干的小孩赋予公民权,并让他组织起多数派。天知道他会做出什么出格的事情来?我们要求这些愚昧的民众表现出理性,然而他们总是受骗上当,总是被最拙劣的江湖骗术所迷惑,总是在受到别人的恶意中伤时表现得麻木不仁。我们曾经设想,即使没有王朝统治,我们也能为这个民族组织起永久性的决策中枢。但结果却是中央理性的急剧衰退,这个民族的所谓决策中枢变得一无是处。我们这个最具勇敢、慷慨、仁爱和天赋的民族,却放任自己的思想水平和道德水平不断下降,心甘情愿地让最等而下之的想法大行其道,并让最平庸的头脑世袭罔替地占据着最崇高的精神领域。"[1]

---

[1] RENAN E. "Nocivité du suffrage universel", in *La Réforme intellectuelle et morale et autres écrits*. Paris: Albatros/Valmonde, 1982: 114.

第四章
在普法战争的历史背景中重读《何谓民族?》

综上所述,无论是"公民投票"还是"全民投票",无论是在勒南的青年、中年还是晚年时代,勒南对于普罗大众的"政治意愿"总是怀有深深疑虑。归根到底,勒南作为一以贯之的精英主义者,对普罗大众的理性思考能力并未寄予充分信任。正因如此,笔者看待勒南在《何谓民族?》中提出的"公民投票主张"时,也不由得产生了几分怀疑。

三 意犹未尽:《何谓民族?》的精英主义隐喻

众所周知,勒南在《何谓民族?》结尾提出:"民族是一个灵魂,是一条精神法则。两种事物,严格来说只是一种,构成了这个灵魂,构成了这条精神法则。一种存在于过去,一种存在于现在。一种是共有记忆的丰富遗产;一种是实际的认同,即共同生活的渴望以及继续珍视共受遗产的意愿。"[①] "过去的记忆"和"现在的认同"成为构建现代民族的两重要素,在勒南的政治民族主义学说中,这两重要素构成了"一体两面"的关系。如前所述,在很大程度上,"历史记忆"(过去的记忆)已经成为附属于"政治意愿"(现在的认同)的次要因素。然而,"历史记忆"毕竟先于"政治意愿"而存在,就此而言,"历史记忆"还是"政治意愿"的前提条件。但问题往往就出现在这个预设的前提条件上。所谓"历史记忆"是谁的记忆?或者说,是谁灌输给谁的记忆?如果说,勒南对民众的理性思考能力以及民众的"政治意

---

① RENAN E. "Qu'est-ce qu'une nation?", in *Discours et conférence*, Paris: Calmann-Lévy Éditeurs, 1887: 306. 另可参阅 RENAN E. *Qu'est-ce qu'une nation?* Marseille: Le Mot et Le Reste, 2007: 33。

愿"只是有所怀疑（虽有所怀疑，却无可奈何），那么，勒南及其代表的知识阶层却能够肆意垄断民众的"历史记忆"。

正如勒南自己在《何谓民族？》开篇指出的："遗忘历史上曾经发生的错误是创建民族的本质要素，因此历史研究的学术进展经常威胁到民族性。实际上，历史调查揭示发生在每个政治体初创时期的残暴行为，即使后人从这一政治体中得到实惠。统一总是通过残酷手段来达成，法国南北统一就是持续将近一个世纪的灭绝和恐怖的结果。我敢说，法国国王是世俗统一者的楷模，他创造了有史以来最完美的民族统一。然而，如果就近观察，法国国王曾经声名狼藉，他创建的民族曾经诅咒他，今天只有受过教育的头脑才知道他的价值和他的所作所为。"[1]

由此可见，作为"政治意愿"前提条件的"历史记忆"，本身就是残缺不全的，在勒南眼中，"遗忘"也是"创建民族的本质要素"。笔者认为，这种"集体失忆"可能并不是"遗忘"的结果，更加可能是刻意"过滤"的结果。既然"历史研究的学术进展经常威胁到民族性"，那么历史研究者（以及历史研究者服务的政府）公布哪些学术成果，隐匿哪些学术成果，销毁哪些学术成果，就成为集团意志乃至国家意志的体现。就此而言，历史研究本身就构成了巨大权力，而且由于没有与之对应的民间力量进行制衡，历史研究本身还构成了绝对权力。由于普罗大众被动接受的历史记忆与知识阶层主动揭示的历史记忆并不完全相等，

---

[1] RENAN E. "Qu'est-ce qu'une nation?", in *Discours et conférence*, Paris: Calmann-Lévy Éditeurs, 1887: 284 – 285. 另可参阅 RENAN E. *Qu'est-ce qu'une nation?* Marseille: Le Mot et Le Reste, 2007: 21 – 22。

第四章
在普法战争的历史背景中重读《何谓民族?》

结果在关于法兰西王朝国家与民族国家的问题上,"只有受过教育的头脑才知道他(法国国王)的价值和他(法国国王)的所作所为"。

同样是在《何谓民族?》开篇,勒南还写道:"通过比较,西欧历史的伟大法则变得触手可及。许多国家未能完成法国国王——部分是通过其暴虐,部分是通过其公正——有幸得以完成的事业。……民族的本质就是人们有许多共同点,但也忘记了许多其他东西。没有一个法国公民知道自己是勃艮第人、阿兰人、泰法利人还是西哥特人,每个法国公民都一定忘记了圣巴托罗缪之夜,忘记了13世纪发生在法国南方的大屠杀。"[1]

由此可见,勒南把"对历史记忆的遗忘"看成某种比"历史记忆本身"更加重要的要素。笔者认为,这种由知识阶层主导的"对历史记忆的遗忘",本身就是对民众"政治意愿"的误导和背叛,也是对政治民族原则的背叛。法国学者帕特里斯·卡尼维兹(Patrice Canivez)在《何谓民族?》点评本中,对勒南这种表面开明、内里保守的投机态度提出严厉批评。卡尼维兹认为,在勒南的民族定义中,存在民众与学者之间的鸿沟,而勒南在这个关系大众民主的关键问题上,唯一采取的态度竟然是保持沉默。卡尼维兹写道:"人们拥有选择未来的自由,却在不明就里的情况下选择。人们表达自己的同意,却在未明真相的情况下同意。这种民族概念与某种民主程序相伴而行,例如全民投票和议会政

---

[1] RENAN E. " Qu'est-ce qu'une nation?", in *Discours et conférence*, Paris:Calmann-Lévy Éditeurs, 1887: 285 – 286. 另可参阅 RENAN E. *Qu'est-ce qu'une nation?* Marseille: Le Mot et Le Reste, 2007: 22。

治，然而在勒南的思想中，'民主逻辑与民族逻辑却是彼此对立的'。"① 卡尼维兹还认为，不应该把民族团结建立在"遗忘过去发生的暴力事件"的基础上。卡尼维兹写道："人们没有必要忘记十字军对法国南部阿尔比教派的镇压。人们最好不要忘记宗教战争，不要忘记维希政府与纳粹政权的合作。……因为在这些例子中，遗忘就是对受害者的另一次残忍伤害。……无论是民主共同体的内部团结，还是国际间的民主合作，都不应该回避对过去事实与责任的反思，这不是为了纠缠过去，而是为了在解开心结的基础上达致和解。要实现人与人之间的团结，必须在以下两方面实现公平正义：其一是还暴力事件受害者以公道，其二是还原事实真相。正因如此，对民主政体来说，在涉及民族神话的领域，历史科学总是必不可少的。"② 笔者对卡尼维兹的观点深表赞同。

综上所述，尽管勒南在《何谓民族？》中提出他的"公民投票主张"，但由于勒南在普罗大众的"政治意愿"前面，预设了由知识分子主导的关于"历史记忆"的先决条件。因此，这个"公民投票主张"的民主意义就被大大削弱了。因为直接剥夺民众的知情权，就等于间接剥夺了民众的投票权。而且，由于民众脑海中的"历史记忆"，在很大程度上是由知识分子（尤其是代表官方立场的知识分子）先行过滤、而后灌输的，因此民众的"政治意愿"

---

① CANIVEZ P. Qu'est-ce que la Nation？. Paris：Librairie philosophique J. VRIN，2004：118－120.

② CANIVEZ P. Qu'est-ce que la Nation？. Paris：Librairie philosophique J. VRIN，2004：123－124.

第四章
在普法战争的历史背景中重读《何谓民族?》

也被知识分子驾驭和驯化了。就此而言,勒南在《何谓民族?》中提出的"公民投票主张",背后还隐藏着"精英主义隐喻"。

尽管勒南没有为《何谓民族?》加上诸如"对学界同人福斯特尔·德·库朗日教授观点之阐发"之类的副标题,但就《何谓民族?》论证的观点而言,确实可以把这篇讲稿视为库朗日《答蒙森先生书》的续篇。不过,这却是迟到了十多年的续篇。同样,尽管勒南没有为《何谓民族?》加上诸如"对德国学者狄奥多尔·蒙森教授观点之反驳"之类的副标题,但就《何谓民族?》批判的观点而言,也确实可以把这篇讲稿视为对蒙森"致意大利人民三封公开信"的答词。不过,这却是迟到了十多年的答词。[①]当然,我们还可以把《何谓民族?》视为对《答施特劳斯书》的充实和增补,这是比较显而易见的,不需要笔者多加说明。笔者更加关注的是《何谓民族?》发表的时机和动机。

如本章第二节所述,勒南与蒙森早已相识(勒南与库朗日更是关系紧密的同事,在古代文化研究方面有过密切的交流与合作),有过良好的学术联系。即使是普法战争期间,勒南与蒙森也还保持着书信往来,勒南也在书信中提到蒙森那几封引发论战的公开信。因此,勒南对蒙森并非素昧平生,他对蒙森与库朗日的论战亦非毫不知情。正因如此,笔者不禁提出疑问:当库朗日和蒙森为阿尔萨斯民族归属问题争得不可开交,而勒南与施特劳斯也为同一个问题交战正酣的时候,勒南为何没有加入库朗日与

[①] GILDEA R. "Province and Nation", in CROOK M. *Revolutionary France*. Oxford: Oxford University Press, 2002: 177.

何谓民族？：
普法战争与厄内斯特·勒南的民族主义思想

蒙森的论战？勒南明明是"库朗日－蒙森论战"的首要目击者，却为何采取各自为战的态度？更加令人困惑的是，勒南为何要在"库朗日－蒙森论战"和"勒南－施特劳斯论战"结束十多年后，才旧话重提，发表《何谓民族？》这样姗姗来迟的讲话？笔者对这些问题难以遽下断语。

值得注意的是，关于《何谓民族？》的深层解读，法国学者菲利普·福瑞斯特（Philippe Forest）提出了别出心裁的观点。他把《何谓民族？》视为对《法兰西道德与思想改造》的否定（这种否定是补救性的，其目的就在于对勒南的政治形象进行修补），甚至把《何谓民族？》视为"勒南政治遗嘱"（le testament politique de Renan）。福瑞斯特认为，勒南之所以在普法战争结束十多年后，才把他在普法战争期间（尤其在与大卫·施特劳斯互通书信期间）就已经形成的观点公之于众，并非出于偶然。19世纪70年代末至80年代初是勒南走向其学术生涯顶峰的几年，福瑞斯特将这几年形容为勒南晚年的"祝圣仪式"（la consécration）。1878年，勒南当选为法兰西学术院（Académie française）院士；1883年，勒南被任命为法兰西公学（Collège de France）负责人。他已经获得其他知识分子毕生企求的所有最高荣誉。福瑞斯特评价道："在与共和派主导的政权达成妥协后，勒南通过其影响力、名誉和声望，终于得以跻身于雨果、米什莱等伟大的法兰西思想文化巨匠之列。"[①] 福瑞斯特指出，勒南于1882年3月11日在索

[①] FOREST P. Qu'est-ce qu'une Nation? Ernest Renan (Texte intégral), Littérature et identité nationale de 1871 à 1914 (Textes de Barrès, Daudet, R. de Gourmont, Céline). Paris: Pierre Bordas et fils, 1991: 27.

第四章
在普法战争的历史背景中重读《何谓民族?》

邦大学校园内发表的著名讲话《何谓民族?》,就是在这种特殊背景下发生的。而在 1887 年,当勒南将自己的讲演录《谈话与讲演》(*Discours et conférences*,《何谓民族?》也收录在这部讲演录中)结集出版的时候,他在书中写道:"在这部书卷中,我最看重的段落也是我提请读者特别关注的段落,是我的讲演《何谓民族?》。在这篇讲演中,每字每句都倾注了我的大量心血。为思考人类社会的重大问题而殚精竭虑,这是我的神圣使命,尤其在现代文明将要受到威胁的时候更是如此。对以下这些词语的滥用与误用将会对现代文明带来致命后果。这些词语是民族(nation)、民族性(nationalité)、种族(race)。我希望人们能够记住我这二十页讲稿。我真诚地相信,我在这篇讲稿中写下的文字是完全正确的。"[①] 福瑞斯特由此推断,把《何谓民族?》视为"勒南政治遗嘱"并非毫无根据,亦非过分臆测。由于勒南在这篇"政治遗嘱"中如此理直气壮、义正词严,他之前所写的其他观点相反的著作就变得极具争议,甚至应受指责了。不过可以确定的是,"勒南希望人们能够记得他,而他希望留在人们脑海中的印象不是作为《法兰西道德与思想改造》的作者,而是作为《何谓民族?》的作者,因为在《法兰西道德与思想改造》中,勒南就像守旧的、落后的思想家"。[②]

---

① RENAN E. "Qu'est-ce qu'une nation?", in *Discours et conférence*, Paris: Calmann-Lévy Éditeurs, 1887: II – III. 另可参阅 RENAN E. *Qu'est-ce qu'une nation?* Marseille: Le Mot et Le Reste, 2007: 37。

② FOREST P. *Qu'est-ce qu'une Nation? Ernest Renan (Texte intégral), Littérature et identité nationale de 1871 à 1914 (Textes de Barrès, Daudet, R. de Gourmont, Céline)*. Paris: Pierre Bordas et fils, 1991: 28.

何谓民族?：
普法战争与厄内斯特·勒南的民族主义思想

笔者认为，福瑞斯特关于"勒南政治遗嘱"的说法，虽然看上去荒诞不经，但并非全无道理。笔者还推测，勒南之所以要选择在1890年出版已经尘封将近半个世纪之久的《科学的未来》，除了在垂暮之年纪念青春岁月以外，也未必没有表白心迹的意图。为何如此？因为年轻的勒南在《科学的未来》中曾经衷心赞美法国大革命，热情赞美法国大革命"自由、平等、博爱"的自由民主价值。而勒南在《科学的未来》中表现的进步主义思想以及他对民主制度与共和政体的认同，正是与他在《法兰西道德与思想改造》中表现的反对民主、反对共和的保守主义思想水火不容的。《科学的未来》成为勒南生前出版的最后一部单行本著作，就在此书出版两年后，勒南去世了。我们对《何谓民族？》的推测似乎也可以在《科学的未来》的出版过程中得到启示。

第五章
勒南思想之后续影响：
殊途难归的后继者们

如第四章所述，根据法国学者菲利普·福瑞斯特推断，勒南可能把《何谓民族？》视为"政治遗嘱"，并且希望人们把《何谓民族？》视为勒南的思想写照。然而让勒南始料不及也让后人煞费思量的是，在库朗日《答蒙森先生书》和勒南《何谓民族？》之后，法国再也没有出现过可与上述两篇文章相提并论的以阐发"政治意愿决定民族属性"为主题的政治民族主义杰作，而勒南《何谓民族？》似乎也成了近代后期法国政治民族主义的回光返照。更加让勒南始料不及的是，19世纪末20世纪初，在其内涵甚为丰富、体系尚算完备的政治哲学思想中，被援引得最多的竟然是他最不成系统也最不成体统的"反闪族思想"。

何谓民族？：
普法战争与厄内斯特·勒南的民族主义思想

第一节　勒南思想的间接继承者：戈比诺的追随者

有西方学者认为，普法战争结束后，较为著名的反闪族主义（有国内学者把"反闪族主义"简单理解为"反犹主义"，尽管在绝大多数情况下，这种理解还算符合事实，却忽略了"反闪族主义"的其他方面，因为闪米特种族不仅包括犹太人，还包括阿拉伯人甚至血统并不明确的吉普赛人）理论家几乎都直接（作为支持者）或间接（作为反对者）受到勒南和泰纳的影响。法国学者泽夫·斯特恩赫尔概括道："勒南和泰纳支配了19世纪末的法国，勒庞（Le Bon，1841－1931年）和瓦谢尔·德·拉普热（Vacher de Lapouge，1854－1936年）只是继续从事两位巨人的工作。当他们测量人类头骨时，他们是在从事独立研究；但当他们从中得出道德结论时，他们却仍然坚持两位巨人遗留的传统。同样，巴雷斯（Barrès，1862－1923年）和莫拉斯（Maurras，1868－1952年）只是对类似前提和类似结论稍做调整，这样既迎合他们自己的现实需要，也符合他们自己的专业规范。"[①] 实际上，除了斯特恩赫尔提到的勒庞、拉普热、巴雷斯和莫拉斯以外，受到勒南和泰纳影响的著名反闪族理论家还有好几位，例如德律蒙（Drumont，1844－1917年）和莱昂·都德（Léon Daudet，1867－1942年）等人，也从勒南和泰纳的反闪族理论中汲取营

---

① STERNHELL Z. "The Political Culture of Nationalism", in TOMBS R. *Nationhood and Nationalism in France*. Haper Collins Academic, 1991: 34.

第五章
勒南思想之后续影响：殊途难归的后继者们

养，而布伦蒂埃（Brunetière，1849–1906年）则通过批判勒南来建立自己的反闪族理论。

笔者尽管基本赞同斯特恩赫尔的主要观点，但仍然有所保留。相比之下，笔者更加倾向于把勒南和泰纳视为近代法国种族主义思想史上不可或缺的中间环节，而不是无可取代的原初起点。做个不甚恰当的比喻，假如近代法国种族主义思想是像塞纳河这样支流众多、泥沙俱下的河流，那么，只有戈比诺伯爵才是塞纳河的干流和源头，勒南和泰纳只是像马恩河那样中途汇入的支流而已。不过，这却是流量特别丰沛的支流，以至于人们无法忽略他们的存在。

除此以外，笔者要强调的是，正如斯特恩赫尔自己指出的，如果说勒南和泰纳对勒庞和拉普热有重大影响，那也只是在反闪族主义方面；而在雅利安主义方面，勒南和泰纳对勒庞和拉普热的影响只是次要的，因为勒庞和拉普热所进行的颅相学研究，遵循的是戈比诺开创的而非勒南和泰纳开创的研究范式。正如斯特恩赫尔自己所说，"当他们测量人类头骨时，他们是在从事独立研究"，这种"独立研究"与勒南和泰纳关系不大，只是"当他们从中得出道德结论"时，他们才转而遵循"两位巨人遗留的传统"。正因如此，笔者只把勒庞和拉普热（还有富耶）视为勒南民族主义思想的间接继承者，毕竟在勒南和泰纳之前，还有无法回避的以戈比诺为鼻祖的思想谱系。

（一）瓦谢尔·德·拉普热

与斯特恩赫尔极度推崇勒南和泰纳的观点有所不同，法国学者西马尔始终坚持，法国社会人类学的代表人物是拉普热，而非勒南和泰纳。笔者认为，西马尔的观点有一定道理，毕竟拉普热才是"近代种族主义观念之父"戈比诺的直接继承者。不过，西马尔也承认，拉普热的学说在理论上完全站不住脚，其逻辑性远远不如勒南和泰纳。笔者要补充的是，除了作为戈比诺的思想继承者，拉普热还深受英国生物学家达尔文和法国生物学家布罗卡的影响。1896年，拉普热出版了著作《社会选择》(*Sélections sociales*)，他在书中评价达尔文："自从《物种起源》(*Origine des Espèces*)出版以来，头脑清醒的人们都会明白，观念是建立在历史和社会演进的基础之上，道德和政治的基础也将面临根本变革。"① 在拉普热眼中，道德和政治也建立在物竞天择、适者生存的生物学机制上。笔者最为关注的，正是生物学机制的种族主义思想在道德领域和政治领域的运用。

拉普热与勒南和泰纳的最大不同，就在于拉普热总是强调社会人类学中纯粹生物性的方面（人种学研究），而勒南和泰纳更加强调人类学中非生物性的方面（语言学研究和文化心态学研究）。拉普热认为，按照严格的科学标准，人们通常所说的拉丁种族、日耳曼种族、斯拉夫种族都是不正确的。这些错误的表达方式，非常幼稚地混淆了人类共同体的人种起源和语言起源。种族概念是纯粹生物学概念，除此之外别无其他内涵。语言相似性与种族相似性不一定是严格对应的。例如，虽然使用拉丁语系各种语言的民族有很多，他们的族源未必相同，但他们的语言却承

---

① SIMAR T. *Étude critique sur la formation de la doctrine des races, au XVIIIe siècle et son expansion au XIXe siècle.* Genève: Slatkine Reprints, 2003: 252.

第五章
勒南思想之后续影响：殊途难归的后继者们

袭于同一个文化共同体。实际上，由于学术素养远远不如勒南和泰纳，拉普热的论证逻辑颇多自相矛盾之处。一方面，拉普热承认种族不同于民族和国家，因为后两者是精神概念，未必以自然界以及具体的、生物学的个人为基础。另一方面，他又毫无根据地猜想，种族群体的存在为国家赋予某种必不可少的稳定性，他甚至认为，民族特性的持久存在也要归功于这种生物学基础。[1]而且，在具体论述过程中，我们将会反复看到，拉普热经常犯概念混淆的错误，而这种错误正是他不厌其烦地予以谴责的。

1896年，拉普热在《社会选择》中，重申戈比诺在种族问题上的观点，拉普热也把欧洲人分为三个种族阶层：欧罗巴人（Homo Europœus，身材高大、头发呈金黄色、头骨形状偏长、眼睛呈蓝色）、阿尔卑斯人（Homo Alpinus，身材矮小、头发呈棕褐色、头骨形状偏短、眼睛呈黑色）、康特拉图人（Homo Contractus，身材矮小、头骨形状偏长、头发呈棕褐色）。[2]欧罗巴人和阿尔卑斯人都生活在欧洲大陆，康特拉图人则生活在包括南欧和北非的地中海沿岸。其中，阿尔卑斯人可能是由欧罗巴人和康特拉图人杂交而来。由于只有欧罗巴人和阿尔卑斯人全部生活在欧洲大陆，因此在后面的分析中，拉普热只是对欧罗巴人和阿尔卑斯人进行对比。值得注意的是，尽管阿尔卑斯人（短颅人）同样生活在欧洲，但拉普热只把欧罗巴人（长颅人）视为雅利安人，

---

[1] SIMAR T. *Étude critique sur la formation de la doctrine des races*, au XVIIIe siècle et son expansion au XIXe siècle. Genève：Slatkine Reprints，2003：252 - 253.

[2] SIMAR T. *Étude critique sur la formation de la doctrine des races*, au XVIIIe siècle et son expansion au XIXe siècle. Genève：Slatkine Reprints，2003：254.

> **何谓民族？：**
> 普法战争与厄内斯特·勒南的民族主义思想

而且由于阿尔卑斯人被视为不同种族杂交的后裔，拉普热又抓住了堂而皇之地歧视阿尔卑斯人的理由。

拉普热还为欧罗巴人概括出如下特点："长颅人对工作有巨大热情，总是力求尽善尽美。长颅人非常善于赚取、积累和运用财富。长颅人天生爱冒险，他们的大胆造就他们无与伦比的成功。长颅人勇于迎接挑战，但从不缺乏谋定后动的头脑。所有土地都属于长颅人，地球就是长颅人的祖国。长颅人的智慧涉及方方面面，这取决于具体个人，既有愚人，亦有智者。长颅人从来敢于思考、敢于权衡，总是敢想敢做、想到做到。长颅人在商量事情时，总是通情达理，而且从不违背诺言。长颅人最热切追求的东西就是进步。在宗教方面，长颅人是新教徒；在政治方面，长颅人对国家的要求只是国家尊重他们的行动自由，他们宁愿帮助别人而不是损害别人。长颅人有长远眼光，能在看到自身利益的同时看到民族利益和种族利益，并且勇于为崇高的利益而牺牲自己的利益。"[①] 由此可见，拉普热描绘的雅利安人形象，完全符合戈比诺对雅利安人的设想，这也是所有泛日耳曼主义者用文学笔调描绘过的。他们总是运用同一套诡辩伎俩，总是从某个种族的生理特性，机械地推导这个种族的心理特性。不过拉普热的自相矛盾之处也非常明显：尽管他曾经高调地反对混淆种族和语言的差别，但他却执迷不悟地陷入另一个误区，即混淆种族和文化界线。纯粹生物学意义的种族，为何会有宗教特性（笃信新教）

---

① SIMAR T. Étude critique sur la formation de la doctrine des races, au XVIIIe siècle et son expansion au XIXe siècle. Genève: Slatkine Reprints, 2003: 254-255.

第五章
勒南思想之后续影响：殊途难归的后继者们

和政治特性（自由独立）？这是拉普热无法回答的。

拉普热也为阿尔卑斯人概括出与欧罗巴人对应的特点，不过赞美之词明显减少很多。"短颅人节俭、勤劳，但又最铺张浪费。短颅人总是小心翼翼，害怕所有不确定的事物。虽然并不缺乏勇气，但也并不好战。短颅人热爱土地、热爱家乡。短颅人愚人不多，但更缺智者。短颅人眼界有限，他们只是耐心地生活在现实世界中。短颅人非常多疑，但又非常容易被花言巧语所欺骗，他们的逻辑思维不足以让他们格物致知。短颅人是传统的，依赖常识。对短颅人来说，进步并非必须；他们总是满腹狐疑，宁愿听从大家意见。短颅人崇尚统一。在宗教方面，短颅人是天主教徒；在政治方面，短颅人只希望国家保护，只希望一碗水端平，短颅人并未体会到自我提高的必要。短颅人每时每刻都能清楚看到个人利益；短颅人也能看到并热衷于谋求家族利益以及小圈子利益；但对短颅人来说，国家的范围太大了，国家利益通常已经逾越他们的视野。由于杂交，短颅人的利己主义又被长颅人充满活力的个人主义强化；家族观念和种族观念也被抵消和削弱；由于短颅人沾染了唯利是图的贪欲，他们同时沾染了市民阶级身上常见的市侩习气，最后由于过分自私自利而走向毁灭。"[1] 由此可见，拉普热的所谓种族观念，其实混杂了存在于阶级观念中的不切实际的偏见。他公开敌视市民阶级，尤其厌恶浸透民主制度的平等精神。就反民主精神而言，拉普热的确是戈比诺的忠实继承

---

[1] SIMAR T. *Étude critique sur la formation de la doctrine des races, au XVIIIe siècle et son expansion au XIXe siècle*. Genève: Slatkine Reprints, 2003: 255–256.

者。与戈比诺一样，拉普热憎恨法国大革命，因为法国大革命扫除并摧毁了传统的、由长颅人独享的特权。与前文呼应的是，拉普热继续混淆种族和文化界线，纯粹生物学意义的种族，为何会有宗教特性（笃信天主教）和政治特性（依赖国家）？这同样是拉普热无法回答的。

1899年，在《雅利安人，他的社会角色》(*L'Aryen. Son rôle social*)中，拉普热又混淆语言和种族的差异，通过研究雅利安种族的语言起源来追踪雅利安种族的迁移轨迹。不过，这倒是回归了勒南和泰纳开创的研究范式。在《雅利安人，他的社会角色》中，拉普热继续赋予雅利安种族（欧罗巴人）以各种各样的美德和品质。"欧罗巴人独具理性力量和敏锐思维，能够轻而易举地学会新事物，而且还具备无穷的记忆力。欧罗巴人从事脑力劳动的能力是非常突出的，欧罗巴人抗拒长时间从事枯燥乏味的工作。欧罗巴人的神经系统更强大、更坚韧，欧罗巴人的思维更善于应变。欧罗巴人冷静的理性能恰到好处地审时度势，既不会惊慌失措，又不会犹豫不决。""雅利安人还具备指挥别人的天分、吸引别人的魅力、驾驭别人的艺术。雅利安人胆识过人、好勇斗狠。雅利安人是个人主义者，对国家干预持怀疑态度。雅利安人是新教徒，因为'在教会精神里，充斥权威主义；而在雅利安人精神里，却充满独立诉求，当中存在不可弥合的二元对立'。新教地区的外部边界差不多也就是长颅人的外部边界。"[1]

---

[1] SIMAR T. *Étude critique sur la formation de la doctrine des races, au XVIIIe siècle et son expansion au XIXe siècle*. Genève：Slatkine Reprints, 2003：261–262.

第五章
勒南思想之后续影响：殊途难归的后继者们

拉普热甚至把英国人和法国人分别视为长颅人和短颅人的代表，并对两者的性格差异进行比较。"当法国人（对拉普热来说，绝大多数法国人并不属于雅利安人——引者注）夸夸其谈的时候，英国人宁愿采取行动，法国人的喋喋不休会让英国人昏昏欲睡。英国人几乎不会浪费精力去侃侃而谈，但是他们会努力不懈地采取冷静行动，运用所有聪明才智，不达目的誓不罢休。"[1] 法国学者西马尔指出一个非常有趣的现象：在拉普热的著作里，似乎对日耳曼人着墨不多，反而对盎格鲁-撒克逊人甚为赞赏。拉普热与戈比诺有一个共同点，在他们眼中，与其说德国人是雅利安人，不如说英国人和美国人是雅利安人。拉普热对此的解释是长颅人主要居住在城市（毕竟英国的城市化水平是欧洲最高的）。不过有趣的是，拉普热对英美两国城市生活的推崇，并不妨碍德国人对他的喜爱，德意志帝国皇帝威廉二世甚至把拉普热称为"唯一一位伟大的法国人"。[2] 在近代后期，身为法国人而能受到德国人普遍喜爱的，除了已经去世的戈比诺，恐怕就只有这位拉普热了。然而，让左右逢源的拉普热无法自圆其说的是，他最讨厌的民主思想和市民精神正是在城市里面发展起来的。由此可见，拉普热又一次混淆了生理特性与社会特性的区别，又一次搬起石头砸了自己的脚。

值得注意的是，拉普热的雅利安主义学说不仅有反对平民的

---

[1] SIMAR T. *Étude critique sur la formation de la doctrine des races, au XVIIIe siècle et son expansion au XIXe siècle*. Genève：Slatkine Reprints, 2003：262-263.

[2] POLIAKOV L. *The Aryan Myth*. London：Sussex Sussex University Press and Heinemann Educational Books, 1974：269-270.

> **何谓民族？：**
> 普法战争与厄内斯特·勒南的民族主义思想

等级含义，而且有反对犹太人的种族含义。实际上，雅利安主义和反闪族主义是互为表里的。正是在反闪族主义方面，拉普热的思想与勒南和泰纳的思想惊人一致。早在1890～1891年，拉普热就已发表《闪米特人，他的社会角色》(Le Semite, son rôle social) 系列演讲，演讲内容没有单独成书，而是收录在后来成书的《雅利安人，他的社会角色》中（从这两部著作标题，就可以知道拉普热的思想脉络）。在演讲中，拉普热把犹太人称为唯一对欧罗巴人造成威胁的现实竞争者，但与欧罗巴人不同，犹太人是"人类学种族"而非"动物学种族"。正是犹太文化使犹太人成为"人造种族"（race factice，"人造文化种族"正是勒南和泰纳的观点），并呈现出可与动物学种族相提并论的心理统一性。拉普热认为，犹太人的特性是"因成功而傲慢自大，因倒霉而屈节自卑；他们是狡猾的，一有机会就当骗子；他们是十足的金钱收集者，也是十足的非凡智慧积聚者，可是无力进行创造"，"在一切时代，他们都被人们所讨厌，并被迫害所压服……他们看来罪有应得，原因在于他们的不良信仰、贪得无厌和企图支配一切的不良动机"。[①] 拉普热推断，在大部分人是短颅人也就是非雅利安人的国家里，犹太人能够轻易获取权力，从而进一步削弱长颅人的剩余影响；而在大部分人是长颅人也就是雅利安人的国家里，犹太人最多只能保持低下的社会地位。拉普热强烈谴责共和政体，认为这种政体帮助犹太人在绝大部分人是短颅人的法国赢

---

① CLARK L L. *Social Darwinism in France*. Tuscaloosa, Alabama：The University of Alabama Press, 1984：150.

第五章
勒南思想之后续影响：殊途难归的后继者们

取权力。

1909 年，在《种族与社会环境》（*Race et Milieu social*）中，拉普热的立场有轻微缓和，并与戈比诺和布罗卡的纯粹生物学理论保持距离，后两者把种族优劣视为反复征服与被征服的结果，如同自然界弱肉强食的丛林法则。但拉普热坚持他对法国人种族构成的看法，坚持社会选择产生阶级的核心观点，而且在阶级之间存在的生理差异以及这种生理差异揭示的种族差异，可能比民族之间存在的差异更为重要。法国学者西马尔指出，拉普热的种族学说最终回到他的理论出发点，也就是阶级差别。细心的读者不难发现，拉普热的雅利安主义学说，除了可以运用于不同民族国家之间，还可以运用于同一个民族国家的不同阶级之间。正因如此，拉普热的雅利安主义学说具有强烈的政治寓意。

实际上，在《雅利安人，他的社会角色》中，拉普热曾经坦率地表达他的政治信念和政治立场。拉普热写道："大革命的失败是显而易见的。……首当其冲的是短颅人取代长颅人掌权。……短颅人通过大革命获得权力，作为民主发展的结果，这种权力倾向于关注低下阶层，他们绝大多数是短颅人。正如我界定的，雅利安人是很不同的一种人。他们是欧罗巴人，一个使法国伟大的种族。今天，他们的成员在我们当中已很少见，实际上几乎灭绝。"在拉普热看来，法国一切不幸都是由雅利安人灭绝造成的。"这是严肃的问题：在我们的时代里，头骨指数（cephalic index，头骨最大宽度与最大长度之比乘以 100，人类学家以此辨别长颅人与短颅人，进而以此区分种族——引者注）的咒语应该让短颅人——所有短颅种族生来都是奴隶——在失去主人

237

> **何谓民族?:**
> 普法战争与厄内斯特·勒南的民族主义思想

以后寻找新的主人,这是短颅人与狗共同具备的本能;这是非常严肃的问题:无论短颅人在哪里,他们都生活在长颅人的支配下,在没有雅利安人的时候,他们就生活在中国人和犹太人的支配下……"[1]在拉普热的种族等级观念中,短颅人甚至比中国人和犹太人还要等而下之。

拉普热写道:"思想混乱贻害深远,大革命的失败是显而易见的。赤裸裸的财阀政治已经丢弃了民主的假面具,人们不禁追问民主是否还有可能。在共和国的名义下,延续着帝国的统治,人们不禁追问当今的政治体制是否违背人民的意愿。在各民族内部,在各民族之间,种族冲突已经公开化,人们不禁追问人与人之间博爱、平等的思想是否违背自然法则……明天,世界上将会出现两个对垒的阵营:一个是形而上学的、宗教的或者反教权主义的派别;另一个是科学的派别,物竞天择的学说虽然不能完美地表达这个派别的观点,但也绰绰有余了。"[2] 耐人寻味的是,拉普热列举的"反教权主义"与"形而上学及宗教"似乎是格格不入的,但拉普热把反教权主义、形而上学、宗教,以及民主制度和博爱思想都一并予以谴责,因为他认为这些思想都是违反自然法则的。在拉普热眼中,所谓自然法则就是物竞天择、适者生存,而保证物竞天择顺利进行的前提就是不要人为地阻碍遗传(hérédité,也意味着继承和世袭)过程。可以说,拉普热为原本

---

[1] POLIAKOV L. *The Aryan Myth*. London: Sussex University Press and Heinemann Educational Books, 1974: 269 – 270.

[2] SIMAR T. *Étude critique sur la formation de la doctrine des races, au XVIIIe siècle et son expansion au XIXe siècle*. Genève: Slatkine Reprints, 2003: 257.

第五章
勒南思想之后续影响：殊途难归的后继者们

赤裸裸的具有保守性甚至反动性的种族主义披上了"科学"外衣。

拉普热试图把生物学家在自然界观察到的规律运用于人类社会，而且不只是运用于人与人之间的竞争，还要运用于民族与民族之间的竞争，他似乎下定决心要把物竞天择、适者生存的"科学"贯彻到底。拉普热写道："正是物竞天择的机制永无休止地调节着民族构成，并在普罗大众中孕育着新的社会阶层，决定着民族的生死存亡和兴衰荣辱。物竞天择的命题是达尔文主义社会学的基础、物竞天择学派的信条。""各民族的诞生、存在、死亡与动物或者植物无异。一个民族和一个社会如同一个有机体，不断经历着生命的轮回。"拉普热甚至能够根据民族"生平"制作谱牒。拉普热认为，造就历史悠久的民族是以在社会中出现优良族裔因素为前提的。优良族裔因素通常存在于征服者民族身上，当中存在"人们并未意识到的"内在选择机制。"在发展崛起的历史时代，优良种族生存繁衍，掌握着各种事物的发展方向，为这个历史时代烙下个人才智的印记。在伟大光荣的历史时代，优良种族达到优生优育的顶点。在颓废没落的历史时代，优良族裔因素受到削弱，低劣族裔因素到处泛滥。最终，优生优育资源被完全耗尽，最轻微的打击都能摧毁这栋岌岌可危的大厦。"[1] 拉普热这套"科学"理论，玄奥之处就在于把人类社会类比为生物有机体，进而把人类社会拟人化。在拉普热眼中，民族生命与个人

---

[1] SIMAR T. *Étude critique sur la formation de la doctrine des races*, au XVIIIe siècle et son expansion au XIXe siècle. Genève：Slatkine Reprints, 2003：258 - 259.

生命也可以类比，都有生老病死的过程。拉普热甚至胸有成竹地相信，这套"科学"理论能够放之四海而皆准地运用于所有民族。在近代种族主义思想史上，这种庸俗生物学思想被称为"有机体民族主义"。

拉普热完整继承了戈比诺的学说乃至这套学说背后的政治隐喻。与戈比诺一样，拉普热也把民主制度和古典精神树立为理论敌人。拉普热诅咒人民力量的增长和上层特权的萎缩，认为疾风暴雨的法国大革命牺牲了"贵族的优生学因素"。"在断头台的阴影下，在贵族和教士的血泊中，资产阶级运用卑劣手段，以牺牲受害者为代价，开始交上好运……法国大革命造成的后果和危险看来已经接近尾声。犹太人，他们同样贪得无厌而且更加卑鄙无耻，正准备取代资产阶级的地位。人们说，在远方的地平线上，已经可以看见断头台伸出巨大的血色支架，似乎准备洗刷它曾经犯下的罪过。断头台上沾满别人的鲜血，沾满当年牺牲的贵族流下的鲜血。如果资产阶级走上他们自己树立的断头台，难道他们还能像贵族那样不失庄严地走向死亡吗？"[1] 顺理成章，法国大革命也成了粗暴地瓦解优生学因素从而导致巨大破坏的革命。这就是戈比诺和拉普热玄而又玄的种族主义观念背后所隐藏的政治理念。

（二）古斯塔夫·勒庞

紧随拉普热之后，法国最具代表性的社会人类学家是勒庞

---

[1] SIMAR T. Étude critique sur la formation de la doctrine des races, au XVIIIe siècle et son expansion au XIXe siècle. Genève：Slatkine Reprints，2003：259-260.

第五章
勒南思想之后续影响：殊途难归的后继者们

（又译居斯塔夫·勒邦）。1894 年，勒庞发表著作《民族进化心理规律》（*Lois psychologiques de l'évolution des peuples*），此书与戈比诺的《论人类种族不平等》同样极富争议，而且在某种程度上，此书是以《论人类种族不平等》为范本的。勒庞认为，种族观念是"看不见的历史基础"，种族观念决定各民族在面临重大事变和环境变迁时的反应方式，决定各民族的制度和法律。尽管人们有自由意志，但人们的种族灵魂注定了他们的命运。勒庞与戈比诺和拉普热大相径庭之处在于，勒庞认为："单纯的日耳曼种族理论是荒谬的。日耳曼种族理论的症结在于种族'纯洁'（pureté）的虚假概念。在欧洲，只存在原初种族杂交而来的历史种族（races historiques），除此之外别无其他种族。如果他们的心理特点最终定型，那么这是许多个世纪以来共同生活的结果，而且也意味着共同制度尤其是共同利益发挥作用的结果。"[1] 由此可见，勒庞的种族概念与戈比诺略有不同，勒庞所说的种族是"历史种族"，这倒是与勒南和泰纳的种族概念有共通之处。那么，为何人们又把勒庞视为戈比诺的思想继承者？笔者认为，根本原因在于勒庞与戈比诺和拉普热一样，试图为建基于颅相学的生物学种族主义赋予某种保守政治意义。

法国学者西马尔指出，勒庞的《民族进化心理规律》和戈比诺的《论人类种族不平等》具有共同政治理念："反对法国大革命的思想，尤其是个人平等和种族平等思想；揭示自然界的不平

---

[1] SIMAR T. *Étude critique sur la formation de la doctrine des races, au XVIIIe siècle et son expansion au XIXe siècle*. Genève：Slatkine Reprints，2003：264 - 265.

何谓民族？：
普法战争与厄内斯特·勒南的民族主义思想

等以及个人与民族的等级差别，并把这种差别推向极致"。勒庞写道："对普罗大众来说，这一观念（平等观念）是非常有吸引力的，这一观念深深扎根于普罗大众的思想中，随即开花结果。这一观念动摇了古老社会的根基，引发最可怕的革命，并在西方世界挑起一系列毫无先兆的暴力骚动。"勒庞的惊人之处在于，他胆敢旗帜鲜明地反对人人"生而平等"（naissent égaux）的普遍观念，并以人人"生而不平等，应该心安理得地接受这种不平等"（naissent inégaux et doivent le rester）的观念取而代之；他坚定地相信，自己提出的不平等观念是符合自然秩序的。在此基础上，勒庞开始为精英阶层的权利辩护，要求恢复根据出身享有的特权，在世袭特权问题上，勒庞的立场与戈比诺完全一致。而且，勒庞与戈比诺还有一个共同点，他们都极端歧视种族杂交。勒庞写道："所有杂交人口过多的国家，只是因为杂交，就足以陷入无穷无尽的无政府状态，至少在没有铁腕统治的情况下从无例外。"令人惊奇的是，勒庞赞赏的"历史种族"的优秀品质正是由种族杂交而来。勒庞对这一矛盾之处的解释是，产生良好结果的种族杂交必须满足三个前提：两个种族在数量上不能太过悬殊，在性格上不能反差太大，在地区分布上不能相差太远。[①]

勒庞与戈比诺都是雅利安主义者，都混淆了种族和语言界限。勒庞写道："不同种族不可能长期说同一种语言。偶尔发生的征服以及他们自身的商业利益，无疑会为他们带来与他们的母

[①] SIMAR T. Étude critique sur la formation de la doctrine des races, au XVIIIe siècle et son expansion au XIXe siècle. Genève: Slatkine Reprints, 2003: 266-269.

第五章
勒南思想之后续影响：殊途难归的后继者们

语有所不同的语言要素，然而，不需要经过多少代人，新加入的语言要素就会变得面目全非。""在种族身上发生的变异比在语言方面发生的变异更为深刻。""人们总是能够肯定地说，语言有所不同，种族也会有所不同。"[1] 勒庞与戈比诺都毫不掩饰自己对"盎格鲁－撒克逊种族"（race anglo-saxonne）的赞赏，勒庞的观点无非是盎格鲁－撒克逊种族总是具有原创精神和不屈不挠的意志，而拉丁种族则总是置身于国家卵翼下，一如戈比诺和拉普热的陈词滥调。勒庞、戈比诺和拉普热之所以如此，其目的也是相同的：反对法国大革命的无政府主义思想，以及造成社会结构土崩瓦解的突变原则，并以非常缓慢、非常"符合自然规律"的渐变原则取而代之。

更有趣的是，在勒庞眼中，后天教育对法国科学的贡献微不足道，法国的科学成就是由先天种族因素造就的，正是种族因素守护着法国科学的优越地位。勒庞认为，个人行动受到三重影响："第一重影响，也是最重要的影响是祖先；第二重影响是亲生父母；第三重影响，人们以为最重要，但实际上最微不足道的影响是教育。"勒庞对法国教育界在殖民地推广教育的做法非常不以为然，他写道，教师们"试图改变自然法则的不公平之处，他们尝试为马提尼克、瓜特罗普和塞内加尔的黑鬼，阿尔及利亚的阿拉伯佬，最后还有亚洲人，灌输同样一套理念"。勒庞的"反理智主义"（anti-intellectualisme）还体现在他对民族性格决定

---

[1] SIMAR T. *Étude critique sur la formation de la doctrine des races, au XVIIIe siècle et son expansion au XIXe siècle.* Genève：Slatkine Reprints, 2003：269 – 270.

> **何谓民族?：**
> 普法战争与厄内斯特·勒南的民族主义思想

民族命运的观点中,他写道:"颓废的罗马人拥有他们古朴的祖先不曾拥有过的精妙绝伦的智慧,然而他们却已丢失他们的性格品质:不屈不挠的意志、无穷无尽的精力、所向无敌的韧劲、为理想而牺牲的精神、对法律的无限尊重。这些曾经造就他们伟大祖先的高贵品质已经不复存在。"① 总而言之,种族和性格决定命运,后天努力并不足以让人逃脱早已注定的宿命。

1915 年,勒庞发表著作《欧洲战争的心理学教训》(*Enseignements psychologiques de la guerre européenne*),他在此书中重申他的种族主义理论,并认为种族之间的憎恨情绪是由不同种族思维特质的差异造成的,除此之外还有宗教差异和利益差异。他在书中写道:不同种族互不理解"是由于在集体无意识的基础上产生的意见分歧,而这种集体无意识是由种族特征遗传下来的"。然而,勒庞难以解释为何同属"日耳曼种族"(races germaniques)的英国人和德国人没有站到同一阵线。对此,勒庞只好在"天然的种族仇恨"(haines naturelles de races)之外加上宗教冲突和利益冲突的原因。这不能不说是讽刺。为了自圆其说,勒庞只好补充道:"无论是过去还是将来,种族问题都仍然是民族政治生活中的重要组成部分,而且说到种族这个字眼,还可以用它来取代民族的概念,尽管它不是完全没有族裔身份的含义。"②

(三) 阿尔弗雷·富耶

除了拉普热和勒庞两位社会人类学家以外,富耶也提出自己

---

① SIMAR T. *Étude critique sur la formation de la doctrine des races, au XVIIIe siècle et son expansion au XIXe siècle*. Genève: Slatkine Reprints, 2003: 267.
② SIMAR T. *Étude critique sur la formation de la doctrine des races, au XVIIIe siècle et son expansion au XIXe siècle*. Genève: Slatkine Reprints, 2003: 271.

第五章
勒南思想之后续影响：殊途难归的后继者们

的社会人类学观点。1898 年和 1903 年，富耶先后发表《法兰西民族心理概论》(*Esquisse de la psychologie des peuple français*) 和《欧洲各民族心理概论》(*Esquisse de la psychologie des peuples européens*)，其中又以后者更为重要。在《欧洲各民族心理概论》中，富耶基本沿袭种族主义理论的思想脉络，但又发展出关于民族特性的学说。富耶继承泰纳某些思想，相信民族特性的静力学因素包括：种族稳定性，例外情况是因为种族杂交而改变；物理环境稳定性，例外的情况是人类文明带来的环境改变，而这种改变又对民族特性产生越来越大的影响"。"民族特性的动力学因素存在于生理学层面或者社会学层面。最为首要的动力学因素存在于种族选择之中，存在于对物理环境或社会环境的随机应变之中，这不意味着适应者就是优秀者。动力学因素也就是本民族历史，本民族与其他民族关系，本民族内部知识、审美、道德的发展状况。"由富耶上述分类可知，一个民族的特性包含着先天因素和后天因素：先天因素取决于"生理－物理"原因，后天因素取决于"心理－社会"原因。在富耶的理论体系中，也能找到泰纳等式包含的三个组成部分：环境、种族（静力学因素）和时刻（动力学因素）。然而，富耶的不同之处在于弱化静力学因素的重要性而强化动力学因素的重要性。富耶认为，"某种内在生理特性差异存在于长颅人或者短颅人之间"，然而，"心理特性差异在更大程度上来自物理环境，尤其是社会环境"。[1]

---

[1] SIMAR T. *Étude critique sur la formation de la doctrine des races, au XVIIIe siècle et son expansion au XIXe siècle*. Genève: Slatkine Reprints, 2003: 271 – 272.

何谓民族？：
普法战争与厄内斯特·勒南的民族主义思想

尽管如此，富耶并不否认长颅人与短颅人的差别，他写道："颅骨形状尤其说明问题，英国的金发长颅人精力充沛，法国的棕发短颅人思维敏捷，法国南部的长颅人冲动好斗。"与拉普热一样，富耶也承认"长颅人更活泼好动"，这种个性是如何造就的？富耶的解释是城市生活造就了长颅人追求进步的个性；与此相反，在农村地区，社会人类学的研究发现当地存在阿尔卑斯种族杂交的证据。富耶写道："长颅人其中一个优点，就是他们的身高。无论何时何地，身材高大的人都更敢作敢为、更有征服欲望、更有原创精神。毫不令人意外的是，长颅人，尤其是金发长颅人，喜爱迁移到城市里面去居住，因为在那里他们的经营能力可以得到更好发挥。他们是最有野心又最不安分的一群人。"①

值得注意的是，富耶认为构成法国主体种族的高卢人也属于长颅雅利安人，这是富耶与戈比诺和拉普热的最大不同点。不过，富耶与戈比诺和拉普热一样，认为长颅雅利安人处于短颅人的包围中。1895 年，富耶在《双世评论》上发表文章《退化？我们种族的过去与现在》(*Dégénérescence? Le passé et le présent de notre race*)，他写道："我们再次变得越来越凯尔特－斯拉夫化，我们仿佛置身于高卢人以前的时代，在我们当中，所谓雅利安要素的重要性和影响力都在逐渐缩小。正是这种现象使某些人类学家感到忧虑。此外，这种情况发生在所有欧洲人群中，尽管没有那么迅速。……在欧洲——包括德意志本身——出现了缓慢而普

---

① SIMAR T. *Étude critique sur la formation de la doctrine des races, au XVIIIe siècle et son expansion au XIXe siècle*. Genève: Slatkine Reprints, 2003: 273.

第五章
勒南思想之后续影响：殊途难归的后继者们

遍的俄罗斯化，自发的泛凯尔特化或泛斯拉夫化。现在未能预见这种转变是幸运还是不幸，但可以肯定的是我们三个要素种族的平衡已经岌岌可危。"[1]

与拉普热一样，富耶也为种族赋予了某种决定论意义。在富耶看来，种族或者种族杂交状况能够决定民族的社会发展方向。富耶写道："民族的族裔结构如同个人的生理结构和脑部结构。每个人都有与生俱来的或大或小的天赋；如果一个人天资愚鲁，无论你耗费多大力量，都无法让他超越天资规定的限度。同理，如果一个人出生于低等或退化的种族，就算他受到某种教育，他的头脑结构也决定他不可能超越某个限度。"[2] 我们可以看到，富耶同样把人类共同体视为生物有机体，个人只是这个有机体的组成部分，个人品质也是由共同体品质赋予的。

令人意外的是，富耶在论述民族概念时，似乎并未掺杂太多种族主义观点。换言之，富耶对"民族"和"种族"这两个概念是有所区分的。富耶非常肯定地断言，民族特性未必是物理学基础或者生理学基础造就的结果，然而却是许多个世纪以来共同社会生活造就的结果。他写道："个人的观念和意识是由民族塑造的，个人的品质和性格也是由民族塑造的。按照黑格尔的观点，一个人只有置身于一个意志系统中并成为系统的组成部分，才能被他人所理解；正是在这个系统中，各种互动关系构成了每个人

---

[1] POLIAKOV L. *The Aryan Myth*. London: Sussex University Press and Heinemann Educational Books, 1974: 270 – 271.

[2] SIMAR T. *Étude critique sur la formation de la doctrine des races, au XVIIIe siècle et son expansion au XIXe siècle*. Genève: Slatkine Reprints, 2003: 274.

的心智本质。例如，一个法国人只有置身于一个感觉和意志系统中，成为系统的组成部分，才能被他人所理解；正是在这个系统中，各种感觉和意志构成了法兰西民族，又是这些感觉和意志决定了，他不只是一个普遍意义的人，而是一个法国人。由此产生的并不是种族，而是民族。从社会学角度看，法兰西民族特性与意大利和西班牙民族特性的差异，并不会大于法兰西民族特性与英格兰和德意志民族特性的差异，尽管在法兰西与英格兰和德意志之间还有种族构成的差异。总而言之，每个民族都各自发展出足以界定本民族特性的社会学决定论。归根到底，正是这一集体观念系统构成了民族意识和民族灵魂。"[1] 如果去掉上面这段引文的出处，人们甚至会以为这是引自勒南《何谓民族？》的一段话。不过，思想家有时就是这么自相矛盾，勒南如此，富耶亦然。

第二节　勒南思想的直接继承者：勒南和泰纳的追随者

法国学者西马尔指出："在法国，信仰种族主义教义的信徒寥寥可数。只有瓦谢尔·德·拉普热、勒庞和斯皮尔斯（M. C. Spiess，斯皮尔斯来自意大利，并非法国公民，笔者在本书中不做赘述）明目张胆地支持种族主义。而且，法国种族主义者更加愿意采纳种族主义的社会学说和反民主学说，而非其人种学说和民族学说。当时，他们正在种族主义仅存的最后阵地上冒

---

[1] SIMAR T. *Étude critique sur la formation de la doctrine des races, au XVIIIe siècle et son expansion au XIXe siècle.* Genève: Slatkine Reprints, 2003: 274-276.

第五章
勒南思想之后续影响：殊途难归的后继者们

险，他们非常需要向读者提供一个种族主义范本，与其以东面的日耳曼人为例，还不如以盎格鲁-撒克逊人为例。法国人的爱国自尊心以及1870年惨败以来的怨恨情绪，使得法国人绝对不可能为'纯种'日耳曼人创造的奇迹而欣喜若狂。"[1] 另一位西方学者杰里米·詹宁斯（Jeremy Jennings）也补充道："1914年以前，只有很少的人直接认可种族生理学理论。这是因为在德国人眼中，法国拥有阿尔萨斯的要求可被这些论据反驳。因此，法国人对民族的界定倾向于停留在政治前提或文化前提上。同样，法国人对反闪族主义的看法倾向于停留在相似要求上。"[2] 正是在法国这片尴尬的土壤上，孕育了勒南和泰纳晦暗而暧昧的文化民族主义，尽管其内核可能依然是种族主义。

正是在文化民族主义层面而非纯粹种族主义层面，斯特恩赫尔所说的"勒南和泰纳支配了19世纪末的法国"才是正确的。西马尔也指出："泰纳就是在这条道路上前进的。泰纳的学说，其主旨是反对法国大革命的激进原则。作为补充，泰纳的学说明显表现出对英国制度的偏爱，因为英国的制度更温和、更符合渐进原则。""泰纳的影响可以在法国民族主义者（夏尔·莫拉斯、莫里斯·巴雷斯、莱昂·都德、保罗·布尔热、德·富格尔）的政治学说中得到证明。如果说他们对英国的崇拜不像泰纳那样毫

---

[1] SIMAR T. *Étude critique sur la formation de la doctrine des races, au XVIIIe siècle et son expansion au XIXe siècle.* Genève: Slatkine Reprints, 2003: 279.

[2] JENNINGS J. "Anti-Semitic Discourse in Dreyfus-Affair France", in ARNOLD E J. *The Development of the Radical Right in France.* London: MacMillan Press Ltd., 2000: 30.

何谓民族？：
普法战争与厄内斯特·勒南的民族主义思想

无顾忌的话，他们在日常辩论中，在通过反对法国大革命来树立自己的观点时，却完全是肆无忌惮。当人们在谈论环境、种族、传统的时候，人们都会自然而然地引用泰纳以及奥古斯特·孔德（Auguste Comte）、约瑟夫·德·梅斯特（Joseph de Maistre）和德·博纳尔（de Bonald）的论述。""虽然上述几位作家各有不同建树，但他们都对法国大革命满腹牢骚，都对法国大革命的破坏性和毁灭性大张挞伐。""人们最初只是主张回归传统、回归惯例、回归过去，但很快就蜕化变质，主张回归民族天赋、种族品质以及异想天开的神秘主义。"[①] 笔者要指出的是，西马尔和卡尔顿·海斯一样，重视泰纳而忽视勒南，但笔者对这种厚此薄彼的取舍是不敢苟同的。

（一）莫里斯·巴雷斯

在以文化民族主义对犹太人进行旁敲侧击的知识分子中，巴雷斯和莫拉斯颇具代表性。巴雷斯的主要观点可以概括为，"如果某个生物脱离了它隶属的种族以及它依附的土地，那么这个生物将会变得无比虚弱并且最终走向死亡"。假如把巴雷斯的观点理解为精神上的隐喻，那么他的观点不会有任何问题；但假如从字面上来理解，巴雷斯的观点就是赤裸裸的种族主义。然而不幸的是，巴雷斯的观点正是以其字面意义风靡于世的，巴雷斯正是以对法兰西民族"永恒天赋"（génie éternel）以及"拉丁天赋"（génie latin）的论述而久负盛名，而且巴雷斯自己也并不否认这

---

① SIMAR T. *Étude critique sur la formation de la doctrine des races, au XVIIIe siècle et son expansion au XIXe siècle*. Genève：Slatkine Reprints, 2003：280.

第五章
勒南思想之后续影响：殊途难归的后继者们

些永恒不变的特性就来自种族生理特性。

1897年，巴雷斯在其小说《无根者》(Les Déracinés) 中发展出一套以"根"(enracinement) 为崇拜对象，以"土地和死者"(la terre et les morts) 为决定因素的民族观念。他在书中表示，真正的法国人是植根于其祖先掩埋的土地里的。换言之，民族主义是根的产物，是与土地和祖先的遗产进行联结的产物，是认同军队与天主教会等民族制度的产物，是认同民族文化与民族意识的产物。因此，犹太人是无根者，他们不是也不可能是任何意义上的法国人。[①] 巴雷斯把无根的犹太人描绘成外来者和"蛮族"。在他看来，民族是"我"(moi)，而蛮族是"非我"(non-moi)；蛮族是民族完整、民族纯洁、民族稳定的威胁；在蛮族与民族之间，应该建立一道"墙"，以防止蛮族入侵，以保卫民族纯洁。[②] 巴雷斯的理论颇有点"非我族类，其心必异"、"边墙以外，俱是胡虏"的味道，只不过这里的"墙"是抽象概念而非形象概念而已。

巴雷斯把犹太人限定于"非我"(蛮族）的范围以内，等于把他们排除于"同胞"(民族）的范围以外。1900年9月15日，巴雷斯写道："犹太问题与民族问题交织在一起。大革命将他们吸收到土生土长的法国人之中，但他们保留了与众不同的特性，他们的确受到过迫害，但他们现在变得飞扬跋扈。我们赞同思想

[①] FORTESCUE W. The Third Republic in France 1870 – 1940. London: Routledge, 2000: 61 – 62.

[②] DAVIES P. The Extreme Right in France, 1789 to the Present. London: Routledge, 2002: 70.

> **何谓民族?:**
> 普法战争与厄内斯特·勒南的民族主义思想

意识的完全自由;但除此而外,人们让犹太人有机会肆意利用大革命宣布的公民自由原则,让他们得以假装在保护这些原则,我们要把这种状况视为严重的危险。他们以与众不同的、孤立主义的行为冒犯这些原则,他们以垄断和投机的倾向冒犯这些原则,他们以世界主义的特性冒犯这些原则。此外,在军事部门、司法部门、公务部门,在我们一切行政部门,犹太人大大超出其人数赋予的正常比例。他们被任命为省长、法官和财政官,因为他们拥有肮脏的金钱。我们其实不需要改变法律,只要从(在数量上)居支配地位的人群中更加平衡地补充官员就行了,应该有可能纠正目前这种危险的不平衡,并确保更为尊重我们真正的同胞,即高卢人的后裔而非犹太人的后裔。"[1]

巴雷斯要为"真正的同胞"寻求自我界定。1902年,巴雷斯在《民族主义场景与学说》(Scènes et doctrines du nationalisme)中写道:"在严格意义上,使用法兰西种族这一术语是不准确的。我们是民族而非种族。"[2] 就这句话的字面意思而言,巴雷斯似乎是在捍卫米什莱关于"英格兰是一个帝国,德意志是一个种族,法兰西才是一具人体(其寓意在于法兰西作为种族多元的群体,是以其共同心理特征以及共同生活意愿凝聚到一起的——引者注)"的论断,同时也是在批判勒南的种族主义理论。不过,米什莱与巴雷斯的理论形同实异、貌合神离。米什莱是民族主义

---

[1] FORTESCUE W. *The Third Republic in France 1870 – 1940*. London: Routledge, 2000: 60 – 61.

[2] STERNHELL Z. "The Political Culture of Nationalism", in TOMBS R. *Nationhood and Nationalism in France*. Haper Collins Academic, 1991: 32.

第五章
勒南思想之后续影响：殊途难归的后继者们

者，他倾向于把全体法兰西人视为民族，以法兰西是民族而非种族为荣；巴雷斯是种族主义者，他倾向于把全体法兰西人变成种族，以法兰西是民族而非种族为耻。巴雷斯在书中有一段话，足以作为其种族主义思想的佐证："某些种族成功地认识到他们自己是有机体。这就是盎格鲁-撒克逊群体（英国人）与条顿群体（德国人），他们在把自己变成种族的路上步步迈进。（唉，没有法兰西种族，只有法兰西人民与法兰西民族，也就是说，一个通过政治而形成的群体。）是的，不幸地，在生存竞争中，他们必然是我们的敌人，而在这些敌对群体眼中，我们的群体完全不能为自己界定自己。"① 尽管巴雷斯认为法兰西是民族而非种族，但他却毫无障碍地接受勒南关于雅利安种族与闪米特种族矛盾不可调和的理论，并与勒南一样把闪米特种族视为低等种族。巴雷斯相信，闪米特人与雅利安人不可能对相同事物做出相同反应。人类行为是有恒常性的，"没有任何环境或行动能改变闪米特人或雅利安人"。②

（二）夏尔·莫拉斯

与巴雷斯齐名的民族主义者是莫拉斯，他们都极力捍卫天主教教义，因为他们都认为天主教教义最忠实地保存了法兰西的民族天赋。他们共同提出所谓"法兰西心灵"（l'âme française，正如勒南所说，民族是心灵，是精神原则）的概念，他们表现出对

---

① CARROLL D. *French Literary Fascism*. Princeton, New Jersey: Princeton University Press, 1995: 29.
② STERNHELL Z. "The Political Culture of Nationalism", in TOMBS R. *Nationhood and Nationalism in France*. Haper Collins Academic, 1991: 32-33.

等级制度的热爱和对权力权威的崇拜，因为这是法兰西精神的组成部分。巴雷斯和莫拉斯的理论带有民族主义者的实用态度，因为天主教、君主制和古典主义曾经在历史上为法国带来荣耀，他们就认为必须原封不动地保存和恢复法兰西的天主教传统、君主制传统和古典主义传统。

（三）埃杜瓦尔·德律蒙

19 世纪后期深受勒南和泰纳影响的法国民族主义思想家，除了巴雷斯和莫拉斯以外，还有德律蒙和莱昂·都德（《最后一课》作者阿尔方斯·都德之子），他们以狂热的反闪族主义观点而名声大噪。德律蒙以耸人听闻的小册子在民众中营造和散布对犹太人不信任的气氛，他试图告诉人们，犹太种族正在暗中施展他们的影响力，操纵着法国社会，这本小册子就是臭名昭著的《犹太人的法兰西》（*La France juive*）。1886 年，《犹太人的法兰西》的出版被视为反闪族主义恶性发展的标志和预兆。德律蒙受到勒南和泰纳的影响，尤其深受勒南著作《闪米特语言通史与比较体系》的影响。他把雅利安人与闪米特人的二元对立视为世界历史的关键，也是受到勒南和泰纳的熏染。他借用勒南的种族观念，即"与印欧种族相比，闪米特种族永远代表着人类本性较低级的成分"。德律蒙把雅利安人与闪米特人的战斗视为天使与反基督者的战斗，他在书中写道："从历史的最早岁月起，我们就已看见雅利安人在与闪米特人争斗"。1898 年 12 月 7 日，德律蒙在其创办的报纸《自由之声报》（*La Libre Parole*）上发表《种族战争》（*Guerre de races*）一文，他写道："特洛伊战争是种族战争，雅利安人对闪米特人的战争；撒拉逊人（Sarrasin，撒拉逊人是阿

第五章
勒南思想之后续影响：殊途难归的后继者们

拉伯人的古称，阿拉伯人与犹太人同属闪米特种族——引者注）对西班牙和法国南部的入侵也是种族战争；十字军英勇的报复也是种族战争，他们的伟大努力持续了三个世纪之久。"德律蒙还继承泰纳关于"三种基本力量"（"种族、环境、时机"）的理论，尤其是环境理论。他认为，雅利安人的生活场所是森林，闪米特人的避难场所是沙漠，闪米特人是掠夺者和流浪者，相异的环境造就相反的品质。[1] 他在书中写道："因为两个种族的品质与缺点，两者注定要发生冲突。闪米特种族是重商、贪婪、狡猾、敏感与诡诈的。雅利安种族是热心、英勇、侠义、无私、率直的，他们对别人的信任简直到了天真的地步。闪米特种族从一个地方跳到另一个地方，几乎从不关心今后的生活；雅利安种族是天堂的孩子，他们坚持不懈地专注于更高的抱负……闪米特种族是被本能驱动的商人，是天生的商人，买卖一切能想象到的事物，抓住每个占别人便宜的机会。雅利安种族是农民、诗人、僧侣、士兵……闪米特种族没有创造力，雅利安种族则是发明家。没有哪件发明是闪米特种族的成果。他们开发、组织、生产雅利安种族发明的任何东西，不消说，只是为他们自己牟利。"[2]

德律蒙为人尖酸刻薄，对犹太人极尽揶揄讥讽之能事。他在书中写道："用来辨认犹太人的主要标志仍然存在：声名狼藉的钩鼻、不断眨闪的眼睛、貌似钉头的牙齿、向外伸出的耳朵、形

---

[1] WINOCK M. *Nationalism, Anti-Semitism, and Fascism in France.* Stanford, California: Stanford University Press, 1998: 93-94.

[2] DAVIES P. *The Extreme Right in France*, 1789 *to the Present.* London: Routledge, 2002: 74-75.

何谓民族？：
普法战争与厄内斯特·勒南的民族主义思想

如正方的指甲、扁平伸展的脚板、状若圆球的膝盖、以奇特方式向外凸出的脚踝、伪善者和背叛者柔软而湿粘的双手。通常，他们一条手臂长，一条手臂短。"① "犹太人难闻，这是事实。即使是他们当中最聪明的人也会发出臭味，即犹太恶臭（fetor judaïca），或者左拉（Zola，左拉是法国进步作家，曾为蒙冤的犹太军官德雷福斯辩护——引者注）会说这是'香味'。这种臭味揭示其种族，帮助他们彼此识别……关于为何犹太人发出臭味的疑问，长期引起许多善心人士的关注……在普鲁士，精神病患者在以色列人中的比例远远高于在基督徒中的比例。10000名新教徒中有24.1名精神病患者，相同数量的天主教徒中有23.7名精神病患者，10000名犹太人中就有38.9名精神病患者。在意大利，每384名犹太人中就有1名精神病患者，而每778名天主教徒中才有1名精神病患者。"②

（四）莱昂·都德

莱昂·都德更是直截了当地指出："犹太人不是法国人，他们永远都是到处迁徙的移民群体，附着于欧洲主要的商业联盟和金融市场的移民群体。犹太人处处与我们不同，无论是优点还是缺点，都与我们有所差异。他们追求其种族无与伦比的天定命运，这一天定命运与其他所有种族毫无关系，尽管犹太人就杂居在其他种族当中，但是他们从来都不接受其他种族的同化。此

---

① WINOCK M. *Nationalism, Anti-Semitism, and Fascism in France*. Stanford, California: Stanford University Press, 1998: 94.
② DAVIES P. *The Extreme Right in France, 1789 to the Present*. London: Routledge, 2002: 75.

第五章
勒南思想之后续影响：殊途难归的后继者们

外，犹太人的金融势力收买了民主制度的政客，并由此成为这一民主制度的真正主人。共和国只不过是金钱的统治，与此同时却没有任何制衡的力量。"①

都德这段文字有助于我们理解反闪族主义者不可理喻的精神状态。都德首先提出貌似不证自明的公理，即犹太人不是法国人，犹太人具有与法国人完全不同的优点和缺点，而这些优点和缺点植根于犹太种族本身，正如与犹太人杂居的其他种族，他们的优点和缺点都植根于他们种族一样。这正是种族主义的根本教义，在都德和德律蒙眼中，犹太人罪大恶极之处在于他们以金钱收买了共和国，并以破坏性的民主制度压倒法兰西的古老传统。犹太人寄生于雅典和罗马的古典民主制度中，并通过希腊罗马文化的世代传承，传染到欧洲近代民主制度中。

（五）费迪南·布伦蒂埃

与巴雷斯、莫拉斯、德律蒙和莱昂·都德等勒南思想的直接继承者不同，布伦蒂埃既对勒南的反闪族思想展开严厉批判，又全盘接受勒南的反闪族思想。布伦蒂埃认为，人类种族的历史是历史学家最值得研究的领域之一，人类种族在人类历史上发挥了至关重要的作用。与此同时，布伦蒂埃又认为，个人行为并非完全受到所属自然群体的支配，在很大程度上还受到周围环境的影响，因此人类历史从根本上说是不可预测的。同样，由于个人发挥的平衡作用，种族之间的斗争在历史进程中的地位和作用已经

---

① SIMAR T. *Étude critique sur la formation de la doctrine des races, au XVIIIe siècle et son expansion au XIXe siècle*. Genève: Slatkine Reprints, 2003: 284–285.

> 何谓民族？：
> 普法战争与厄内斯特·勒南的民族主义思想

大打折扣。此外，布伦蒂埃还反对把种族概念和民族概念彼此混淆（尽管布伦蒂埃并未察觉自己也犯了同样的错误）。布伦蒂埃认为，种族是在历史进程中长期延续的单位，它存在于社会发展进程中，并为社会发展进程所推动。种族既是血缘共同体，也是生理共同体，但种族的历史作用和社会作用仅此而已。布伦蒂埃指出，法兰西"种族"（布伦蒂埃在这里就滥用了种族概念）是法兰西历史的创造物，是十二个世纪以来人们共同努力达致统一的结果。①

1886 年，布伦蒂埃在《双世评论》上就德律蒙的《犹太人的法兰西》发表评论，他写道："如果犹太人与我们之间有所差异的话，这种差异不是由种族造成的，而是由历史造成的，而且只是由历史造成的。"1895 年，布伦蒂埃在演讲中说道："把人类区分为高等种族与低等种族，以另一个种族的低等和以另一个种族的原始倾向造成的厄运，来为自身种族的高等寻找理由……难道有谁感觉不到这种做法多么傲慢、多么残忍吗？"此后，布伦蒂埃在《致厄内斯特·勒南的五封信》（*Cinq lettres sur Ernest Renan*，此时勒南早已去世）中，把勒南等同于德律蒙。他认为，勒南"赋予反闪族主义以'伪科学'基础，他把反闪族主义建基于语言学和生理学之上"；他指出，基督徒了解并承认"人类历史在某种程度上只是各种族的集中、混合与融合"。不过，布伦蒂埃并没有完全弃绝种族概念，他认为种族可分为"生理学种

---

① SIMAR T. *Étude critique sur la formation de la doctrine des races, au XVIIIe siècle et son expansion au XIXe siècle*. Genève：Slatkine Reprints，2003：289 – 293.

第五章
勒南思想之后续影响：殊途难归的后继者们

族"与"历史学种族"（与勒南的理论极为相似，布伦蒂埃在批判勒南的过程中又走回勒南的老路），而"法兰西种族"就是文化实体和历史实体。1899 年，布伦蒂埃在《拉丁特性》(*Le Génie latin*) 的演讲中说道："种族不是字面上关于生理意义或科学意义的种族，种族与其血统性质、头骨形状或皮肤颜色无关。但是，不管种族的最初起源是什么，的确存在各种明确的历史构造，的确存在各种由特殊而明确的条件产生的群体。这些条件如时代、环境、利益、选择、共同达到的成功或共同忍受的失败、过去的快乐和悲伤，都能加强群体的聚合：这就是所谓的民族特性。对我们法兰西人来说，我们的民族特性就是作为并继续作为拉丁人，即情感上的拉丁人、道德上的拉丁人、品味上的拉丁人、精神上的拉丁人、语言上的拉丁人和思想上的拉丁人。"在布伦蒂埃看来，"我们整部历史可被解释为我们持续不懈的努力，即努力坚持、维护和保卫我们的拉丁特性，以反对来自外部的侵略和来自内部的敌人"，如果我们不再是拉丁人，"我们就不再是法兰西人了"。布伦蒂埃并不认为犹太人构成了独立的生理学种族，也不认为他们体现了独特的恶习，亦不认为他们把持了不合比例的权力，但他认为德律蒙的理论仍有可取之处。例如，犹太教信条提倡的及时行乐的生活态度，正是闪米特人与雅利安人的差异。布伦蒂埃坚信，犹太教是与个人主义相关的现代性要素，正是个人主义造成法兰西的腐败堕落。布伦蒂埃区分了基督教的"悲观"哲学与犹太教的"乐观"哲学，认定前者与法兰西精神相关，后者与追逐金钱和享乐的个人主义相关，一旦个人主义被广泛接受，便将导致法兰西的解体。布伦蒂埃把个人主义世界观

> **何谓民族？：**
> 普法战争与厄内斯特·勒南的民族主义思想

形容为"当今最严重的疾病"，这种个人主义是犹太教的而非基督教的，这种令法兰西痛苦，与法兰西的传统、精神和特性相对立的个人主义正是犹太教的特征。①

在本章最后，笔者不禁提出疑问：尽管斯特恩赫尔认为"勒南和泰纳支配了 19 世纪末的法国"，但他们二人——尤其是勒南——应该在多大程度上对 19 世纪末期肆虐法兰西大地的反闪族主义负责？实事求是地说，尽管勒南和泰纳对犹太人素无好感，但 19 世纪末 20 世纪初出现的反闪族主义狂潮未必符合勒南和泰纳的意愿。思想观念的历史性回溯的确是永无止境的，但如果让 1892 年就已经去世的勒南为 1894 年才发生的"德雷福斯事件"（l'Affaire Dreyfus，1894 – 1899 年）负责，那么就如同让 1778 年去世的卢梭为 1789 年才爆发的法国大革命负责，以及为 1793 年才开始的雅各宾恐怖统治负责一样：这些都是有欠公允的，因为他们并非这一系列事件的当事人。毕竟，在思想开创者与思想传承者之间，是影响与被影响的关系，而非决定与被决定的关系。

就以勒南思想的直接继承者中，与勒南关系最亲密、也最具代表性的巴雷斯为例。勒南是巴雷斯在青年时期的文化偶像，而巴雷斯也毫不掩饰他对勒南的衷心爱戴。在巴雷斯的早期著作中，巴雷斯对勒南言论的引用，远远超过对同时代其他思想家的引用。而且，只要阅读《在蛮族眼皮底下》（*Sous l'oeil des bar-*

---

① JENNINGS "J. Anti – Semitic Discourse in Dreyfus – Affair France", in ARNOLD E J. *The Development of the Radical Right in France.* London：MacMillan Press Ltd.，2000：24 – 29.

第五章
勒南思想之后续影响：殊途难归的后继者们

bares，1888 年)、《在勒南先生家里作客的八天》(*Huit jours chez Monsieur Renan*，1889 年)、《贝伦尼斯花园》(*Le Jardin de Bérénice*，1891 年)等作品，就能看出巴雷斯对勒南的崇高敬意。[1] 尽管如此，巴雷斯对待勒南的态度却同样有所矛盾、有所变化。

一方面，巴雷斯的确可被视为勒南曾经的信徒。勒南曾在《何谓民族？》的结论部分提出："在所有崇拜中，对祖先的崇拜是最正当的，因为正是我们的祖先造就了今天的我们。"巴雷斯对勒南这一论断深信不疑，而勒南提出的这一具有家族血缘色彩的论断，也为后来巴雷斯提出"土地和死者"(le culte de la terre et des morts)的崇拜指引了道路。可以说，勒南为巴雷斯关于"土地和死者"的理论设置了论证起点。另一方面，随着巴雷斯关于"土地和死者"民族主义观念的成型，在巴雷斯和勒南两套民族主义观念之间终究出现了不能弥合的裂痕。1902 年，巴雷斯在《民族主义场景与学说》(*Scènes et doctrines du nationalisme*)中，竟然以反讽笔调向勒南致意："我对勒南致以崇高敬意，但只是对他的研究方法致以敬意。在勒南那些立论甚高、持论甚正的著作中，我完全读不到他作为哲学家应该写下的严格意义上的论文，反而经常读到异想天开的、痴人说梦的、诗歌色彩的文字。而且，我作为洛林人，同时作为《无根者》的作者，非常有必要就以下事实做出澄清，并站在

---

[1] FOREST P. *Qu'est-ce qu'une Nation? Ernest Renan (Texte intégral), Littérature et identité nationale de 1871 à 1914 (Textes de Barrès, Daudet, R. de Gourmont, Céline)*. Paris: Pierre Bordas et fils, 1991: 70.

何谓民族？：
普法战争与厄内斯特·勒南的民族主义思想

法兰西民族的立场上，对勒南的观点表示唾弃。勒南说道：'民族是什么？民族是一条精神上的原则。'勒南在这里抛出可能被人们遵循或已经被人们遵循的原则，这条原则已经造成恶劣后果。"在巴雷斯看来，祖国就是由众多死者的躯体滋养孕育的土地，祖国不可能是精神上的原则，此时巴雷斯已经不再是勒南的信徒。[①]

菲利普·福瑞斯特对此概括道："提到勒南，人们会想起他关于'民族'定义的双重概念：以共同经历的过去为基础，以共同创造的未来为目标，此时此地共同生活的意愿成了最重要的因素。由此产生相辅相成的观点：民族既在共同遗产中也在共同创造中经历周而复始的再生过程。""巴雷斯只承认这一双重概念的第一个方面（即共同经历的过去——引者注）。巴雷斯彻底摧毁了勒南精心构筑的理论框架，及其体现的相辅相成的核心价值。巴雷斯的民族主义观念远非勒南民族主义观念的简单延续，而是对勒南的否定与改造。勒南高度赞赏个人进行创造性活动的完全自由，以及为实现全民族共同意愿而进行的不懈努力，但前提是，这个民族是人们自愿成为其成员的民族。巴雷斯则静态地看待民族宿命，并认为民族命运把每个人牢牢地锁在土地上，活着的人们只不过是民族命运的最近继承者而已。"[②] 可以说，巴雷斯

[①] FOREST P. Qu'est-ce qu'une Nation? Ernest Renan (Texte intégral), Littérature et identité nationale de 1871 à 1914 (Textes de Barrès, Daudet, R. de Gourmont, Céline). Paris：Pierre Bordas et fils, 1991：70.

[②] FOREST P. Qu'est-ce qu'une Nation? Ernest Renan (Texte intégral), Littérature et identité nationale de 1871 à 1914 (Textes de Barrès, Daudet, R. de Gourmont, Céline). Paris：Pierre Bordas et fils, 1991：70-71.

第五章
勒南思想之后续影响：殊途难归的后继者们

只继承了勒南思想的部分内容，最终走向勒南的反面；巴雷斯既是勒南的门徒，也是勒南的叛徒。尽管如此，巴雷斯却忠实地继承甚至履行了勒南早年的反闪族思想。假如历史真相就如福瑞斯特猜测的那样，《何谓民族?》被勒南珍视为与共和政体和民主制度妥协的"政治遗嘱"，那么巴雷斯就绝对不是这份"政治遗嘱"的执行者。就此而言，勒南与巴雷斯（以及其他受到勒南思想影响的反闪族主义者）可谓"殊途难归"。

结　语
厄内斯特·勒南：思想者的立体肖像

曾经有人与教皇庇护九世（Pie IX，1792–1878 年，1846–1878 年在位，召开第一次梵蒂冈大公会议，确立"教皇永无谬误论"；1870 年意大利实现民族统一后，避居梵蒂冈城内）闲坐对谈。来者问及教皇对《耶稣传》作者勒南的态度，教皇回答道："勒南吗？多么璀璨的明星……却从天上陨落了！"（Renan？Quelle belle étoile ... tombée du ciel!）[1] 教皇说这番话时，勒南尚在人世，教皇其实是为这位最出色的神学院学生的叛道离经感到惋惜。尽管如此，教皇并不否认勒南出众的才华。勒南就是这样一个令所有人又爱又恨的人物。他那出类拔萃的天赋，既让人羡慕，又招人忌妒；他那左摇右摆的立场，既令人迷惑，又惹人痛恨。

---

[1] RENAN E. *La Réforme intellectuelle et morale et autres écrits*. Paris：Albatros/Valmonde，1982：7.

结 语
厄内斯特·勒南：思想者的立体肖像

  法国学者米歇尔·维诺克指出："勒南和泰纳实际上在思想上属于左派，但在政治上却不然。正朝自由主义方向演变的帝制并不让他们感到可怕，同福楼拜、梅里美和龚古尔兄弟一样，他们频繁光顾玛蒂尔德公主的沙龙。尤其是勒南，他还经常陪伴在拿破仑亲王的身边。相反，在知识领域里，厄内斯特·勒南和伊波利特·泰纳均显示出他们的叛离。他们属于这样一群法国的作家和学者，这些人一方面进入像法兰西学术院或法兰西公学这样的官方机构，一方面却公开颠覆天主教的各种教义。这些唯科学论的代表同教会的代言人在相互斗争。""在第二帝国，勒南和泰纳作为科学的捍卫者，对天主教的理论提出了质疑，成为教会最危险的敌人。我们知道勒南的《耶稣传》曾经引起了多大的轰动，以及他如何刚刚在法兰西公学开讲就被挡在了法兰西公学门外。而伊波利特·泰纳同样因与高级教士和正统派为敌而闻名。"①

  笔者认为，勒南和泰纳在思想取向与政治立场上的两面性，与他们的个人经历有莫大关系。1845 年，勒南被逐出圣叙尔比斯宗教学院；1851 年，泰纳在巴黎高等师范学校就读，却被审查委员会剥夺哲学教师资格；1863 年，勒南在法兰西公学任职，却被公共教育大臣剥夺任课资格；1864 年，泰纳成为法兰西学术院大奖候选人，却被法兰西学院全体会议剥夺奖项；1878 年，勒南成为法兰西学术院院士当选人，却迟迟未被接纳为终身院士。这一

---

① 维诺克：《自由之声：19 世纪法国公共知识界大观》，吕一民、沈衡、顾杭译，中国人民大学出版社，2006，第 547~548 页。

何谓民族？：
普法战争与厄内斯特·勒南的民族主义思想

系列不幸事件都与勒南和泰纳在哲学上和宗教上的自由主义立场有关。后面四次（1851年、1863年、1864年、1878年）事件都与学术机构的教权主义势力从中作梗有关；最后两次（1864年、1878年）事件都与勒南的老师、法兰西学术院院士杜庞卢神父有关，他在勒南和泰纳的晋升道路上设置重重障碍。① 在这一系列不幸事件中，身为知识分子佼佼者的勒南和泰纳，尽管学术成就已经得到其他知识分子以及广大读者的普遍认可，但在他们进入学术殿堂的道路上却依然历尽坎坷。为了争夺这片仅有的学术阵地，他们必须坚持不懈地与教权主义势力进行反复较量。值得注意的是，勒南和泰纳都是"体制内的知识分子"，而非体制外的、具有反抗和批判精神的独立知识分子。勒南和泰纳极力争取的正是作为官方代言人的正统地位，而非作为人民代言人的边缘角色，他们都不甘心做"被放逐的先知"。正因如此，具有自由主义思想的勒南和泰纳，从来不会轻易拒绝来自贵族阶层的友谊，他们都是玛蒂尔德公主的座上宾，而热罗姆-拿破仑亲王更成为勒南仕途遇到障碍时的可靠后盾。

同样值得注意的是，尽管勒南和泰纳都是坚定的"反教权主义者"，但他们都不是"无神论者"。应该看到，勒南和泰纳的反天主教立场同时体现为他们各自的亲德立场和亲英立场，以及他

---

① 杜庞卢神父与勒南和泰纳的分歧不仅体现为宗教立场不和，而且体现为政治见解不合。杜庞卢神父是保王党人，与波旁家族关系密切；而勒南和泰纳尽管与拿破仑三世关系疏远，却都是热罗姆-拿破仑亲王的亲密朋友，与波拿巴家族也算颇有渊源。LAWTON F. *The Third French Republic*. London：Grant Richards，1909：55.

结　语
厄内斯特·勒南：思想者的立体肖像

们共同的亲近新教立场。"在这一点上，他们的民族主义的弟子巴雷斯和莫拉斯并没有遵循他们的教诲。在巴雷斯和莫拉斯看来，新教罪责难逃地让法国引进了自由考试制度、个人主义，最后还有民主。但是，在这样一个道德秩序和主张教皇绝对权力说盛行的年代，泰纳和勒南毫不犹豫地以新教教义去对抗蒙昧主义和反自由主义的天主教教义。"换言之，勒南和泰纳的敌人只是法国正统天主教会，而非作为信仰的基督教本身。普法战争结束后，"这两位作者又重新为法国衰落大唱哀歌，而法国的这种衰落为1890年左右的那一代作家提供了材料。这一代作家有保尔·布尔日、莫里斯·巴雷斯、夏尔·莫拉斯。他们为反共和主义的潮流提供了一种科学的合理性。虽然他们也反对天主教，但是却重新承认了教会的社会和政治作用，允许他们的学生接受改良的不可知论或无神论的传统主义。"① 显而易见的是，在宗教立场上，勒南和泰纳的两位学生巴雷斯和莫拉斯最终都与法国正统天主教会实现某种程度的妥协，从而回归了法兰西的宗教传统。

对于勒南和泰纳的政治立场，米歇尔·维诺克概括道："泰纳-勒南的组合构成了一种重要的信念正方形：一边是贵族政治的必要性，一边是必须要形成适合领导国家的精英，一边是其本能产生的对大众的蔑视，最后还有这些具有才干的贵族的开放特质——这些贵族须有为国服务的意愿和能力。当共和制建立的时候，精英主义思想家们提出的解决方案是设立一个上议院，以接

---

① 维诺克：《自由之声：19世纪法国公共知识界大观》，吕一民、沈衡、顾杭译，中国人民大学出版社，2006，第557页。

纳这些贵族；另外还应通过一套二级选举制度来修正那种不容置疑的普选制。"① 但米歇尔·维诺克的概括还是不如勒南自己的表白更能说明问题。勒南回顾道："在我一生中，我始终在追求内心宁静，而我的确做到了。在本质上，我是正统主义者，我与生俱来的本能就是忠诚地服务权威。无论这个凛然不可侵犯的权威是君主政府还是宪政体制，当我有能力的时候，我总是全心全意提供忠诚的服务。对我来说，革命是太过艰难的任务。"② 勒南一生追求的"内心宁静"，其实是在体制内安身立命的安全感，这种"内心宁静"，其实是勒南、泰纳以及其他同样具有保守倾向和精英倾向的近代法国知识分子所极力追求的。

出于服从权威的正统主义本能，勒南并不排斥贵族阶层作为民族精英的合理性与合法性。勒南写道："民族的良心存在于这个民族知识比较渊博、经验比较丰富的群体中，并由这个特殊群体引导和支配这个民族的其余部分。就文明起源来说，文明本来就是贵族阶层的创造物，极少数阶层（贵族和教士）的创造物，但这个极少数阶层已被民主主义者通过暴力和诡计所镇压；就文明保存与传承来说，同样是贵族阶层的天然使命。祖国、荣誉、义务，这些都是由茫茫人海中极少数人创造、保存与传承的，废除贵族阶层本身，文明也就土崩瓦解了。"同样出于服从权威的正统主义本能，勒南

---

① 维诺克：《自由之声：19世纪法国公共知识界大观》，吕一民、沈衡、顾杭译，中国人民大学出版社，2006，第557页。
② FOREST P. *Qu'est-ce qu'une Nation? Ernest Renan*（*Texte intégral*），*Littérature et identité nationale de 1871 à 1914*（*Textes de Barrès，Daudet，R. de Gourmont，Céline*）．Paris：Pierre Bordas et fils，1991：20.

结　语
厄内斯特·勒南：思想者的立体肖像

对于社会秩序有着孜孜不倦的追求，而对社会动荡有着惶惶不安的恐惧。勒南写道："如果有更加先进的社会形态作为替代物的话，我并不会为我们目前这个社会被取代而感到惋惜和遗憾，但在关于新社会的设想变得可为人们普遍接受之前，我宁愿人们保持现有的社会基础，因为现状至少要比混乱无序更好。除此之外，在不经历激烈动荡的前提下，进行合法的、循序渐进的变革并非不可能，而纯粹通过物质力量和反抗精神来发起激烈变革，往往只是在那些被打倒的思想的废墟上推行同一套思想。"[1]

综上所述，由于勒南在本质上的保守立场和正统立场，以及勒南一直以来对"公民投票"的强烈反感，当我们反观勒南在《何谓民族？》中关于"民族的存在，就是每日的公民投票"这套彻底的民主言论的时候，总会觉得勒南的表态甚为可疑，颇有惺惺作态之嫌。我们实在难以想象，勒南作为"政治民族主义者"竟然能够同时作为巴雷斯和莫拉斯等文化民族主义者（甚至种族主义者）的精神导师；而我们更加难以想象，墨索里尼（由哲学家真蒂利代笔）在《法西斯主义学说和国家政体》中，竟然连篇累牍地引用勒南的言论。[2] 墨索里尼甚至把勒南吹捧为"法西斯主义的先知"。[3]

---

[1] FOREST P. *Qu'est-ce qu'une Nation？Ernest Renan*（*Texte intégral*），*Littérature et identité nationale de 1871 à 1914*（*Textes de Barrès, Daudet, R. de Gourmont, Céline*）. Paris：Pierre Bordas et fils，1991：19，21.

[2] 维诺克：《自由之声：19世纪法国公共知识界大观》，吕一民、沈衡、顾杭译，中国人民大学出版社，2006，第558页.

[3] STERNHELL Z. "The Political Culture of Nationalism"，in TOMBS R. *Nationhood and Nationalism in France*. Haper Collins Academic，1991：36.

何谓民族？：
普法战争与厄内斯特·勒南的民族主义思想

当我们今天重读《何谓民族？》时，绝对不可以忽略普法战争、"库朗日－蒙森论战"和"勒南－施特劳斯论战"这三层特殊的历史背景。思想家不是圣人，思想家所说的经典格言也不是放之四海而皆准的真理，这对总是置身于历史旋涡之中的民族主义思想家来说更是如此。从勒南《答施特劳斯第一书》到《答施特劳斯第二书》，我们可以看到勒南经历了从亲德到反德的转变；而在《何谓民族？》中，我们更加可以看到勒南代表法兰西第三共和国的官方立场，对阿尔萨斯问题所做的标准回答。笔者不会武断地否认《何谓民族？》的学术价值，但笔者同样不能忽视《何谓民族？》的政治含义。

作为"体制内的知识分子"，勒南获得了他所能获得的所有职务、头衔和荣誉：巴黎大学（索邦大学）教授、法兰西公学讲座教授、法兰西铭文学院院士、法兰西学术院终身院士（学术院四十院士之一）、荣誉军团高级指挥官。[①] 对自己的人生道路了无遗憾的勒南曾经宣称："我将长眠在人文主义和未来教会的圣餐礼上。"[②] 1892 年 10 月 2 日早上 6 点半，在妻子和女儿的陪伴下，69 岁的勒南在巴黎寓所的病榻上，安然地与世长辞。这一次，教皇眼中璀璨的明星真的陨落了。勒南的最后遗作是杂文集《零落的文稿》，这个寓意深远的标题似乎讽喻了勒南那略显芜杂的思想，但勒南却经历了既不飘零也不落魄的欢喜人生。

[①] RENAN E. *Histoire des origines du christianisme*. Paris：Robert Laffont，1995：CXCI – CXCII.

[②] RENAN E. "Vie de Renan"，*Pages choisies*. Paris：Librairie Hachette，1952：7.

附录一

厄内斯特·勒南生平年表 *

1823 年 2 月 23 日：勒南出生于布列塔尼的特雷吉耶（Tréguier）。

1838 年至 1841 年：勒南被授予奖学金，遂离开布列塔尼，前往巴黎，并在夏尔多内的圣尼古拉（Saint-Nicolas-du-Chardonnet）宗教学校学习三年。

1841 年至 1845 年：勒南在巴黎主教区的宗教学院继续学业，首先在伊西（Issy），后来在圣叙尔比斯（Saint‐Sulpice）。勒南学习了希伯来语、德语和哲学，并加入青年僧侣团。他本有可能在日后担任圣职，但他对教会事业的怀疑与日俱增。

1845 年 10 月：勒南意识到自己的宗教信仰有所动摇，遂中

---

* 附录"勒南生平年表"根据菲利普·福瑞斯特（Philippe Forest）重新编定的《"何谓民族"厄·勒南未删节文本》（*Qu'est-ce qu'une Nation? Texte intégral de E. Renan*）译出。

止在宗教学院的学业，离开栽培自己多年的天主教会。

1846年至1848年：勒南以担任辅导教师为业，并成功取得业士文凭（1846年）、文学士学位（1846年）以及哲学教师资格（1848年）。与此同时，他通过发表文章和专著而崭露头角，而《历史与理论，闪米特语言通论和希伯来语言专论》（*Essai historique et théorique sur les langues sémitiques en général et sur la langue hébraïque en particulier*）使他获得法兰西学院颁发的沃尔内奖。

1848年至1852年：勒南撰写第一部巨著《科学的未来》（*l'Avenir de la science*）以及博士论文《阿维罗伊与阿维罗伊主义》（*Averroès et l'averroïsme*，1852年），前者于1849年完稿，但到1890年才出版。勒南前往意大利（1849–1850年）、德意志（1850年）和英格兰（1851年）游历。因为希望在学院任教，他在国家图书馆谋得一个职位（1851年）。

1852年至1859年：勒南与科尔内莉·谢弗尔（Cornélie Scheffer）于1856年结为连理，谢弗尔为勒南生了三个孩子。在此期间，勒南发表了一些文章和译稿，如《宗教史研究》（*Études d'histoire religieuse*，1857年）和《道德与批判随笔集》（*Essais de morale et de critique*，1859年）。尽管这些作品受到某些人士质疑，但他还是通过这些作品奠定了自己的声誉。

1860年至1861年：勒南承担科研任务，离开法国，前往中东。勒南的姐姐，也是勒南最关心的亲人昂丽叶特（Henriette Renan）随行，但她在旅途中病逝。

1862年：勒南在法兰西公学取得希伯来语讲座教授职位。任职期间，他因为在公开课程上"阐述违背基督教信仰的、具有煽动性的教义"而被停职,并于 1864 年被撤职,直到 1870 年才复职。

1863 年:勒南发表《耶稣传》(*Vie de Jésus*),这是《基督教起源史》(*Histoire des origines du christianisme*)第一卷。此书在大获成功时也激起公愤。勒南陆续发表《使徒行传》(*Les Apôtres*,1866 年)、《圣保罗》(*Saint Paul*,1869 年)、《敌基督者》(*L'Antéchrist*,1873 年)、《福音书》(*Les Évangiles*,1877 年)、《基督教会》(*L'Église chrétienne*,1879 年)和《马可·奥里略》(*Marc Aurèle*,1882 年)。

1869 年:勒南此前发表《当代问题》(*Questions contemporaines*,1868 年),力图涉足政坛,但他在立法机构的选举中未获成功。

1870 年至 1871 年:勒南在与皇帝的表亲外出游历途中,惊闻法国宣战,遂返回法国。由于受到战败打击,他撰写和发表了一系列措辞激烈的文字,如《哲学对话》(*Dialogues philosophiques*,1870 年)和《法兰西道德与思想改造》(*La Réforme intellectuelle et morale de la France*,1871 年)。

1878 年:勒南入选法兰西学术院。同年发表《卡里班》(*Caliban*)。三部哲理剧《仙水》(*L'Eau de jouvence*,1880 年)、《尼米的神父》(*Le Prêtre de Némi*,1885 年)和《茹阿里的女修道院长》(*L'Abbesse de Jouarre*,1886 年)也相继发表。

1882 年:勒南在索邦大学演讲《何谓民族?》(*Qu'est-ce qu'une Nation?*)。

1883 年:勒南发表《童年与青春记忆》(*Souvenirs d'enfance et*

de jeunesse），此书为勒南博得了众人喜爱，并为他树立了更为公众理解的形象。

1887 年：勒南出版最后一部巨著《以色列民族史》（*Histoire du peuple d'Isaraël*），全套《基督教起源史》（*Histoire des origines du christianisme*）至此完成。

1892 年：勒南去世。

附录二

厄内斯特·勒南著作与职务年表[*]

1847年，勒南24岁，以《历史与理论，闪米特语言通论和希伯来语言专论》（*Essai historique et théorique sur les langues sémitiques en general et sur la langue hébraïque en particulier*）在铭文学院（Académie des Inscriptions）获得沃尔内奖（le prix de Volney），颁奖仪式由铭文学院院长托克维尔（Tocqueville）主持。

1848年8月，获得哲学教师资格（l'agrégation de philosophie）。

1848年至1849年，完成专著《科学的未来》（*L'Avenir de la Science*），此书直到1890年才公开发表。

1852年，完成论文《阿维罗伊与阿维罗伊主义》（*Averroès et*

---

[*] 附录"勒南著作与职务年表"根据劳迪斯·勒塔（Laudyce Rétat）重新编定的《勒南：基督教起源史》（*Ernest Renan：Histoire des origines du christianisme*）译出。

l'averroïsme）。

1855 年，完成人类学和语言学专著《闪米特语言通史》（*Histoire générale des langues sémitiques*），之前此书第一部分已经获得沃尔内奖。

1856 年 12 月，当选铭文学院院士，接替当年去世的奥古斯丁·梯叶里（Augustin Thierry）遗留的空缺。

1857 年，完成宗教学专著《宗教历史研究》（*Études d'histoire religieuse*）。

1858 年，完成宗教学专著《旧约圣经约伯记研究》（*Étude sur le Livre de Job*）。

1859 年，完成评论文集《道德与批判随笔集》（*Éssais de morale et de critique*）。

1860 年，完成宗教学专著《旧约圣经雅歌研究》（*Étude sur le Cantique des cantiques*）。被授予荣誉军团骑士勋位（le chevalier de Légion d'honneur）。

1862 年，进入法兰西公学（Collège de France），被授予希伯来语、迦勒底语、叙利亚语教席（la chaire de langues hébraïque, chaldaïque et syriaque）。旋即被停职。

1863 年 6 月 24 日，完成传记体宗教学专著《耶稣传》（*Vie de Jésus*）。

1864 年至 1874 年，完成十卷本专著《腓尼基使命》（*Mission de Phénicie*），这是皇帝钦定考古学野外考察成果，行程是 1860 年 10 月至 1861 年 9 月在小亚细亚（Asie Mineure）进行野外发掘。

1866 年，完成传记体宗教学专著《使徒行传》(Les Apôtres)。

1867 年，《耶稣传》第十三版出版。发表《闪米特碑铭材料汇编》(Corpus inscriptionum semiticarum)。

1868 年，完成政论著作《当代问题》(Questions contemporaines)。

1869 年，完成传记体宗教学专著《圣保罗》(Saint Paul)。

1870 年 11 月，在茹尔·西蒙（Jules Simon）主持下，恢复在法兰西公学的教席。

1871 年，完成政论著作《法兰西道德与思想改造》(Réforme intellectuelle et morale de la France)。

1873 年，完成传记体宗教学专著《敌基督者》(L'Antéchrist)。

1876 年，完成评论文集《哲学对话与哲学片论》(Dialogues et fragments philosophiques)，写作于 1871 年至 1876 年。

1877 年，完成宗教学专著《福音书》(Les Évangiles)。

1878 年，完成政治哲理剧《卡里班》(Caliban，意谓"残暴的野蛮人和吸血鬼")。当选法兰西学术院（Académie française）院士。整理完成《历史与旅行散记》(Mélanges d'histoire et de voyage)。

1879 年，被法兰西学术院接纳为院士。完成宗教学专著《基督教会》(L'Église chrétienne)。

1880 年，整理完成讲演集《英国讲演录》(Conférences d'Angleterre)。被授予荣誉军团指挥官勋位（L'officier de Légion d'honneur）。

1881 年，完成政治哲理剧《仙水》(L'Eau de Jouvence)。

277

1882 年，完成传记体宗教学专著《教士研究》（*Étude sur L'Ecclésiaste*）以及《马可·奥里略与古典世界的终结》（*Marc Aurèle et la fin du monde antique*）。发表索邦讲话《何谓民族?》（*Qu'est-ce qu'une Nation?*）。

1883 年，完成自传《童年与青春记忆》（*Souvenirs d'enfance et de jeunesse*）。

1884 年，被授予荣誉军团司令官勋位（le commandeur de Légion d'honneur）。完成宗教学专著《宗教历史研究新篇》（*Nouvelles Études d'histoire religieuse*）。

1885 年，完成政治哲理剧《尼米的神父》（*Le Prêtre de Nemi*）。

1886 年，完成政治哲理剧《茹阿里的女修道院长》（*L'Abbesse de Jouarre*）。

1887 年，整理完成讲演集《谈话与讲演》（*Discours et Conférences*）。

1888 年，完成人类学和宗教学专著《以色列民族史》（*Histoire du people d'Israël*）第一卷。被授予荣誉军团高级指挥官勋位（le Grand officier de Légion d'honneur）。

1889 年，完成人类学和宗教学专著《以色列民族史》（*Histoire du people d'Israël*）第二卷。

1890 年，出版专著《科学的未来》（*L'Avenir de la Science*），完成人类学和宗教学专著《以色列民族史》（*Histoire du people d'Israël*）第三卷。

1891 年，完成人类学和宗教学专著《以色列民族史》（*His-

toire du people d'Israël），第四卷和第五卷于 1893 年勒南去世后出版发行。

1892 年，完成杂文集《零落的文稿》（*Feuilles détachées*），并于当年去世。

参考文献

法语文献

卡尔曼 – 列维出版社（CALMANN – LÉVY ÉDITEURS）

卡尔曼 – 列维出版社是勒南生前的独家代理出版社，根据中国国家图书馆外文文献数据总库目录记载（原国立北平图书馆藏书），本丛书部分书目由于年代久远，出版年份有所残缺。

RENAN E. 1849. *L'Avenir de la science-Pensées de 1848*. Paris：Calmann-Lévy Éditeurs.

RENAN E. 1860. *Essais de morale et de critique*. Paris：Calmann-Lévy Éditeurs.

RENAN E. 1863. *Histoire générale etsystème comparé des langues sémitiques*. Paris：Calmann-Lévy Éditeurs.

RENAN E. 1883. *De l'origine du langage*. Paris：Calmann-Lévy Éditeurs.

RENAN E. 1887. *Discours et conférences*. Paris：Calmann-Lévy Éditeurs.

RENAN E. 1925. *Dialogues et fragments philosophiques*. Paris：Calmann-Lévy Éditeurs.

RENAN E. 1926. *Correspondance, 1846 – 1871*. Paris：Calmann-Lévy Éditeurs.

RENAN E. 1928. *Correspondance, 1872 – 1892*. Paris：Calmann-Lévy Éditeurs.

RENAN E. 1928. *Essais de morale et de critique*. Paris：Calmann-Lévy Éditeurs.

RENAN E. 1986. *Lettres inédites de ERNEST RENAN*. Paris：Calmann-Lévy Éditeurs.

RENAN E. 1995. *L'Avenir de la science*. Paris：Calmann-Lévy Éditeurs.

RENAN E. *De L'origine du langue*. Paris：Calmann-Lévy Éditeurs.

RENAN E. *Histoire du peuple d'Israël*. Paris：Calmann-Lévy Éditeurs.

RENAN E. *La réforme intellectuelle et morale*. Paris：Calmann-Lévy Éditeurs.

RENAN E. *Questions contemporaines*. Paris：Calmann-Lévy Éditeurs.

其他法语文献

法语专著

BALCOU J. 1992. *Renan et la Bretagne*. Paris：Librairie Honoré

Champion.

BALCOU J. 1993. *Mémorial Ernest Renan*, Actes des colloques de Tréguier, Lannion, Perros-Guirec, Brest et Rennes. Paris: Honoré Champion Éditeur. Genève: Editions Slatkine.

BALCOU J. 1997. *Renan, un Celte rationaliste*. Rennes: Presse Universitaires de Rennes.

BALCOU J. 1999. *Renan de Tréguier*. Saint-Cyr-sur-Loire: Christian Pirot.

BECKER J-J, AUDOIN-ROUZEAU S. 1995. *La France, la nation, la guerre: 1850–1920*. Paris: SEDES.

BENOIST A. 2004–2005. *Bibliographie générale des droites françaises* (Volume 1–4). Paris: Dualpha.

BOISSEL J. 1993. *Gobineau, biographie, mythes et réalité*. Paris: Berg International.

CANIVEZ P. 2004. *Qu'est-ce que la Nation?* Paris: Librairie philosophique J. VRIN.

FOREST P. 1991. *Qu'est-ce qu'une Nation? Ernest Renan* (Texte intégral), *Littérature et identité nationale de 1871 à 1914* (Textes de Barrès, Daudet, R. de Gourmont, Céline). Paris: Pierre Bordas et fils.

GALAND R M. 1959. *L'âme celtique de Renan*. Paris: Presses Universitaires de France.

GARRIGUES J. 2000. *La France de 1848 à 1870*. Paris: Armand Colin.

参考文献

GASPARINI E. 1993. *La Pensée politique d'Hippolyte Taine*: *Entre Traditionalisme et Libéralisme*. Aix-en-Provence: Presses universitaires d'Aix – Marseille.

GIRARD H, MONCEL H. 1923. *Bibliographie des œuvres de Ernest Renan*. Paris: Les Presses universitaires de France.

GOBINEAU A. 1970. *Ce qui estarrivé à la France en 1870*. Paris: Éditions Klincksieck.

HARTOG F. 1988. *LeXIXe siècle et L'histoire, Le cas Fustel de Coulanges*. Paris: Presses Universitaires de France.

HOBSBAWM E J. 1992. *Nations etnationalisme depuis 1780. Programme, myth, reality*. Paris: Éditions Gallimard.

HOBSBAWM E, RANGER T. 2006. *L'invention de la tradition*. Paris: Éditions Amsterdam.

LANGE M. 1924. *Le Comte Arthur deGobineau, Etude biographique et critique*. Strasbourg, Paris: Librairie Istra.

LEGER F. 1993. *Monsieur Taine*. Paris: Critérion.

LEJEUNE D. 2005. *La France des débuts de laIIIe République, 1870 – 1896*. Paris: Armand Colin.

MERCURY F. 1990. *Renan*. Paris: Olivier Orban.

MICHAUD S, LE PAVEC M. 1996. *Taine au Carrefour des Cultures duXIXe Siècle*. Paris: Bibliothèque nationale de France.

MOHRT M. 2004. *1870 Lesintellectuels devant la défaite*. Fontenay-le-Comte: Le Capucin.

MOUSSA S. 2003. *L'idée de 《race》 dans les sciences humaines et* la littérature (XVIIIe – XIXe siècles). Paris： l'Harmattan.

PSICHARI H. 1937. *Renan d'après lui-même.* Paris： Librairie Plon.

PSICHARI H. 1947. *Renan et la guerre de 70.* Paris： Albin Michel.

RENAN E. 1934. *Qu'est-ce qu'une Nation?*. Paris： R. Helleu Éditeur.

RENAN E. 1952. *Pageschoisies.* Paris： Librairie Hachette.

RENAN E. 1982. *La Réformeintellectuelle et morale et autres écrits.* Paris： Albatros/Valmonde.

RENAN E. 1990. *La Réformeintellectuelle et morale.* Bruxelles： Éditions Complexe.

RENAN E. 1995. *Histoire des origines duchristianisme.* Paris： Robert Laffont.

RENAN E. 1996. *Qu'est-ce que la Nation? etautres écrits politiques.* Paris： Imprimerie nationale.

RENAN E. 2007. *Qu'est-ce qu'une nation?* Marseille： Le Mot et Le Reste.

RETAT L. 1984. *Renan, Histoire et parole, Euvres diverses.* Paris： Robert Laffont.

ROE F C. 1923. *Taine et l'Angleterre.* Paris： Librairie ancienne Édouard Champion.

SIMAR T. 2003. *Étude critique sur la formation de la doctrine des races, au XVIIIe siècle et son expansion au XIXe siècle.* Genève： Slatkine Reprints.

SOREL G. 1971. *LeSystème historique de Renan*. Genève: Slatkine Reprints.

TRONCHON H. 1928. *ErnestRenan et l'étranger*. Paris: Les Belles-Lettres.

VENAYRE S. 2001. *Histoire politique de la France（1870 - 1940）*. Paris: Hachette Supérieur.

WARDMAN H W. 1979. *Renan, Historien philosophe*. Paris: Société d'édition d'enseignement supérieur.

法语论文

RETAT L. 2003. "Renan et la symbolique des races", in MOUSSA S. *L'idée de 《race》 dans les sciences humaines et la littérature（XVIIe - XIXe siècles）*. Paris: l'Harmattan.

REY P-L. 2003. "Gobineau ethnographe de la France", in MOUSSA S, *L'idée de 《race》 dans les sciences humaines et la littérature（XVIIIe - XIXe siècles）*. Paris: l'Harmattan.

英语文献

英语专著

BLANSHARD B. 1984. *Four Reasonable Men: Marcus Aurelius, John Stuart Mill, ErnestRenan, Henry Sidgwick*. Middletown, Connecticut: Wesleyan University Press.

BRANDES G. 1923. *Creative Spirits of the Nineteenth Century*.

New York: Crowell Company Publishers.

BURROW J W. 2000. *The Crisis of Reason European Thought, 1848 – 1914*. New Haven: Yale University Press.

BURY J P T. 1973. *Gambetta and the Making of the Third Republic*. London: Longman Group Limited.

CARROLL D. 1995. *French Literary Fascism*. Princeton, New Jersey: Princeton University Press.

CHADBOURNE R M. 1957. *ErnestRenan as an Essayist*. Ithaca, New York: Cornell University Press.

CLARK L L. 1984. *Social Darwinism in France*. Tuscaloosa, Alabama: The University of Alabama Press.

DAVIES P. 2002. *The Extreme Right in France, 1789 to the Present*. London: Routledge.

FORTESCUE W. 2000. *The Third Republic in France 1870 – 1940*. London: Routledge.

HARP S L. 1998. *Learning to Be Loyal, Primary Schooling as Nation Building in Alsace and Lorraine, 1850 – 1940*. DeKalb, Illinois: Northern Illinois University Press.

HOBSBAWM E J. 1990. *Nations and nationalism since 1780. Programme, myth, reality*. Cambridge: Cambridge University Press.

HOBSBAWM E, RANGER T. 1992. *The Invention of Tradition*. Cambridge: Cambridge University Press.

KEIGER J F V. 1983. *France and the Origins of the First World War*. London: The MacMillan Press Ltd.

参考文献

KELLEY S. 2002. *Racializing Jesus: Race, Ideology and the Formation of Modern Biblical Scholarship*. London: Routledge.

LAWTON F. 1909. *The Third French Republic*. London: Grant Richards.

LEOUSSI A S. 1996. *Nationalism and Classicism*. London: MacMillan Press Ltd.

LEOUSSI A S. 2001. *Encyclopaedia of Nationalism*. London: Transaction Publishers.

MAYEUR J-M, REBERIOUX M. 1984. *The Third Republic from its Origins to the Great War, 1871 - 1914*. Cambridge: Cambridge University Press.

MOSSE G L. 1988. *The Culture of Western Europe*. Boulder: Westview Press.

OAKES L. 2001. *Language and National Identity, Comparing France and Sweden*. Amsterdam: John Benjamins Publishing Company.

OZKIRIMLI U. 2000. *Theories of Nationalism, A Critical Introduction*. London: MacMillan Press Ltd.

PEARSON R. 1994. *European Nationalism: 1789 - 1920*. London: Longman.

PECORA V P. 2001. *Nations and Identities: Classic Readings*. London: Blackwell Publishers.

POLIAKOV L. 1974. *The Aryan Myth*. London: Sussex University Press and Heinemann Educational Books.

ROMANI R. 2002. *National Character and Public Spirit in Britain and France, 1750 - 1914*. Cambridge: Cambridge University Press.

WARDMAN H W. 1964. *ErnestRenan, A Critical Biography*. London: University of London, The Athlone Press.

WESSELING H L. 2000. *Soldier and Warrior, French Attitudes toward the Army and War on the Eve of the First World War*. London: Greenwood Press.

WINOCK M. 1998. *Nationalism, Anti-Semitism, and Fascism in France*. Stanford, California: Stanford University Press.

WOOLF S. 1996. *Nationalism in Europe, 1815 to the Present*. London: Routledge.

英语论文

CLAVAL P. 1994. "From Michelet to Braudel: Personality, Identity and Organization of France", in HOOSON D, *Geography and National Identity*. London: Blackwell.

GILDEAR. 2002. "Province and Nation", in CROOK M. *Revolutionary France*. Oxford: Oxford University Press.

JENNINGS J. 2000. "Anti-Semitic Discourse in Dreyfus-Affair France", in ARNOLD E J. *The Development of the Radical Right in France*. London: MacMillan Press Ltd.

JOHNSOND. 1993. "The Making of the French Nation" in TEICH M, PORTER R. *The National Question in Europe in Historical Context*. Cambridge: Cambridge University Press.

STERNHELL Z. 1991. "The Political Culture of Nationalism", in TOMBS R. *Nationhood and Nationalism in France*. Haper Collins Academic.

WEBERE. 1991. "Gauls versus Franks: conflict and Nationalism", in TOMBS R. *Nationhood and Nationalism in France*. Haper Collins Academic.

中文文献

中文译著

德拉诺瓦:《民族与民族主义》,郑文彬、洪晖译,舒蓉、陈彦校,生活·读书·新知三联书店,2005。

哈贝马斯:《在事实与规范之间:关于法律和民主法治国的商谈理论》,童世骏译,生活·读书·新知三联书店,2003。

海斯:《现代民族主义演进史》,帕米尔等译,华东师范大学出版社,2005。

霍布斯鲍姆.兰格:《传统的发明》,顾杭、庞冠群译,译林出版社,2004。

霍布斯鲍姆:《民族与民族主义》,李金梅译,上海人民出版社,2000。

勒南:《耶稣的故事》,朱旭文译,江苏人民出版社,1997。

勒南:《耶稣的一生》,梁工译,商务印书馆,1999。

里乌、西里内利编,巴克、梅洛尼奥著,《法国文化史(卷三)启蒙与自由:18世纪和19世纪》,朱静、许光华译,李棣华校，华东师范大学出版社，2006。

罗桑瓦龙：《公民的加冕礼：法国普选史》，吕一民译，上海世纪出版集团，2005。

史密斯：《民族主义：理论、意识形态、历史》，叶江译，上海世纪出版集团，2006。

塔吉耶夫：《种族主义源流》，高凌瀚译，生活·读书·新知三联书店，2005。

维诺克：《自由之声：19世纪法国公共知识界大观》，吕一民、沈衡、顾杭译，中国人民大学出版社，2006。

西耶斯：《论特权 第三等级是什么？》，冯棠译，张芝联校，商务印书馆，1990。

中文专著

杜美：《欧洲法西斯史》，学林出版社，2000。

李宏图：《西欧近代民族主义思潮研究——从启蒙运动到拿破仑时代》，上海社会科学院出版社，1997。

徐迅：《民族主义》，中国社会科学出版社，1998。

张广智：《西方史学史》（第二版），复旦大学出版社，2005。

中文论文

李宏图：《西欧近代民族主义思潮研究——从启蒙运动到拿破仑时代》，中国国家图书馆博士论文文库，1993。

钱雪梅：《文化民族主义理论：原生形态及其与全球化的互动》，中国国家图书馆博士论文文库，2001。

索 引

勒南及其家族成员

菲力贝尔·勒南（Philibert Renan） 4

玛德莲娜·勒南（Magdelaine Renan） 4

阿兰·勒南（Alain Renan） 5

昂丽叶特·勒南（Henriette Renan） 5

厄内斯特·勒南（Ernest Renan） 1，2，4，6，18，20，38，67，70，76，80，132，258，264，265，271，275

阿利·谢弗尔（Ary Scheffer） 14

亨利·谢弗尔（Henri Scheffer） 14

科尔内莉·谢弗尔（Cornélie Scheffer） 5，14，272

尼奥米·勒南（Noémi Renan） 185

让·普西夏里（Jean Psichari） 185

昂丽叶特·普西夏里（Henriette Psichari） 185

[何谓民族？：
  普法战争与厄内斯特·勒南的民族主义思想]

勒南及其学界师友

费利克斯·杜庞卢（Félix Dupanloup）　7

马塞林·贝特洛（Marcelin Berthelot）　11

奥古斯丁·梯叶里（Augustin Thierry）　12，14，15，35，36，276

米歇尔·列维（Michel Lévy）　13，14

阿尔杜尔·德·戈比诺（Arthur de Gobineau）　103

伊波利特·泰纳（Hippolyte Taine）　75，80，85，132，265

福斯特尔·德·库朗日（Fustel de Coulanges）　160，223

夏尔·里特尔（Charles Ritter）　199

勒南及其论战对手

埃德蒙·德·龚古尔（Edmond de Goncourt）　14，115

狄奥多尔·蒙森（Theodore Mommsen）　160，223

大卫·施特劳斯（David Strauss）　65，75，88，95，115，120，224

海因里希·冯·特赖奇克（Heinrich von Treitschke）　65

勒南以及其他人物

瓦谢尔·德·拉普热（Vacher de Lapouge）　228，229，248

古斯塔夫·勒庞（Gustave Le Bon）　240

阿尔弗雷·富耶（Alfred Fouillée）　244

莫里斯·巴雷斯（Maurice Barrès）　249，250，267

索 引

夏尔·莫拉斯（Charles Maurras）　14, 249, 253, 267

埃杜瓦尔·德律蒙（Edouard Drumont）　254

莱昂·都德（Léon Daudet）　228, 249, 254, 256, 257

费迪南·布伦蒂埃（Ferdinand Brunetière）　257

关键地名

布列塔尼（Bretagne）　3-6, 34, 35, 271

加斯戈尼（Gascogne）　4, 5

特雷吉耶（Tréguier）　4, 6, 7, 90, 271

夏尔多内（Chardonnet）　6, 271

伊西（Issy）　8, 9, 271

圣叙尔比斯（Saint-Sulpice）　8, 9, 11, 88, 89, 188, 189, 265, 271

斯匹次卑尔根（Spizberg）　16, 114

特里耶（Trye）　106-108, 126

博韦（Beauvais）　108

图尔（Tour）　34, 108, 110-112

波城（Pau）　112

斯特拉斯堡（Strasbourg）　101, 120, 159, 160, 166, 170-172, 174, 176, 178, 197, 215

塞夫勒（Sèvres）　201

后　记

此书原稿写于负笈法国期间,那是 2007 年盛夏至 2008 年暮春,回首昔日,这部书稿已成为留学岁月的美好纪念。

依稀记得,在巴黎高师的回廊里,好奇地端详教师工作室门前雷蒙·阿隆等学术名家的铭牌,忐忑地等待法方导师克里斯托弗·夏尔勒先生的会见。

依稀记得,在巴黎大学历史系的讲堂内,以极其缓慢的语速,解读与校勘霍布斯鲍姆《传统的发明》,占用了同学的陈述时间,占用了先生的点评时间,夏尔勒先生还是体谅地报以会心的微笑。

依稀记得,在巴黎大学图书馆的穹顶下,在古典风格巨幅壁画的环绕中,仔细研读勒南的生平传记,体会其跌宕起伏,品味其去留荣辱,感受其喜怒哀乐,仿佛勒南如约而至,闲坐案前漫话人间喜剧。

后 记

依稀记得，在蓬皮杜图书馆的露台上，在文艺青年吐纳云雾、熏风缭绕的气氛中，饶有兴味地远观街头艺术家在波堡广场前的谐趣表演，不时送上激赏与喝彩，以此排遣埋头伏案的倦怠与疲惫。

余亦有幸，曾经寄寓巴黎。这座不稀罕溢美之词的世界都会，凝聚了法兰西民族的喜乐哀愁。曾有人云：巴黎人不屑外省人，外省人不服巴黎人。但如我这般的异邦人，却在此地乐而忘返，几至忘却乡愁。仅在左岸，仅在拉丁区，便有无数游乐去处。在大学庭院前读书，在书店阁楼里淘宝，足以消磨终日闲暇。在先贤祠台阶上看孩子玩耍，在参议院水池边看老人遛狗，亦可打发半晌时光。

余亦有幸，曾经造访斯特拉斯堡。这座还带着德语名字的法国城市，浓缩了法兰西民族与德意志民族的世仇宿怨。古老建筑上隐约可见的战火痕迹，让亲临此地的旅行者触目惊心。从宗教战争到普法战争，到两次世界大战，斯特拉斯堡在法德之间五次易手，每次交割都意味着重新塑造这座城市的民族属性。都德在《最后一课》中描写法语课堂的落寞情景，只不过是攻守易地之后的再度轮回。

我要感谢我的授业恩师，华东师范大学李宏图教授与华南师范大学陈文海教授。两位恩师为我传道授业、解惑释疑，更教我立身行事、知人论世。在丽娃河畔，在师陶园里，听两位恩师连贯中西、纵论古今，让我受教至深、获益良多。

我要感谢我的学术举荐人——中国社会科学院端木美老师与巴黎高等翻译学院韦遨宇老师。端木老师为我悉心安排这次问学之旅，让我亲身领略法兰西风光的美丽和法兰西文化的魅力。韦老师为我充当向导，带我到巴黎大学图书馆和蓬皮杜图书馆，让我尽情遨游于法国作家和法文典籍的星河宇宙；带我到勒南宣讲《何谓民族？》的巴黎大学阶梯讲堂，让我亲手触摸勒南当年倚靠过的桌椅阑干。

我要感谢我的父母，父母未曾游历欧洲，但最爱在电话里听我述说见闻。父母兴趣盎然，仿如亲眼所见，临了总是叮咛：注意休息，保重身体。父母深恩，润物无声，孩儿无以为报，唯有以此拙作，聊表赤子寸心。

饮半杯红酒，听窗外雨点，落笔写成此后记，终可安然入梦乡。

乙未年春雨夜于新河浦

图书在版编目(CIP)数据

何谓民族?：普法战争与厄内斯特·勒南的民族主义思想/黎英亮著.—北京：社会科学文献出版社，2015.4（2015.8 重印）
　ISBN 978 – 7 – 5097 – 7200 – 3

　Ⅰ.①何…　Ⅱ.①黎…　Ⅲ.①勒南，R.（1823~1892）– 民族主义 – 思想评论　Ⅳ.①D095.04
　中国版本图书馆 CIP 数据核字（2015）第 048050 号

何谓民族?：普法战争与厄内斯特·勒南的民族主义思想

著　　者 / 黎英亮

出 版 人 / 谢寿光
项目统筹 / 段其刚　董风云
责任编辑 / 周方茹　张金勇

出　　版 / 社会科学文献出版社·甲骨文工作室(010)59366551
　　　　　　地址：北京市北三环中路甲29号院华龙大厦　邮编：100029
　　　　　　网址：www.ssap.com.cn
发　　行 / 市场营销中心（010）59367081　59367090
　　　　　　读者服务中心（010）59367028
印　　装 / 三河市东方印刷有限公司
规　　格 / 开　本：787mm×1092mm　1/16
　　　　　　印　张：18.75　字　数：210千字
版　　次 / 2015年4月第1版　2015年8月第2次印刷
书　　号 / ISBN 978 – 7 – 5097 – 7200 – 3
定　　价 / 68.00元

本书如有破损、缺页、装订错误，请与本社读者服务中心联系更换

▲ 版权所有 翻印必究